VERLAG
FRITZ
MOLDEN

Sophia Loren
Leben und Lieben

Sophia Loren
erzählt dem Hemingway-Biographen
A. E. Hotchner
ihre Lebensgeschichte

MIT 34 SCHWARZWEISSABBILDUNGEN

VERLAG FRITZ MOLDEN
WIEN – MÜNCHEN – ZÜRICH – INNSBRUCK

Aus dem Englischen übertragen von
HELGA ZOGLMANN

Titel der amerikanischen Ausgabe:
SOPHIA: LIVING AND LOVING. Her Own Story by A. E. Hotchner

1. Auflage
1.–50. Tausend

Verlegt von Verlag Fritz Molden München GmbH
Schutzumschlag und Ausstattung: Hans Schaumberger, Wien
Lektor: Franz Schrapfeneder
Technischer Betreuer: Herbert Tossenberger
Satz: Typostudio Wien
Druck und Bindearbeit: Wiener Verlag
ISBN 3-217-00933-2

Aus dem Chaos kommen die Sterne.

Charlie Chaplin

Es war einmal ein kleines Mädchen mit dünnen Beinen, riesengroßen Augen und einem verängstigten Mund. Sie mochte sich so wenig, daß sie fürchtete, auch die Feen dieser Welt würden sie nicht mögen. Aber sie liebte jeden Grashalm und jede Blume auf der Wiese und war überzeugt, daß jemand, der auf Schatzsuche ging, zu keinem darüber sprechen dürfe. Sie war in einem Gewirr von bitteren Wurzeln geboren worden, und als diese schließlich Blüten trieben, entdeckte sie die Dinge dieser Welt: Berge, auf die man klettern, Straßen, auf denen man gehen konnte.

Sie machte sich das ganze Dasein zu eigen; alles mußte entdeckt und erfahren werden. Aber sie fürchtete sich vor der Rolle, die das Leben ihr bescherte, hatte Angst davor, geradewegs und entschlossen auf ein fernes Ziel zuzumarschieren, fürchtete vor allem Schwäche und Liebe. Aber sie hielt aus. Und sie überwand ihre Ängste.

Dieses Buch ist ihr und allen kleinen Mädchen mit großen Augen und dünnen Beinen gewidmet, die in einem Gewirr von bitteren Wurzeln geboren worden sind.

Prolog

Ich bin weise zur Welt gekommen. Weise im Umgang mit den Menschen und mit mir selbst.
Ich bin auch alt zur Welt gekommen.
Und unehelich.
Daß ich weise und in Armut zur Welt kam, das waren die beiden Vorteile, die ich von Geburt an hatte.

Ich befinde mich in dem kleinen Zimmer eines Krankenhauses in Rom, wo mein Vater im Sterben liegt. Ich sitze am Bett meines Vaters und halte seine kalte Hand. Im Zimmer sind noch vier andere Personen, die die Qual seines langsamen Todes miterleben: meine Mutter, die er verführt und verlassen hat; meine Schwester, die schrecklich darunter gelitten hat, daß er sich weigerte, ihr seinen Namen zu geben; ein junger Mann namens Giuseppe, einer der Söhne meines Vaters aus seiner Ehe mit einer Frau, die nicht anwesend ist; und Carol, eine zierliche blonde Deutsche, mit der mein Vater die letzten zehn Jahre zusammengelebt hat.

Nun liegt er hier im Sterben, und ich überlege: Trotz seinem verwerflichen Tun, trotz seiner Zurückweisung all des Guten, das wir ihm entgegenbringen wollten, ist es meinem Vater gelungen, in diesem Krankenzimmer Menschen um sich zu vereinen, die jetzt eine Familie sind. Er hat mich fremden Personen menschlich nähergebracht.

Und ich überlege: Fast mein ganzes Leben lang verkörperte er für mich Schmerz, Ablehnung und Erniedrigung, und doch sind nun, am Ende seines Lebens, alle heftigen Gefühle, die ich gegen ihn hegte, von einer Welle des Mitleids hinweggeschwemmt worden; irgendwie ist es der Liebe gelungen, die bitteren Geschehnisse der Vergangenheit auszulöschen.

Mitleid und Liebe.

Wie selten ich ihn gesehen habe, wie oft er sich geweigert hat, zu helfen, wenn es bei mir ums Überleben ging . . . und dennoch war er unerklärlicherweise eine wichtige Kraft in meinem Leben. Wenn ich nun zurückblicke, wird mir klar, daß die Geschichte meines Lebens mit meinem Vater beginnen und enden muß. Ich bin stets auf der Suche nach ihm gewesen. Ihn habe ich geheiratet. Mit ihm machte ich meine besten Filme. Um seine Gunst buhlte ich. Ich saß auf seinem Schoß und liebkoste ihn.

Und doch habe ich ihn nur einige wenige Male gesehen. Einmal, als er nach Pozzuoli kam und mir ein kleines blaues Spielzeugauto mitbrachte. Einmal im Gerichtssaal. Einmal gegen Ende seines Lebens, als ich ihn in seiner Wohnung besuchte. Vereinzelte Begegnungen, nicht mehr. Und dennoch bestimmte er mein Leben.

Und nun, da es bald mit ihm zu Ende geht, habe ich trotz all der unerfreulichen Erfahrungen das Gefühl, daß er mir ein Vater gewesen ist. Vielleicht ist es nur Einbildung, eine der kleinen Täuschungen, die der Tod uns bereitet. Während ich für dieses Buch über mein Leben nachdenke und mir vergangene Ereignisse und Gefühle vergegenwärtige, stoße ich vielleicht auf die Wahrheit über ihn.

Und über mich selbst.

1. Kapitel

Wir sind erst seit zehn Minuten in der Luft, da prallt das Flugzeug plötzlich gegen eine Mauer aus Stein, schlingert, schleudert, sackt in endlose Tiefen, bevor es sich wieder fängt. Es knirscht und ächzt in allen Fugen. Wieder stößt es frontal gegen eine Mauer, erbebt und schießt nach unten wie ein Aufzug, dessen Seile gerissen sind. Ich schreie auf. Die Filmleinwandrolle, aus ihrer unsichtbaren Verankerung gerissen, schießt aus der Decke auf den Fußboden, um einen Augenblick später, als der Pilot den Sturz auffängt, sich mit einem Quietschen wieder aufzurollen, gleichsam als würde sie von derselben Riesenhand bewegt, die das Flugzeug attackiert.

Ich schreie nochmals auf, als wir von links gerammt und hochgeschleudert werden wie ein hilfloses Boot auf stürmischer See. Die Schranktüren vor mir gehen auf und geben eine Lawine von Decken frei. Auf der anderen Seite des Ganges beginnt eine Frau ebenfalls zu schreien, und hinter mir verbreitet sich Panik. Bei jeder abrupten Bewegung des Flugzeuges schreie ich und grabe meine Fingernägel tief in die Armlehnen. Die Crew vorn im Cockpit klammert sich genau wie wir an das geliebte Leben.

Ich hatte früh am Morgen meine Pariser Wohnung verlassen, um nach Nizza zu fliegen. Carlo war schon dort. Meine zwei kleinen Söhne wollten mich nicht fortlassen, und ich verabschiedete mich ein wenig gereizt von ihnen. Ich fuhr mit dem Lift direkt in die Garage im Tiefgeschoß, weil die Eingangshalle des Hauses von Fotografen belagert war. Schon seit zwei Tagen hielten sie dort Wache, denn sie wußten, daß ich nach Cannes zum Filmfestival fliegen wollte. Aber auch wenn kein Filmfestival bevorsteht, lungern sie oft in der Halle herum. Wie ich mich manchmal nach Ruhe sehne, nach einem Refugium, wo mich auch das schärfste Teleobjektiv nicht erreichen kann.

Wie hätte ich ahnen können, daß heute, am 19. Mai, an diesem wunderschönen Pariser Frühlingsmorgen auf dem kurzen Flug nach Nizza in diesem verdammten Flugzeug mein Leben zu Ende gehen wird? Die Sicherheitsgurte scheinen kaum imstande, meinen Körper zu halten, während das Flugzeug schwankt und fällt und rotiert. Die Filmleinwand taucht in unregelmäßigen Abständen auf und verschwindet wieder. Jedesmal wenn die Schranktüren von neuem aufspringen, stürzen mir weitere Decken entgegen. Die Entfernung zwischen hier und Nizza scheint unendlich groß. Mein Verstand arbeitet klar und ist zugleich gelähmt von Panik. „O mein Gott!" rufe ich aus, aber ich bete nicht. Diese Art von Religiosität habe ich mir nicht bewahrt. Aber ich versuche, aus der geistigen, kosmischen Anwesenheit Gottes Kraft zu schöpfen. Die Frau gegenüber ist in hysterisches Schluchzen ausgebrochen. Da ich in der ersten Reihe sitze, sehe ich vor mir nur die verrückte Leinwand und die Schranktüren. Hinter mir aber höre ich den Tumult.

Ich denke an meine zwei kleinen Jungen und was mit ihnen geschehen wird, wenn ich diesen elenden Tod sterbe; denke an die Mühe, den Schmerz, die Qual, die ich auf mich nahm, um sie zur Welt zu bringen – und nun werfe ich mein Leben weg, werde ich sie nie mehr wiedersehen, und alles nur aus Eitelkeit, weil ich bei der Premiere meines neuen Films in Cannes dabeisein will. Wie wird ihr Leben ohne mich verlaufen? Und was wird aus Carlo? Wie in einem Film rollen Auszüge aus meinem Leben vor meinen Augen ab: meine Mutter, die mein Leben an meiner Stelle lebt; meine Schwester, unsere Verbundenheit und Abhängigkeit voneinander; längst vergessene Augenblicke, schön, schmerzhaft, besinnlich; immer unterbrochen von den Zuckungen der wild schwankenden Caravelle. Ich bin überzeugt, hier nicht mehr lebend herauszukommen, weil das Flugzeug (das mir schon auf normalen Flügen nicht ganz geheuer ist) nicht in der Lage zu sein scheint, dieser entsetzlichen, vernichtenden Sperre auszuweichen. Nur einmal zuvor in meinem Leben bin ich dem Tod so nahe gewesen, und zwar als ich während der Dreharbeiten zu „Die Stadt der Verlorenen" fast erstickte; aber damals war ich halb bewußtlos und konnte mich nicht so konkret fürchten wie heute, da ich bei klarem Bewußtsein bin und meine Angst als beinahe unerträglich empfinde.

In meiner Kindheit gehörte Angst zu meinem täglichen Leben – die Angst, nicht satt zu werden, die Angst vor dem Spott der anderen Kinder in der Schule, weil ich unehelich war, und ganz besonders die Angst vor den Bombern, die über uns auftauchten und ihre tödliche Last vom Himmel warfen. Fortwährend liefen wir zum Eisenbahntunnel und suchten ihn zu erreichen, bevor der Feuerzauber begann. Doch das ist die Angst eines Kindes gewesen, die mit der Angst eines Erwachsenen nicht zu vergleichen ist.

Carlo hält schützend meinen Arm und steuert mich über das Rollfeld des Flughafens. Jemand hat mir einen Strauß roter Rosen in die Hand gedrückt. Mir ist noch immer übel, aber ich habe ein angestrengtes Lächeln für die Phalanx der Photographen, die in einem Bogen um uns aufgestellt ist und klickend und blitzend vor unseren Schritten zurückweicht. Ich habe Carlo noch nichts über den Flug erzählen können, aber er spürt, wie aufgeregt ich bin. Carlo. Sein Instinkt. Seine Kraft. Die Sicherheit, die mir die Berührung seines Armes gibt. Sein zuversichtliches Lächeln. Nie habe ich ihn mehr gebraucht als gerade jetzt, wo ich die Erde wieder betrete, nachdem ich oben im tosenden Himmel tausend Tode gestorben bin.

Gestern rief mich einer meiner sogenannten Freunde an, der

nichts Wichtigeres zu tun hatte, als mir die Titelgeschichte einer Zeitschrift vorzulesen, in der es hieß, wir stünden vor den Trümmern unserer Ehe, wir lebten schon seit längerem getrennt und warteten nur darauf, daß unsere Anwälte die letzten Details ausarbeiteten. Es vergeht kaum eine Woche, in der nicht die eine oder andere Zeitschrift einen Nachruf auf unsere Ehe bringt, verfaßt von jemandem, der über „beste Informationsquellen" verfügt. Da in unserem Beruf Bindungen meist nur von kurzer Dauer sind, scheint es die Journalisten zu beunruhigen, daß Carlo und ich nach 25 Jahren noch immer zusammen sind. Ich lernte ihn mit fünfzehn kennen, ließ mich mit neunzehn ernsthaft mit ihm ein, und heute, da ich vierundvierzig bin, bedeutet er mir genauso viel wie eh und je. Wir hatten viel Unerfreuliches gemeinsam auszustehen, als uns die Kirche anprangerte und die italienische Regierung uns der Bigamie beschuldigte. Dieses Feuer der Verleumdung schweißte uns aber nur noch enger zusammen.

Carlo umfaßt meinen Arm etwas fester und flüstert: „Gleich haben wir es geschafft. Dort drüben steht unser Wagen." Carlo – Geliebter, Freund, Beschützer. Eine Vaterfigur für mich? Ja, vermutlich ist er der Vater, den ich nie gehabt habe, der Vater, den ich brauchte und selbst jetzt noch brauche. Ich bin vierundvierzig, aber das schüchterne vaterlose kleine Mädchen aus Pozzuoli steckt noch immer in mir, und ich benötige Carlos väterliche Fürsorge heute mehr denn je.

In zehn Minuten werde ich mein Hotelzimmer verlassen und zur Premiere meines Films „A Special Day" (Ein besonderer Tag) fahren. Der Schock ist abgeklungen; nun bin ich froh hierzusein, weil dieser Film für mich persönlich einen wichtigen und riskanten Schritt darstellt. Ohne Make-up spiele ich eine unscheinbare, hilflose kleine Hausfrau in den Vierzigern in Rom zur Zeit Mussolinis. Jetzt aber, zur Premiere, trage ich ein neues Kleid in bunten Farben, im Folklore-Look, das den Unterschied zwischen jener Hausfrau und der attraktiven Diva, die ich heute abend zu spielen habe, noch deutlicher macht. Das Kleid steht mir, es paßt zu dem Anlaß und versetzt mich daher in Hochstimmung – was für mich stets ein Zeichen dafür ist, daß ich gut angezogen bin.

Im Hotelzimmer herrscht Hochspannung, nicht bloß die übliche Spannung wie vor jeder Premiere, bei der das Publikum sein erstes Urteil abgibt. Zwei Beamte in Zivil sind da und unterhalten sich über ihre Funksprechgeräte mit den Polizisten, die in der Halle und vor dem Hotel im Einsatz sind. Sie sagen mir, daß sie in den vielen Jahren, die sie schon bei Filmfestspielen in Cannes Dienst tun, eine Situation wie die heutige noch nie erlebt haben. Hunderte von Zuschauern, Fotografen und Presseleuten haben sich in die Hotel-Lobby gezwängt. Vor dem Hoteleingang stehen Menschenmassen, und der ganze Weg vom Hotel bis zum Theater ist gesäumt von Neugierigen.

„Unser Problem ist, Sie durch die Halle zum Wagen zu bringen, ohne daß Sie dabei erdrückt werden", sagt einer der Beamten.

„Dann kommt das weitere Problem, das Auto durch die Straße zu lotsen", meint sein Kollege. „Am schwierigsten aber wird es sein, Sie aus dem Auto herauszuholen und ihnen über die Stufen hinauf zum Theater den Weg zu bahnen."

Mastroianni ist eben gekommen, im Smoking, gutaussehend, lächelnd. Die Beamten erklären ihm die Lage. Er reagiert typisch italienisch: er zuckt die Achseln. Dann kommt er auf mich zu, küßt mich auf den Hals und lächelt mich an. Das ist unser achter gemeinsamer Film; es besteht kein Zweifel mehr, daß diese Film-Ehe halten wird. Wir respektieren, ja lieben einander und arbeiten wundervoll zusammen, mit viel Gelächter, denn Marcello kann unwiderstehlich komisch sein.

Außerhalb der Filmstudios sehen wir uns jedoch kaum. Marcello kämpft ständig gegen Probleme an, die er nicht lösen kann, die ihn aber quälen, seit zwanzig Jahren unverändert quälen. Die Menschen in seinem Leben haben gewechselt, aber die Probleme sind dieselben geblieben; und Marcello hat sich bislang standhaft geweigert, sein Leben zu ändern und damit die Probleme zumindest teilweise aus der Welt zu schaffen. Offenbar hängt er an den Problemen und den mit ihnen verbundenen Qualen. An den seltenen Abenden jedoch, an denen wir gemeinsam essen gehen und wo er dann seine Probleme für kurze Zeit zur Seite schiebt, ist er der witzigste, amüsanteste Mensch, der mir je begegnet ist. Er hat einen ungewöhnlichen Sinn für Humor, einen trockenen und gescheiten Humor, der mich besonders anspricht.

Es kommt allerdings höchst selten vor, daß Marcello sich von seiner lebhaften, humorvollen Seite zeigt; meist ist er eingesponnen in seine Gedanken und wirkt ernst und schweigsam.

Er liebt seine kleine Tochter, die er mit Catherine Deneuve hat, aber er lebt in Italien und sie in Paris, und er sieht sie kaum. Das deprimiert ihn, doch er sieht keinen Ausweg aus dem Morast seiner Probleme, in dem er seit Jahren watet.

Die Beamten sprechen wieder in die Funkgeräte und nehmen Verbindung mit ihren Kollegen in der Halle auf. Als Marcello und ich aus dem Lift treten, trifft der grelle Lichtstrahl von Hunderten Blitzlichtern unsere Gesichter. Eine unübersehbare Menschenmenge hat sich in der Halle zwischen uns und die Eingangstore gedrängt. Die Fotografen stehen auf Mauervorsprüngen oder hängen buchstäblich von der Decke, um ihre Bilder zu schießen.

Ein dröhnender Begrüßungsschrei entsteigt der Menge. Die Polizei hat einen Keil aus ineinander verschränkten Armen gebildet und nimmt uns in ihre Mitte. So versuchen wir, uns den Weg zum Ausgang zu bahnen; die Masse weicht nur widerwillig zurück, versucht uns zu berühren und drückt gegen die Seiten des vorwärtsdrängenden Keils.

Obwohl wir unterwegs einige Male befürchten müssen, erdrückt zu werden, gelangen wir irgendwie zum Auto. Dort erwartet uns ein zweiter Polizeitrupp und macht uns den Weg zur offenen Wagentür frei. Wir lassen uns in die Rücksitze fallen. Nun stürmt die Menge auf das Auto ein, pocht an die Scheiben, ruft: „Sophia! Sophia! Marcello! Marcello!" Erst als die Polizei energisch eingreift, kann der Wagen losfahren.

Ich bin nun schon zum fünften Mal in Cannes bei der Uraufführung eines meiner Filme, aber so wie heute ist es noch nie gewesen. Man könnte glauben, ich bin eine aufregende Neuentdeckung, ein Pop-Idol aus den elysischen Gefilden von Woodstock, das seine Marihuana rauchenden Anhänger zu Beifallsstürmen hinreißt; doch hier handelt es sich um das relativ „normale" Publikum von Cannes, also sozusagen um Filmprofis: ihr Empfang verblüfft mich.

Als wir zum Filmpalast kommen, wird es noch ärger. Die Menschenmenge ist hier noch größer, dichter und lauter. Diesmal ist ein doppelter Keil von Polizisten zur Stelle, um uns durch die Menschen, die von den langen, steilen Stufen gegen uns herunterdrücken, einen Weg zu bahnen. Wieder ertönen die Rufe „Sophia! Sophia!" Wir werden von einer Seite zur anderen geschoben, die Leute langen über die Polizei hinweg nach uns. Ich stolpere, aber hilfreiche Hände stützen mich und bewahren mich davor, die Stufen hinunterzufallen. Ich höre, wie mein Kleid zerreißt. In solchen Augenblicken weiß ich wirklich nicht, ob ich mich fürchten oder freuen soll. Immerhin: diese Menschen vermitteln mir etwas, was mir den heutigen Tag zu einem einzigartigen, unwiederbringlichen Erlebnis macht.

Wenn mir Dinge dieser Art zustoßen, komme ich mir vor wie in einem Traum, ich scheine mich von mir selbst zu entfernen und sehe von außen her zu, wie Sophia sich in einem Keil von Polizisten vorwärtsbewegt, die Tore am Ende der Treppe zu erreichen sucht. Ich sehe mich auf einem Fernsehschirm agieren. Diese Art, mich selbst zu betrachten, hat mir schon immer geholfen, die Fassung zu bewahren.

Was mir besonders wohltut, ist das Gefühl, daß diese Menschen mich offenbar mögen und als Schauspielerin schätzen – und mir das unmißverständlich zu verstehen geben wollen. Damit drücken sie aber auch aus, wie sie meine Filme finden. Und mich. Man kann vor dem Kinopublikum seine wahre Identität nicht verbergen. Die Großaufnahme ist genauso aufschlußreich wie ein Wahrheitsserum oder ein Lügendetektor. Da hilft weder Schminke noch Verstellung. Das wahre Ich kommt immer durch. Mitsamt den Fehlern. Wir bleiben immer wir selbst, und das Publikum erkennt uns unter dem erbarmungslosen Mikroskop der Großaufnahme.

Nun bin ich inmitten schweigsamer Smokingträger und ebenso schweigender Damen mit glitzernden Kolliers und Armbändern und warte auf das Urteil des Publikums. Ein Film entsteht in der Isolation, genau wie ein Buch, und es ist unmöglich, die Reaktion des Massenpublikums vorauszusagen, für das der Film gemacht ist. Der gefürchtete Moment rückt heran, wenn der Nachspann abläuft und die Zuschauer sich zu regen beginnen. Werden sie applaudieren? Wird es ein mechanischer Höflichkeitsapplaus sein oder spontaner Beifall? Beides ist leicht zu erkennen. Ich neige weder dazu, in meiner Einbildung die Reaktion des Publikums positiver zu sehen, als sie tatsächlich ist, noch stehe ich sofort auf, um etwas mehr Applaus zu provozieren.

Heute abend aber habe ich keine Zweifel. Das Publikum folgte der Aufführung mit gespannter Aufmerksamkeit, und der Beifall am Ende ist ohrenbetäubend. Bravorufe werden laut, und man besteht darauf, daß Marcello und ich uns erheben und den Applaus entgegennehmen.

Für mich ist das ein Augenblick süßester Erfüllung, einer von den vielen Höhepunkten in meiner Karriere. Der Film hat harte Arbeit für mich bedeutet, und die Rolle war die schwerste, die ich je zu spielen hatte. So endet dieser Tag, der so grauenvoll begonnen hat, auf wundervolle Weise.

Und das scheint mir ein guter Beginn für die Geschichte meines Lebens zu sein, das ebenfalls grauenvoll begann.

2. Kapitel

In der Clinica Regina Margherita in Rom gab es eine Abteilung für mittellose ledige Mütter; dort kam ich 1934 zur Welt, ein Jahr vor Mussolinis Angriff auf Abessinien. In das Geburtenregister wurde der Name „Sofia Scicolone" eingetragen, weil mein Vater, Riccardo Scicolone, eidesstattlich erklärt hatte, daß ich sein Kind sei. Er hatte sich geweigert, meine Mutter zu heiraten, hatte sie nicht einmal während der Schwangerschaft besucht, aber merkwürdigerweise kam er ins Krankenhaus und gab mir seinen Namen.

Meine Mutter mußte jedoch ihren Mädchennamen, Romilda Villani, behalten. Sie hatte unaussprechliche Schande und Erniedrigung über ihre Familie gebracht, die in der kleinen Hafenstadt Pozzuoli, fünfundzwanzig Kilometer von Neapel entfernt, beheimatet war; aber obwohl meine Großmutter sehr darunter gelitten haben muß, kam sie dennoch nach Rom, um ihrer Tochter bei meiner Geburt beizustehen. Da sich mein Vater vor meiner Geburt so rücksichtslos verhalten hatte, staunte meine Großmutter nicht wenig, als sie ihn in der Klinik – übrigens zum ersten Mal – traf, und staunte noch mehr, als er ankündigte, nach der Entlassung meiner Mutter aus dem Krankenhaus mit ihr und mir leben zu wollen. Er legte jedoch Wert auf die Feststellung, daß er keine wie immer geartete Absicht habe, sie zu heiraten.

Ich war ein dünnes, blasses, häßliches kleines Ding, aber meine Mutter erzählte mir später einmal, daß es ihr trotz meines bejammernswerten Aussehens und der mißlichen Lage, in der sie sich befand, nie in den Sinn gekommen sei, mich in das Waisenhaus im nahegelegenen Kloster zu stecken, das die Kinder aus der Abteilung, in der meine Mutter lag, aufnahm. Sie war – und ist es heute noch – eine sehr entschlossene, willensstarke Frau, und damals nahm sie sich vor, mich nicht von ihrem Leben auszuschließen.

Im Italien des Jahres 1934 waren die Aussichten für meine Mutter nicht gerade rosig. Die streng katholischen Grundsätze, die damals das Leben in Italien bestimmten, enthielten nur wenig Trost für jene, die gegen die Gesetze der Kirche verstoßen hatten – und ein lediges Kind war einer der schwersten Verstöße. In der kleinen Stadt Pozzuoli, wo jeder jeden kannte, hatte es eine uneheliche Geburt überhaupt noch nicht gegeben, und die meine konnte daher nur Verachtung und ätzenden Spott auf sich ziehen.

Wenigstens vorerst blieb es meiner Mutter erspart, den moralisierenden und feindseligen Bewohnern von Pozzuoli unter die Augen zu treten. Mein Vater, der wenig Geld und keine Arbeit hatte, bat seine Mutter, ihn und seine neue Familie in ihrem Haus aufzunehmen, während er auf Arbeitssuche ging. Aber sie wies ihn ab. „Ich habe nicht die Absicht, dieses häßliche kleine Ding den ganzen Tag in meinem Haus herumschreien zu lassen", entgegnete sie ihm. „Am besten wäre es für dich, die Frau mitsamt ihrem Baby loszuwerden."

Mein Vater mietete sich hierauf ein winziges Zimmer in einer billigen Pension, und dorthin zog meine Mutter mit mir, nachdem sie aus der Klinik entlassen worden war. Mein Vater hatte das Ingenieurstudium begonnen, war aber damit nie fertig geworden; er hatte also keine abgeschlossene Berufsausbildung und stieß infolgedessen auf Schwierigkeiten, geeignete Arbeit zu finden. Er war sich wahrscheinlich einerseits zu gut für niedrige Arbeit, hatte aber anderseits nicht die Befähigung für jene Berufe, die er seiner für würdig erachtete.

Sobald meine Mutter wieder einsatzfähig war, ging auch sie jeden Tag auf Arbeitssuche und ließ mich in der Obhut der

Frau zurück, die die Pension führte. Aber im Italien der dreißiger Jahre gab es so gut wie keine Arbeitsplätze für Frauen. Mussolini hatte ihnen befohlen, zu Hause zu bleiben und Kinder zu bekommen, was natürlich der traditionellen Einstellung der italienischen Männer Vorschub leistete, daß Frauen sich ihren Männern unterzuordnen hätten. Das wenige Geld, das mein Vater besaß, war bald ausgegeben. Die Zimmerfrau wußte um die Not meiner Eltern und versuchte meiner Mutter einzureden, daß sie mich loswerden müsse. „Warum lassen Sie das häßliche Ding nicht einfach sterben?" fragte sie. „Sie sehen doch selbst, was Sie mitmachen müssen – und wofür? Sie sind nicht verheiratet, keiner von euch beiden kann Arbeit finden, Ihr Mann hat kein Geld – warum hängen Sie so an diesem Säugling? Ist doch lächerlich. Ich kann Sie nicht hierbehalten, wenn Sie keine Miete mehr zahlen. Seine Mutter will nichts von Ihnen wissen. Wohin wollen Sie denn gehen? Was wollen Sie machen? Sie haben keine Milch mehr, und das arme Balg saugt, ohne einen Tropfen aus Ihnen herauszukriegen. Sehen Sie doch selbst – die Kleine besteht nur aus Haut und Knochen. Lassen Sie sie doch sterben. Keiner wird Ihnen böse sein. Ich werde schon für alles sorgen."

Die Antwort meiner Mutter bestand darin, mit doppelter Energie auf Arbeitssuche zu gehen, doch der Erfolg blieb auch weiterhin aus. Schließlich nahm die Zimmerfrau eines Tages, als sie auf mich aufpassen sollte, die Angelegenheit selbst in die Hand.

Daß meine Mutter keine Milch mehr hatte, war die Schuld meiner Großmutter. Einige Wochen nachdem wir in die Pension gezogen waren, kam uns die Mutter meines Vaters besuchen. Als sie hörte, daß meine Mutter unter chronischer Verstopfung litt, brachte sie ein stark wirkendes Abführmittel, das sie ihr aufdrängte. Die Pillen verschafften meiner Mutter zwar Erleichterung, aber einige Tage danach versiegte die Milch in ihrer Brust. In der Folge wurde ich noch dünner und schwächer; kurz gesagt, ich war extrem unterernährt.

An jenem Tage also, an dem ich mit der Zimmerfrau allein war, beschloß diese, mir etwas Nahrung zukommen zu lassen, und stopfte ein Gemisch aus Linsen und gekochten Tomaten in mich hinein. Ich war etwa sechs Wochen alt. Natürlich wurde ich schwerkrank und bekam fürchterliche Koliken. Als meine Mutter erfuhr, was die Zimmerfrau angerichtet hatte, begann sie wütend mit ihr zu schreien, worauf die Zimmerfrau erwiderte, daß mein Tod das Beste wäre, was meiner Mutter geschehen könnte. Für ärztliche Behandlung oder Medikamente war kein Geld da. Ich schrie fortwährend und konnte keine Nahrung bei mir behalten.

Meine Mutter versuchte meinen Vater um Hilfe zu bitten, aber der war in der Zwischenzeit verschwunden. In ihrer Verzweiflung brachte meine Mutter mich in die Klinik, wo man ihr allerdings mitteilte, mein Zustand sei hoffnungslos und man könne nichts mehr für mich tun. Es gebe keine Medikamente für mich. Das einzige, was mich eventuell noch retten könne, sei Muttermilch, weil Kuhmilch meine Koliken nur verstärken würde. Ob ich überleben würde oder nicht, sei reine Glückssache.

So stand meine Mutter also vor dem Nichts: In ihren Brüsten war kein Tropfen Milch mehr, Riccardo Scicolone hatte sich davongemacht und keinen Groschen Geld zurückgelassen, die Zimmerfrau verlangte ihre Miete, und ich lag im Sterben. Dazu kam, daß meine Mutter genau wußte, wie wenig willkommen sie in ihrem Elternhaus in Pozzuoli sein würde.

Diese verzweifelte Lage war genau das Richtige für das Naturell meiner Mutter, das dem Unglück stets paroli geboten hatte. Meine Mutter war eigentlich ihrer Zeit weit voraus. Als die Frauen sich noch sanft und gefügig in eine von Männern beherrschte Gesellschaft einordneten, war meine Mutter das genaue Gegenteil des damaligen weiblichen Idealbildes: leidenschaftlich, exzentrisch, hemmungslos und starrköpfig. Das ist sie heute noch. Mit neunzehn hätte sie viel eher auf die Barrikaden der Studentenunruhen des Jahres

1968 gehört. Und es ist eigentlich kaum zu fassen, daß sie in der kleinen, engstirnigen Stadt Pozzuoli zu dem hat werden können, was sie heute ist. Sie interessierte sich nie sehr für die Schule, fühlte sich aber zur Klaviermusik hingezogen; und obwohl es für meine Großmutter immer ein Problem war, genügend Essen auf den Tisch zu bringen und die Miete zu zahlen, gelang es dieser bemerkenswerten Frau, ein Klavier aufzutreiben und in dem ohnehin überfüllten Wohnzimmer aufzustellen. Es war ein Flügel, der fast den ganzen Raum füllte. In Pozzuoli war man der Ansicht, ausgefallene Dinge müßten auf jeden Fall groß sein, um etwas darzustellen.

Es zeigte sich, daß meine Mutter Talent für das Klavierspiel hatte, und nach kurzer Zeit bekam sie ein Stipendium für das Konservatorium in Neapel. Mit sechzehn spielte sie bereits so gut, daß sie die Genehmigung erhielt, Unterricht zu geben.

Noch erstaunlicher als die musikalische Begabung meiner Mutter war allerdings ihre Ähnlichkeit mit Greta Garbo, damals einer der großen Filmstars von Hollywood. In den Straßen von Neapel wurde sie oft angesprochen und um ein Autogramm gebeten. Nicht nur sah sie Greta Garbo zum Verwechseln ähnlich, sondern sie war auch der festen Überzeugung, daß sie eines Tages ebenso berühmt sein würde wie die Vielgefeierte. Ein glücklicher Zufall wollte es, daß damals die Filmgesellschaft MGM in ganz Italien einen Greta-Garbo-Ähnlichkeitswettbewerb ausschrieb; die Gewinnerin sollte eine Reise nach Hollywood bezahlt bekommen – mit Überfahrt Erster Klasse auf einem Passagierdampfer – und in Hollywood Probeaufnahmen machen.

Meine Mutter zweifelte keinen Augenblick daran, daß sie diesen Wettbewerb gewinnen würde. Sie nahm einen Bus nach Neapel, paradierte vor der Jury und wurde zu guter Letzt unter dreihundertfünfzig anderen Bewerberinnen zur Gewinnerin gekrönt. Allein schon ihre charakterlichen Anlagen hatten sie über die engen Grenzen von Pozzuoli hinauswachsen lassen, dieser Preis aber war die echte Befreiung! Ihre Begeisterung kannte keine Grenzen. Ein Mädchen, das in der

Armut von Pozzuoli geboren wird, hat nichts als seine Träume – wie auch ich sie eine Generation später haben sollte –, aber diese Träume werden nie erfüllt, und über kurz oder lang muß sich die Träumerin mit der harten Wirklichkeit des engen und beschränkten Lebens in Pozzuoli abfinden.

Man kann sich also die Aufregung meiner Mutter vorstellen, als sie eilends nach Hause zurückfuhr, um meiner Großmutter und meinem Großvater die gute Nachricht zu überbringen. Meine Großmutter fand die Nachricht allerdings weniger gut. Ich liebte meine Großmutter abgöttisch – sie sollte einer der wichtigsten Menschen in meinem jungen Leben werden –, aber sie war hoffnungslos provinziell, fromm, fleißig und mißtrauisch. Alles sehr neapolitanische Eigenschaften. „Nein", entgegnete sie meiner Mutter, „du wirst nicht fahren. Denk daran, was mit Rudolf Valentino geschehen ist."

Meiner Mutter blieb der Atem weg. „Er ist gestorben", sagte sie. „Doch was hat das mit meiner Fahrt nach Amerika zu tun?"

„Und weißt du auch, wie er gestorben ist?" fragte meine Großmutter herausfordernd. „Man hat ihn umgebracht. Ermordet."

„Was? Wer sagt das? Wer soll ihn umgebracht haben?"

„Die Schwarze Hand. Wenn du nach Amerika fährst, werden sie auch hinter dir her sein!"

„Warum? Warum in aller Welt sollte die Schwarze Hand mich umbringen wollen? Ich bin doch nur ein unbekanntes Mädchen aus Italien!"

„Die Anhänger von Greta Garbo würden die Schwarze Hand auf dich hetzen, aus Eifersucht. Frag nur, was sie dem armen Valentino angetan haben. Die von der Schwarzen Hand. Frag nur irgendwen."

Valentino war in Italien ein vielbewunderter Held, und als er damals so plötzlich starb, ging in ganz Italien das Gerücht um, er sei von der New Yorker Mafia, auch die Schwarze Hand genannt, ermordet worden.

Die Leute von der MGM kamen nach Pozzuoli, um mit meiner Großmutter zu reden, aber sie gab nicht nach. Sie nannte nicht die Bedrohung durch die Schwarze Hand als Grund für ihre Weigerung, ihre Tochter nach Hollywood reisen zu lassen, sondern erklärte den Leuten zu deren großem Erstaunen, daß ihre Tochter nicht fahren könne, weil sie keinen Pelzmantel besäße. Alle Überredungskünste prallten an meiner Großmutter ab, und da ihre Erlaubnis benötigt wurde, weil meine Mutter erst siebzehn Jahre alt war, gaben die Filmleute schließlich auf und ließen die Gewinnerin des zweiten Preises nach Hollywood fahren.

Bis heute weiß meine Mutter nicht genau, ob meine Großmutter die Geschichten von der Schwarzen Hand wirklich glaubte oder ob sie sich dieses Märchen einfach ausgedacht hatte, um meine Mutter von der Reise abzuhalten.

Jedenfalls war es bitter und frustrierend für meine Mutter, der Erfüllung ihrer Träume so nahe gekommen zu sein, um zuletzt doch zu scheitern. Ihr ansonsten lebhaftes und heiteres Gemüt konnte diesen Fehlschlag kaum verkraften. Sie beschloß daher aus Trotz, ohne die Erlaubnis meiner Großmutter nach Rom zu fahren und ihr Glück in der Filmstadt Cinecittà zu versuchen, die Mussolini als eine Art Konkurrenzunternehmen zu Hollywood gegründet hatte und wo damals eine Menge Filme gedreht wurden.

Ich weiß nicht, wie groß der Ehrgeiz meiner Mutter tatsächlich war; vielmehr vermute ich, daß ihr Ärger über die vereitelte Reise nach Hollywood größer war als ihr Wille, beim Film Karriere zu machen. Wie auch immer, jedenfalls lernte sie damals in Rom Riccardo Scicolone kennen, und als sie von ihm schwanger wurde, vergingen ihr die Träume von einem Leben als Filmstar oder auch als Konzertpianistin, was sie vielleicht noch eher geschafft hätte.

Als sie nun an jenem Tage allein mit mir in Rom war und vor der Tatsache stand, daß der Vater ihres Kindes sie verlassen hatte, das Kind selbst dem Tod nahe war und sie kein Geld, kein Essen, keine Arbeit hatte und bald vor die

Tür gesetzt werden würde, tat sie den einzig vernünftigen Schritt, um zu überleben – sie beschaffte sich auf irgendeine Weise eine Fahrkarte nach Pozzuoli. Ihre Familie, so überlegte sie, würde über das Wiedersehen zwar nicht glücklich sein, aber sie war überzeugt, daß man ihr nicht die Tür vor der Nase zuschlagen würde. Wenn ihr Kind sterben sollte, brauchte sie ihre Mutter als Trost und Stütze.

Sophias Mutter

Die Vergangenheit vernichtet mich, weil die Erinnerung an sie nur häßlich ist. Riccardo Scicolone sprach mich in Rom auf der Straße an. Ich lebte damals in der Hauptstadt, um an meiner Karriere als Pianistin zu arbeiten – ich war äußerst talentiert –, als er eines Tages auf mich zukam und mir sagte, er sei ein Filmproduzent und müsse einfach mit mir sprechen, weil ich so schön sei. Ich dachte, er meine es ehrlich. Ich war ein naives Landmädchen, hatte immer in Pozzuoli gelebt und wußte nichts von der Welt. Ich traf ihn einige Male, dann besuchte er mich in meinem Untermietzimmer und brachte mich schließlich dazu, mit ihm zu schlafen; zwei Monate später war ich schwanger. Er weigerte sich, mich zu heiraten. Es war eine schreckliche Schande, aber meine Familie warf mich nicht hinaus. Ich brachte Sophia leicht und ohne Komplikationen zur Welt.
Es war nicht einfach für mich, nach Pozzuoli zurückzukehren, denn ich war dort die einzige ledige Mutter. Die Mädchen in Pozzuoli blieben bis zu ihrer Hochzeit unberührt. Das war ein ehernes Gesetz des Lebens. Ich wußte, die Leute würden mich für unanständig und leichtfertig halten. Eine Hure. Aber ich hielt ihnen allen stand. Ich bin eine Kämpfernatur und verteidigte mich und mein Baby. Und meine Familie stand hinter mir. Das hat uns gerettet, dieser Schutz durch die Familie Villani.

3. Kapitel

Die Stadt Pozzuoli ist auf Vulkanerde gebaut und hebt und senkt sich mit den Gezeiten. Am Ende der Via Solfatara, der Straße, in der wir wohnten, befindet sich ein noch nicht erloschener vulkanischer Krater, der hin und wieder Steine und Lava ausspeit. Neapel hat seinen Vesuv, Pozzuoli seine Solfatara. Während des Krieges fürchtete man, daß ein Bombentreffer direkt in die Solfatara eine gewaltige Eruption auslösen könnte, die die Stadt begraben würde. Ich weiß allerdings nicht, ob diese Gefahr tatsächlich bestand oder ob es sich nur um eines der vielen Gerüchte handelte, die während des Krieges kursierten.

Pozzuoli ist eine alte Stadt mit einigen gut erhaltenen Ruinen aus der Römerzeit, insbesondere einem Amphitheater, das direkt hinter unserem Haus lag. Aus dem Küchenfenster konnten wir die architektonisch herrliche Arena und dahinter das Blau des Tyrrhenischen Meeres sehen. Obwohl die Menschen in Pozzuoli bitterarm waren und das Leben um keine Spur besser war als in anderen Slums, hatten wir wenigstens den Vorteil, von der Schönheit des Meeres und der Ruinen umgeben zu sein.

Auch war es gut, daß in Pozzuoli *alle* arm waren, nicht wie in den Armenvierteln der großen Städte, die oft direkt an reiche Bezirke grenzen. Wir Kinder aus Pozzuoli kamen uns nicht sonderlich bedauernswert vor, weil keiner wirklich genug zu essen hatte und weil es keine reichen Kinder gab, die Neidgefühle in einem weckten.

Die ursprünglichen Bewohner Pozzuolis waren Schiffbauer und Fischer gewesen, aber beide Berufe waren nicht mehr das, was sie früher gewesen waren. Es bestand keine Nachfrage mehr nach den handgearbeiteten Schiffen aus Pozzuoli, und die Fischerei, wie sie betrieben wurde, war überaltert und sicherte den Fischern kaum ihre Existenz. Die einzige andere Einkommensquelle der Stadt war eine Munitionsfabrik, die schlechte Löhne zahlte, aber den Großteil der Männer Pozzuolis beschäftigte.

Die Familie Villani lebte in einer Wohnung, die aus einem kleinen Wohnzimmer, einem engen Eßzimmer, zwei bescheidenen Schlafzimmern und einer winzigen Küche bestand. In der Etage darunter war eine Essigfabrik. Es gab ein Klo, aber kein Bad. Dort lebten wir zu siebt (Großvater, Großmutter, zwei Onkel, eine Tante, meine Mutter und ich) und nach der Geburt meiner Schwester zu acht; wir schliefen zu viert in einem Bett. Solange ich in Pozzuoli lebte, schlief ich nie mit weniger als drei anderen in einem Bett. Wie in Süditalien allgemein üblich, wurde das Wohnzimmer nur benützt, wenn Gäste kamen. Da wir niemals Gäste hatten, betraten wir es oft wochenlang nicht, es sei denn, um abzustauben. Außer an den Sonntagen aßen wir unsere Mahlzeiten an einem Holztisch in der Küche.

Mein Großvater war ein feingliedriger kleiner Mann, den außer seiner Arbeit wenig interessierte. Er war Vorarbeiter in der Patronenfabrik, und wir hielten ihn für einen ziemlich wichtigen Mann; sein Titel war jedoch eindrucksvoller als seine Entlohnung. Er hatte einen langen, harten Arbeitstag, und wenn er nach Hause kam, wollte er in Frieden seine Zeitung lesen. Meine Großmutter bestand jedoch darauf, ihre Probleme mit ihm zu besprechen, die meist finanzieller Art waren; sie keifte mit ihm und provozierte ihn so lange, bis er wütend die Zeitung beiseite legte und zurückschimpfte. Diese abendlichen Streitereien waren ein fester Bestandteil des täglichen Lebens der Villanis.

Großmutter hatte die Last der ganzen Familie auf ihren

Schultern zu tragen. Sie war die treibende Kraft im Haus, sie schimpfte, sie tröstete, und sie wußte auch in den mißlichsten Lagen Rat. Vor allem aber war sie immer optimistisch, immer zu helfen bereit. Mit fünfzig war sie abgearbeitet, grauhaarig und gebeugt von der Last ihres harten Lebens. Die Rolle der desillusionierten Hausfrau, die ich in dem Film „A Special Day“ zu spielen hatte, ist zum Teil meiner Großmutter nachempfunden.

Am 27. eines jeden Monats brachte mein Großvater seinen Lohn nach Hause, aber schon drei Tage später hatte Großmutter das ganze Geld ausgegeben, meist um Schulden zu bezahlen. Danach stand ihr wieder ein ganzer Monat bevor, den sie praktisch ohne Geld durchstehen mußte. Meine beiden Onkel verrichteten Gelegenheitsarbeiten in der Patronenfabrik, aber das Familieneinkommen reichte insgesamt nicht einmal für das tägliche Brot. Die vereinten Anstrengungen der Familie Villani waren sozusagen auf das sonntägliche Mittagessen gerichtet. Bei uns wurde die biblische Ermahnung, sechs Tage lang zu arbeiten und am siebenten zu ruhen, in abgewandelter Weise praktiziert: Wir hungerten sechs Tage lang und aßen am siebenten. Es war Großmutter Luisa, die Woche für Woche das Wunder des sonntäglichen Mittagessens zustande brachte.

Und es war Großmutter Luisa, die an jenem Abend die Tür öffnete, vor der meine Mutter, angsterfüllt und erschöpft von der langen Busfahrt, mit ihrem kranken Baby stand und sich verzweifelt fragte, ob man sie dabehalten oder wieder fortschicken würde. Die Villanis hatten natürlich kein Telefon, und meine Mutter hatte meiner Großmutter ihre bevorstehende Ankunft nicht mitteilen können.

Ohne einen Augenblick zu zögern, breitete meine Großmutter die Arme aus und zog Tochter und Enkelin an ihr Herz. Eine Flasche Likör, für wichtige Anlässe aufgehoben, wurde aus dem Schrank im Eßzimmer geholt, und die ganze

Familie hob ihr Glas auf mich, den Neuankömmling. Dann wandte meine Großmutter ihre Aufmerksamkeit dem besorgniserregenden Gesundheitszustand ihrer Enkelin zu. „Die kräftige Meeresluft wird ihr guttun", sagte sie, „aber erst einmal muß sie Milch bekommen. Das ist die einzige Hoffnung für sie."

Meine Mutter erklärte, warum sie nicht mehr selbst stillen konnte. „Da gibt es nur eine Lösung", verkündete meine Großmutter. „Wir werden sie sofort bei der Amme Zaranella unterbringen, sie ist die ergiebigste Milchquelle in der ganzen Campagna."

Nicht nur zahlte meine Großmutter der erstaunlichen Zaranella fünfzig Lire pro Monat, um mir einen Platz neben dem Dutzend anderer Babys zu sichern, die an ihren ergiebigen Brüsten nuckelten, sondern Großmutter ordnete darüber hinaus an, daß bis zu meiner Genesung das gesamte Fleisch, das normalerweise auf den Familientisch kam, an Zaranella weitergegeben werden sollte, um diese zu nähren und damit die Qualität ihrer Milch zu verbessern.

Keiner der Villanis protestierte gegen die fleischlosen Monate, welche dieser Ankündigung folgten. Als mir Großmutter Luisa später einmal all diese Einzelheiten erzählte, sagte sie noch, daß ihr das Bewußtsein, wie sehr Zaranella und dadurch indirekt auch ich von dem Fleisch profitierten, die Mahlzeiten schmackhafter machte, als es das Fleisch selbst je vermocht hätte.

Das ist die Art von Liebe, die ich bis zum heutigen Tag besonders schätze. Selbstloses Geben, ohne die Hoffnung auf Vergeltung, aus reiner Liebe heraus.

4. Kapitel

Entweder war ich die erste im Schulhof, schon um acht Uhr morgens, oder kam ganz zuletzt und schlich knapp vor neun Uhr hinter der letzten Schülerin in die Klasse. Aus schmerzlicher Erfahrung hatte ich nämlich gelernt, daß man auf diese Weise am wenigsten auffiel; und nur indem ich nicht auffiel, konnte ich das Getuschel, die verächtlichen Blicke und die boshaften Bemerkungen vermeiden, die man gegen mich richtete, weil ich das uneheliche Kind einer alleinstehenden Mutter war. Ich war extrem schüchtern und introvertiert und wurde mit diesen Grausamkeiten einfach nicht fertig.

Die Nonnen der Klosterschule standen meiner Ächtung gleichgültig gegenüber. Sie waren unnahbar und distanziert, und niemals hätte ich mit meinen Sorgen zu einer von ihnen gehen können. Vielmehr fürchtete ich mich maßlos vor ihnen und hatte nicht das Gefühl, daß sie mir mehr Verständnis entgegenbrachten als meine Klassenkameradinnen. Während meiner ganzen Kindheit hatte ich jeden Morgen Angst davor, in die Schule zu gehen. Ich hatte das Gefühl, als stünde mir das Stigma meiner unehelichen Geburt auf der Stirn.

Und noch mehr litt ich darunter, daß meine Mutter groß und schön war und den anderen Müttern in keiner Weise glich. Manchmal holte sie mich von der Schule ab, und jedesmal reagierten die anderen Schülerinnen mit demselben Hohn, der mich jeden Morgen empfing. Ich versuchte, diesem Abholen zuvorzukommen, indem ich die Schule so schnell wie möglich verließ und wie gehetzt nach Hause rannte.

Meine Mutter verdiente ein bißchen Geld, indem sie in den kleinen Kaffeehäusern und Trattorias Klavier spielte. Manchmal fuhr sie auch nach Neapel und Rom. Eines Abends kam sie blaß und verängstigt zurück, nahm ihren ganzen Mut zusammen und gestand meiner Großmutter, daß sie meinen Vater hin und wieder in Rom getroffen habe, in der Hoffnung, ihn zur Heirat bewegen zu können. Dabei sei sie wieder schwanger geworden.

Meine Großmutter senkte den Kopf und verdeckte mit der Hand ihre Augen. Aber sie hatte ein verzeihendes Herz und nahm meine Schwester Maria in die Familie auf, wie sie es mit mir getan hatte. Ich war vier Jahre alt, als Maria zur Welt kam.

Ich weiß nicht, ob ich von Natur aus so zurückhaltend bin oder es erst aufgrund der Behandlung durch meine Mitschülerinnen wurde. Selbst heute noch bin ich schrecklich schüchtern und erfinde fast immer eine Ausrede, wenn ich zu größeren Gesellschaften eingeladen werde. Eigenartigerweise ist mein älterer Sohn Carlo, der jetzt neun Jahre alt ist, genau wie ich. Wenn ich ihn von der Schule abhole, ist er befangen und verlegen. „Du bist nicht wie die anderen Mütter", beklagt er sich. „Du siehst besonders aus, und die Kinder schauen uns nach und zeigen auf dich."

Ich trage meist Jeans und versuche, so unauffällig wie möglich auszusehen, aber immer stellt Carlo fest, daß mein Erscheinen bemerkt wird. Wenn wir dann im Auto sitzen, gesteht er allerdings, wie glücklich er ist, daß ich ihn abgeholt habe.

Der Himmel weiß, wie sehr ich ihm seine zwiespältige Reaktion nachfühlen kann; wenn er älter ist, wird er hoffentlich auch meine Gefühle verstehen.

Ich war fünf Jahre alt, als ich meinen Vater zum ersten Mal sah. Um ihn nach Pozzuoli zu locken, hatte meine Mutter ihm ein Telegramm gesandt mit der Nachricht, daß ich schwer krank sei und er sofort kommen müsse. Ich weiß noch heute, wie nervös und aufgeregt meine Mutter an dem Tag seiner Ankunft war. Sie hatte mir nichts davon erzählt, ich spürte jedoch, daß irgend etwas in der Luft lag, weil sie mich auffallend sorgfältig frisierte und kleidete, in dem Bemühen, ihre dünne, blasse, häßliche Tochter so hübsch wie möglich zurechtzumachen.

Sie führte mich in das so selten benützte Wohnzimmer, wo ein großer, gutaussehender Mann mit dem Rücken zum Fenster stand. Er war viel größer als alle Männer der Villani-Familie und viel eleganter gekleidet. Er hatte eine ausgeprägte Nase, die aber zu seiner Körpergröße paßte. Auf dem Fußboden vor ihm stand ein blaues Tretauto, das einem italienischen Sportwagen nachgebildet war. So etwas hatte ich noch nie gesehen – kein Kind in Pozzuoli besaß ein Auto wie dieses. Auf dem Auto stand in großen Buchstaben mein Kosename: „Lella“. Meine Mutter legte ihre Hand auf meinen Rücken und stubste mich in seine Richtung. „Das ist dein Vater“, sagte sie. Mein Vater beugte sich zu mir herunter und streckte mir seine Hand entgegen. Er lächelte gewinnend. „Ich habe dir dieses kleine Geschenk mitgebracht“, sagte er.

Was danach geschah, ist mir nur noch verschwommen in Erinnerung. Meine Mutter erzählt, daß ich vor ihm zurückwich und nicht glauben konnte, daß er mein Vater sei; daß ich ihm sagte, er solle weggehen, daß ich bereits einen Vater hätte, der ganz anders aussehe als er, und daß ich ganz einfach nichts von ihm wissen wolle. Danach lief ich weinend aus dem Zimmer.

Meine Mutter hätte mich auf diese Begegnung vorbereiten müssen. Das Ereignis war für eine geächtete Fünfjährige einfach zu viel. Vermutlich fühlte sich mein Vater durch meine Reaktion verletzt, aber ich hatte ihn eben nie als Vater, nicht einmal als Mitglied meiner Familie betrachtet. Ich nannte meinen Großvater „Papa“ und meine Großmutter „Mama“, während meine Mutter „Mammina“ hieß. Das Wort Vater hat für ein Kind keine Bedeutung, wenn es nicht das Leben dieses Mannes teilen darf, wenn es nicht auf seinem Schoß sitzen und von ihm getröstet werden kann. Dazu kam, daß der Name meines Vaters in unserem Haus stets in einem abfälligen Ton ausgesprochen wurde. Noch nie hatte ich ein freundliches Wort über ihn gehört. Wenn ein Kind ständig nur Schlechtes über einen Menschen hört, dann hat es nicht den Wunsch, diesen Menschen kennenzulernen und freundlich zu ihm zu sein, selbst wenn es erfährt, daß dieser Mensch sein Vater ist. Vater ist ein Wort. Ein Etikett ohne jede Bedeutung. Wie kann ein Kind sich zu jemandem hingezogen fühlen, der eigentlich bei ihm sein sollte und es doch nicht ist? Dieser angebliche Vater kam uns nie besuchen, kümmerte sich nie um uns. Ganz anders meine Großeltern! Sie waren liebevoll und warmherzig und zärtlich, und bis zum Tod meines Großvaters vor einigen Jahren nannte ich ihn Papa und betrachtete ihn auch als meinen eigentlichen Vater.

Und Großmutter: Wenn ich am Nachmittag aus der Schule kam und wir allein in der Küche saßen, wurde sie ein anderer Mensch. Ein oder zwei Stunden lang dachte sie nicht mehr an ihre Sorgen, sondern trieb Unfug mit mir. Während ein großer Topf mit *Pasta fagiuoli* auf dem Herd brodelte, sang sie mir von ihr ausgedachte Lieder vor, in denen sie mir mein zukünftiges Leben ausmalte – ein herrliches Leben voll von Armeleute-Traumbildern wie Autos, Pelzmäntel und Schmuck. Da saß sie, nähte mir aus einer alten Decke ein Kleid und sang von dem luxuriösen Leben im Märchenland von morgen. Ich saß neben ihr und machte mir Schuhe aus zwei Lederflecken, an die ich Schnüre nähte, um sie mir um die Knöchel zu binden. Großmutter hatte eine lebhafte Phantasie und erfand oft schrullige Geschichten von Prinzessinnen und verzauberten Wäldern. Ihr Vater, der ein *granatiere* – ein Mitglied eines elitären Wachkommandos – gewesen war, und ihr Bruder spielten wunderbar Gitarre und waren überhaupt sehr musikalisch; dieses Talent hatte meine Mutter offenbar von ihnen geerbt.

Wie ich Großmutter Luisa liebte! Nach meinem ersten Erfolg in dem Film „Das Gold von Neapel" nahm ich das bißchen Geld, das ich verdient hatte, und kaufte einen Ring mit einem winzigen Diamanten. Damals war meine Großmutter schon krank und bettlägerig. Ich fuhr den langen Weg von Rom nach Pozzuoli im Autobus, um sie mit dem Brillantring zu überraschen. „Schau, Mama", sagte ich und hielt ihr meine Hand unter die Nase, „deine Träume für mich sind wahr geworden." Sie war überglücklich über den kleinen Ring an meinem Finger; man hätte glauben können, daß es sich um einen zwanzigkarätigen Stein handelte. Großmutter Luisa starb sechs Monate später, aber ihre Stimme lebt in mir weiter, eine Stimme, die ich mein ganzes Leben lang hören werde.

Nach diesem ersten Besuch in Pozzuoli sandte meine Mutter noch öfter Telegramme an meinen Vater, in denen sie ihn dringend bat zu kommen, weil ich wieder krank sei. Er fiel aber nicht mehr darauf herein. Einige Jahre nach der Geburt meiner Schwester setzte er sich wieder mit meiner Mutter in Verbindung und sagte ihr, daß er ein Mädchen geschwängert habe und heiraten wolle, wenn meine Mutter nicht nach Rom käme und ihre Rechte geltend mache. „Sie ist viel jünger als du und auch recht hübsch", erzählte mein Vater, „und ich werde sie heiraten, wenn du nicht kommst und mich davon abhältst." Meine Mutter war aber damals schon so angeekelt von ihm, daß sie antwortete, er solle tun, was er wolle, sie sei fertig mit ihm. Also heiratete er diese junge Frau und hatte zwei Söhne mit ihr. Einige Jahre später verließ er sie allerdings und lebte eine Weile mit meiner Mutter zusammen.

Solange mein Vater lebte, beschwerte sich meine Mutter oft bitter über ihn und sagte, daß sie ihn hasse. Ich weiß nicht, wie sie jetzt, da er tot ist, über ihn denkt; ich jedenfalls habe immer gedacht, daß es nicht Haß war, was meine Mutter für meinen Vater empfand, sondern eine ungeheuer starke Liebe. Sie empfing zwei Kinder von ihm, blieb unverheiratet und begegnete in ihrem Leben keiner anderen großen Liebe. Bis zu dem Tag, an dem er starb, konnte Riccardo Scicolone die heftigsten Leidenschaften in ihr wecken. Ich führe seit vielen Jahren ein Tagebuch, in dem ich mir notiere, was ich mir merken will. Vor langer Zeit machte ich folgende Eintragung: „Als Mensch existierte er nicht mehr für sie, sie hatte keine Sehnsucht nach ihm, wollte ihn nur loswerden. Er war einmal ein Mann gewesen, aber nun war er zu einer Situation geworden. Haß ist nichts anderes als unterbrochene Liebe."

Ich weiß, daß ich meinen Vater nie wirklich gehaßt habe. Ich war zwar oft wütend über ihn, aber ich habe immer versucht, mich in andere Menschen hineinzudenken und ihre Handlungen zu verstehen, und je älter ich wurde, desto besser, glaube ich, habe ich meinen Vater und seine Fehlschläge verstanden. Obwohl er nie da war, wurde er zu einer bestimmenden Kraft, zu einem wichtigen Faktor in meinem Leben.

Als ich für dieses Buch über ihn nachdachte und mich an seinen Besuch in Pozzuoli, damals in meinem fünften Lebensjahr, erinnerte, zog es mich nach Pozzuoli und zu unserer alten Wohnung zurück. Meine Tante und mein Onkel leben noch dort, und es hat sich seit meiner Kindheit eigentlich wenig verändert. Ich fragte meinen Onkel, was aus dem kleinen blauen Auto geworden sei, mit dem ich als Kind in der Via Solfatara auf und ab gefahren war. Er ging in die Küche, kletterte auf den alten Holztisch und langte in das Regal knapp unter der Decke, in dem alte Dinge aufgehoben wurden.

Da war das kleine blaue Auto, staubig und voller Spinnweben, mit einem Wespennest unter dem Lenkrad. Mein Onkel stellte es auf den Boden, und es rollte zur Küchentür hin. Ich fühlte ein schmerzhaftes Ziehen in der Brust. „Es ist doch eigentlich dumm, das kleine Auto aufzuheben", murmelte ich. Aber ich bat meinen Onkel nicht, es wegzugeben.

5. Kapitel

Im Jahr 1940, als ich sechs Jahre alt war, kam der Krieg nach Pozzuoli. Von einem Tag zum anderen schienen überall deutsche Soldaten zu sein. Sie waren damals noch unsere Verbündeten, behandelten uns freundlich, und ich erinnere mich, daß ich entzückt die jungen, gutaussehenden Soldaten in ihren schneidigen Uniformen beobachtete, wie sie in den Hinterhöfen der Häuser in unserer Straße Krieg spielten. Ich glaube, ich hatte nie zuvor einen blonden, blauäugigen Mann gesehen. Es war aufregend, vor unserem Haus zu stehen und die Truppen vorbeimarschieren zu sehen, und es war ein besonderes Erlebnis, wenn lange Panzerkolonnen die Straße entlangrumpelten. Als der Krieg ausbrach, wurde nach und nach alles in Pozzuoli geschlossen, und schließlich gab es für ein Kind überhaupt nichts mehr zu tun – keine Schule, keine Bücherei, kein Radio oder sonst etwas, so daß schließlich der Krieg selbst unsere einzige Abwechslung wurde. Der Krieg wurde unser Spielzeug. Unsere Wohnung war nicht weit vom Bahnhof entfernt, und da die wichtige Rom-Neapel-Linie durch Pozzuoli ging, gab es ständig deutsche Soldaten in unserer Gegend, die den Bahnhof auf der einen Seite der Stadt und den Hafen auf der anderen Seite bewachten.

Es dauerte nicht lange, bis die beiden Anziehungspunkte von Pozzuoli, nämlich die Patronenfabrik und der Hafen, die Aufmerksamkeit der Alliierten auf sich zogen. Die immer häufiger werdenden Bombenangriffe setzten dem beschaulichen Leben der Kleinstadt ein Ende und brachten unser aller

Existenz in Gefahr. Mit zunehmendem Bombardement begannen Nahrungsmittel und Wasser auszubleiben: die Nahrungsmittel, weil die Transporte nicht mehr duchkamen, das Wasser, weil die Bomben die Hauptleitung zerstörten. Aus Sicherheitsgründen mußten sich die Einwohner der Stadt jede Nacht, nachdem der letzte Zug nach Neapel abgefahen war, in den Eisenbahntunnel drängen. Am Morgen mußten alle spätestens um vier Uhr dreißig wieder draußen sein, weil zu diesem Zeitpunkt der erste Zug aus Neapel in den Tunnel brauste.

Bald nahm der Tunnel eine Zentralstellung in unserem Leben ein. Nacht für Nacht schleppten wir unsere Matratzen – im Winter auch die Decken – in dieses pechschwarze, stockdunkle Loch: kein Licht, nicht einmal eine Kerze, war erlaubt. Niemand durfte in die Nähe des Eingangs gehen, wo die Luft einigermaßen erträglich war, weil Gefahr bestand, von Bombensplittern getroffen zu werden. Die Mitte des Tunnels, wo wir alle zusammengepfercht lagerten, war dunkel und feucht, es stank nach ungewaschenen Menschen, überreifen, halb verdorbenen Nahrungsmitteln, nach Urin, Kot und Abfall. Es wimmelte von ekelhaftem Getier, und riesige Ratten flitzten um uns und über uns hinweg, um an die Nahrungsmittel zu gelangen. Nacht für Nacht ging das so, über viele Monate. Aber niemand sträubte sich, keiner empfand Ekel davor, wieder hinzugehen. Wir wußten, daß wir anders nicht überleben konnten, und um zu überleben, nimmt man einiges auf sich.

Bei Bombenalarm in unser Schutzquartier zu laufen wurde zu einem aufregenden Erlebnis für mich. Ich erinnere mich, daß ich eines Nachts aus dem Tunnel wanderte, um die Leuchtfeuer am Himmel zu sehen, die von den Alliierten abgeworfen wurden, damit sie danach ihre Bomben treffsicher landen konnten. Die Gegend war in einen silbrigen, märchenhaften Schein gehüllt, und das Meer spiegelte das intensive Flackern der herabschwebenden Feuer wider. Ich dachte, daß der Himmel den Glanz seiner Sterne auf seltsame

Weise der Erde genähert habe. Es war ungleich aufregender und faszinierender als die armseligen Feuerwerke, die ich manchmal am Festtag der Madonna di Pompei in Pozzuoli zu sehen bekommen hatte. Meine arme Mutter, die vor Angst fast umkam, suchte mich fieberhaft und rief immer wieder meinen Namen. Endlich sah sie mich an einer äußerst exponierten Stelle stehen, das silbrige Gesicht dem tosenden Himmel zugewandt, vor Aufregung begeistert in die Hände klatschend.

Eine tüchtige Ohrfeige brachte mich auf den Boden der Wirklichkeit zurück. Meine Mutter weinte Tränen der Erleichterung, als sie mich in den Tunnel zurückschleppte. Dort, in der Dunkelheit und in dem Gestank, begann ich zu weinen. Nicht wegen der Ohrfeige, sondern weil der Zauber des nächtlichen Himmels verflogen war.

Noch stärker in meinem Gedächtnis haftengeblieben ist allerdings ein verheerender Bombenangriff, von dem wir eines Nachts überrascht wurden. Der Fliegeralarm war ausgeblieben, und wir lagen schlafend in unseren Betten, als rund um unser Haus Tonnen von Bomben explodierten, die Wände erzittern ließen und die Fenster kaputtschlugen. Meine Mutter schrie mir zu, ich solle mich schnell anziehen, aber ich war so erschreckt und verwirrt, daß ich mich statt dessen völlig entkleidete; als meine Mutter ins Zimmer kam und mich holen wollte, stand ich splitternackt und vor Angst zitternd da.

Wir liefen zum Tunnel, aber auf der Straße traf mich ein kleiner Granatsplitter am Kinn, und als wir endlich den schützenden Tunnel erreichten, war mein Gesicht blutüberströmt. Bei Anbruch der Morgendämmerung kehrten wir zu unseren Häusern zurück und sahen, daß die Straßen verwüstet waren und überall schwerverletzte Menschen lagen. Meine Schwester hatte in der Eile ihre Schuhe verloren und ihre Füße an den Glasscherben arg zerschnitten. Die Schwerverletzten auf den Straßen schrien um Hilfe, aber wir konnten nichts für sie tun. Als wir zu unserem Haus kamen, sahen wir, daß es halb zerbombt war. Jene grauenvolle Nacht war für die Erwachsenen und die Kinder gleichermaßen schrecklich und hat sich in mein Gedächtnis eingegraben. Selbst heute noch fühle ich die Angst in mir hochkriechen, wenn ich an jene furchtbaren Stunden denke.

Im Winter war es im Tunnel eisig kalt, und wir hatten nie genügend warme Kleidung und Decken. Schreiende Babys, wild streitende Ehepaare, schmusende Liebespärchen, Leute, die in den Ecken kauerten und laut schnarchten, verlorengegangene Kinder, von Ratten angefallene Menschen, Krankheit, Gelächter, Trunkenheit, Tod und Geburt – all das war Teil dieser endlosen Nächte im Tunnel. Bis heute habe ich panische Angst vor der Dunkelheit – sicher eine Folge jener schrecklichen Nächte. Wenn Carlo nicht bei mir ist und ich allein bin, kann ich nur einschlafen, wenn im Haus die Lichter brennen. Und wenn ich manchmal in der Nacht aufwache, werde ich von panischem Schrecken ergriffen.

Unter dem Druck der Lebensmittel- und Wasserknappheit sowie der Bombentreffer auf die Patronenfabrik, die die Arbeitstage drastisch verkürzten, brach das ohnehin schon kümmerliche Versorgungssystem der Villanis völlig zusammen. Das Gespenst des Hungers war allgegenwärtig. Meine Mutter verschrieb sich der Aufgabe, für meine Schwester und mich Nahrung zu hamstern, was ihr nicht immer gelang. Wenn abends die Essenszeit heranrückte, konnte ich von ihrem Gesicht ablesen, ob sie für uns etwas aufgetrieben hatte oder nicht. Wenn nicht, dann gab ich meistens vor, keinen Hunger zu haben.

An manchen Tagen hatten wir nicht einmal eine Brotrinde oder einen Schluck Milch. Das quälende Gefühl des Hungers wurde uns zur zweiten Natur. Meine Großeltern stritten ständig über Essensfragen, und da wir so beengt wohnten, konnte uns ihre Sorge nicht entgehen. Und wenn sie sich einmal nicht über Nahrungsmittel Gedanken machten, dann sorgten sie sich um die Arbeitsplätze in der Patronenfabrik. Ihre ständige Furcht war, daß die Bombenschäden der jeweils letzten Nacht der Fabrik den Rest gegeben hätten und somit auch die letzten mageren Löhne ausbleiben würden.

Die einzige Wasserquelle für ganz Pozzuoli war ein kleiner Brunnen, zehn Minuten von unserem Haus entfernt. Die ganze Stadt stand dort Schlange, und man mußte endlos lange warten, bis man seine beiden Flaschen füllen konnte. Meine Schwester war ununterbrochen krank, holte sich eine Infektion nach der anderen, ich aber war trotz meines ausgemergelten Aussehens eigentlich gesund. Die anderen Kinder verspotteten mich und nannten mich Hopfenstange oder kritzelten „Sofia Stuzzicadente" (Zahnstocher) auf unsere Hauswand.

Natürlich setzten wir uns zum Essen nicht mehr gemeinsam an den Tisch. Jeder Bissen Nahrung, der seinen Weg zu uns fand, wurde im Stehen verschlungen. Wer Hunger leidet, kümmert sich nicht um Messer, Gabel, Servietten und Tischmanieren. Wenn wir unseren wöchentlichen Brotlaib bekamen, schnitt ihn meine Großmutter sofort in gleich große Stücke, teilte diese aus, und wir stürzten uns gierig darauf.

Im Zusammenhang mit dem Brot habe ich mir da übrigens etwas zuschulden kommen lassen, wofür ich mich heute noch schäme. Brot war rar und wurde in der Stadt gegen Marken ausgegeben, die jede Familie bekam. Es war meine Pflicht, jede Woche unsere Marken in die Bäckerei zu bringen und dafür unsere Ration in Empfang zu nehmen. Wir bekamen die für acht Personen ausgerechnete Brotmenge, was immer einen großen Laib und ein kleines Extrastückchen ergab. Auf dem Heimweg aß ich heimlich das kleine Extrastückchen und sagte keinem etwas davon, obwohl meine Großmutter das Brot stets abwog und von meinem Diebstahl wissen mußte.

Aber wenn man sieben Jahre alt ist und vor Hunger an Magenkrämpfen leidet, übersteigt der Anblick und der Duft von frischem Brot einfach die Willenskraft. Ich konnte mich nicht zurückhalten. Ich bin eigentlich ein disziplinierter Mensch, aber wer hungert, ist zu Dingen fähig, die der eigenen Natur zuwiderlaufen. Außer an diesen Brotdiebstahl kann ich mich eigentlich an keinen Vorfall erinnern, bei dem ich die Kontrolle über mich selbst verloren hätte. Und wie schon erwähnt, schäme ich mich für jene kleine Entgleisung noch heute.

Das soll jedoch nicht heißen, daß ich nicht noch andere kindliche Sünden beging, die übrigens alle mit Essen zu tun hatten. Einmal schlich ich in den Garten der Hausbesorgerin und stahl Obst von ihren Bäumen. Sie erwischte mich und schrie so laut, daß man es in der ganzen Nachbarschaft hören konnte: „Seht euch das an! Diese Sofia Stuzzicadente stiehlt mir meine Äpfel! Und schaut nur ihre Augen an! Typische Diebsaugen!"

Mein zweiter Nahrungsmitteldiebstahl kam glücklicherweise nicht ans Licht. Vor dem Krieg mauste ich oft Ansichtskarten mit religiösen Motiven und verkaufte sie, um mir Geld für Eis und Bonbons zu beschaffen. Das war natürlich nicht in Ordnung, aber zumindest half ich damit den Glauben zu verbreiten. Als man im Krieg kein Eis und keine Bonbons mehr bekam, nahm meine Karriere als Diebin frommer Postkarten ein jähes Ende.

Noch eine andere geheime Nahrungsmittelquelle hatte ich, die allerdings meine Mutter für mich entdeckt hatte. Wenn in der Morgendämmerung die Weckrufe durch den Tunnel erklangen und uns aufforderten, so schnell wie möglich ins Freie zu gehen, weil der erste Zug bald käme, nahm mich meine Mutter manchmal an der Hand, versicherte sich, daß uns niemand folgte, und zog mich hinter sich her in die Felder. Wir folgten einem Weg, der uns zu einer Reihe kleiner Höhlen brachte. Aus einer dieser Höhlen drang Rauch von einem Lagerfeuer. In dieser Höhle wohnte ein Ziegenhirt, der mit einem meiner Onkel befreundet war. Der alte Mann nahm sich meiner an, wie er sich eines seiner Zicklein angenommen hätte, wenn es unterernährt gewesen wäre. Er füllte einen großen Becher mit frisch gemolkener, warmer, schaumiger Milch und gab ihn mir. Ich kann nicht beschreiben, wie wohlig mir zumute war, wenn der warme, belebende

Strom durch meinen Körper lief und meinen hungrigen Magen beruhigte. Dieser Becher Milch richtete mich körperlich und seelisch auf; sooft mich meine Mutter zu dem Ziegenhirten mitnahm, war es mir gleichgültig, ob es den Rest des Tages noch etwas zu essen geben würde oder nicht. Ich war gestärkt. Ich war gefestigt. Das Essen hat in meinem Leben stets eine wichtige Rolle gespielt, und obwohl ich als Erwachsene höchst bemerkenswerte, von den besten Köchen der Welt zubereitete Gerichte gegessen habe, schätze ich zwei Erinnerungen ganz besonders: die Erinnerung an diese warme Ziegenmilch und an die *Pasta fagiuoli,* die so oft auf dem Herd meiner Großmutter brodelte.

Die Opferbereitschaft meiner Mutter kannte keine Grenzen. Ihr liebster Besitz – und sie hatte nicht viele – war ein Kamelhaarmantel, der ihre Ähnlichkeit mit Greta Garbo noch zu unterstreichen schien. Sie hütete diesen Mantel wie einen Schatz. Aber als ich in jenem ersten bitterkalten Winter im Tunnel nichts Warmes anzuziehen hatte, nahm sie ohne Zögern die Schere und verwandelte den Mantel in ein Kleid für mich. Dasselbe Schicksal erlitt eines ihrer beiden Kleider zugunsten meiner Schwester.

Als die Kriegslage sich für die Deutschen verschlechterte, begannen sie alle einsatzfähigen italienischen Männer zum Kriegs- und Arbeitsdienst in Deutschland einzuberufen. Meine Onkel Guido und Mario, beide Ende Zwanzig, mußten sich verstecken, um der allgemeinen Wehrpflicht zu entgehen. Sie konnten nicht mehr bei uns zu Hause wohnen, auch in den Tunnel durften sie sich nachts nicht wagen, sondern sie mußten sich in den diversen Schlupfwinkeln verbergen, die sie in und um Pozzuoli kannten. Natürlich konnten sie auch nicht mehr in der Patronenfabrik arbeiten, weil die Deutschen alle dort beschäftigten jungen Männer längst geholt und durch alte Männer und Frauen ersetzt hatten. So mußten wir also auf ihre Löhne verzichten und hatten zusätzlich zu unseren anderen Sorgen ständig Angst, sie könnten entdeckt und nach Deutschland verschleppt werden.

All diese Leiden, Ängste und Verwirrungen, zu denen nun noch die Spaltung unserer Familie kam, brachten es mit sich, daß ich ein Gefühl der Isolierung, der Vereinsamung in mir spürte und mich mehr denn je von den anderen zurückzog. In meiner Einsamkeit kletterte ich oft auf einen kleinen Feigenbaum in unserem Garten und versteckte mich in seinem dichten Laub. Dort, in der grünen Welt seiner breiten Blätter, fühlte ich mich sicher. Oft saß ich stundenlang auf meinem geliebten Baum.

Ein Aufruf, unterschrieben von unserem Bürgermeister, hing eines Tages an allen Anschlagbrettern von Pozzuoli und wurde auch über den Rundfunk durchgegeben: Alle Einwohner von Pozzuoli müßten die Stadt innerhalb von achtundvierzig Stunden verlassen. Die Bombenangriffe waren unerträglich geworden. Die Deutschen zogen sich zurück. Es ging das Gerücht um, große amerikanische Kriegsschiffe wären unterwegs, um den Hafen in die Luft zu sprengen, als Auftakt einer Großoffensive. Einem anderen Gerücht zufolge sollte der Angriff von Norden her, von der Küste bei Anzio, erfolgen.

Die Evakuierung ging nicht organisiert vor sich. Jeder mußte weg, aber wohin er ging und wie er dahin kam, war seine eigene Sache. Die einzigen Verwandten meiner Großeltern außerhalb von Pozzuoli waren Leute namens Mattia, die in Neapel lebten. Signora Mattia war eine Kusine meiner Großmutter. Leider hatten sie sich jahrelang nicht gesehen und hatten auch brieflich nicht in Verbindung gestanden; meine Großmutter warnte uns, daß ihre Kusine eine ziemlich egoistische Person sei und wir uns keinen überschwenglichen Empfang erwarten sollten – eigentlich gar keinen Empfang.

Obwohl unser Haus an Wänden und Fenstern schwer beschädigt war, empfand ich es doch als echten Zufluchtsort, als das einzige Zuhause, das ich jemals gekannt hatte. Und nun sagte Großmutter, daß wir ein paar Kleider und Decken mitnehmen und in die große Stadt Neapel ziehen sollten, wo ich noch niemals gewesen war, und daß wir bei Leuten um Obdach bitten sollten, die uns gar nicht bei sich haben wollten.

Auf dem Weg zum Bahnhof klammerte ich mich an meine Mutter, die meine Schwester im Arm trug. Wir schleppten schwer an unseren jämmerlichen Habseligkeiten. Unsere Onkel kamen aus ihrem Versteck und fuhren mit uns. Alle acht zwängten wir uns in ein Abteil, in dem schon einige Nonnen saßen. Auf halber Strecke nach Neapel wurde der Zug angehalten, und deutsche Soldaten stiegen ein, die die einzelnen Waggons durchsuchten und alle Männer herausholten, die sie für den Dienst in deutschen Arbeitslagern einsetzen konnten. In Deutschland herrschte Mangel an Arbeitskräften, und man brauchte alle arbeitsfähigen Männer, die aufzutreiben waren.

Fast sah es so aus, als wären meine beiden Onkel nun endgültig in die Falle gegangen. Es gab kein Entkommen, weil der Suchtrupp den Zug von beiden Enden auf die Mitte zu durchkämmte, wo wir saßen. Zwei der Nonnen bemerkten unsere Erregung über das Schicksal, das meinen Onkeln bevorstand, winkten die beiden zu sich und ließen sie unter ihre weiten schwarzen Röcke kriechen, gerade rechtzeitig, bevor die Nazis unser Abteil betraten. Meine Onkel blieben bis zur Ankunft in Neapel unter den Röcken verborgen und wurden dadurch gerettet, aber Guido erzählte nachher, daß er vor Angst fast ohnmächtig geworden sei.

Wie meine Großmutter vorausgesagt hatte, waren die Mattias keineswegs gastfreundlich, aber wenigstens setzten sie uns nicht vor die Tür. Meine Mutter, meine Schwester und ich teilten uns ein winziges Zimmer, das glücklicherweise einen Balkon hatte. Während der fünf Monate, die wir in Neapel verbrachten, war dieser Balkon der einzige Kontakt, den ich mit der Außenwelt hatte. Meine Mutter und meine

Großmutter fürchteten, daß uns die Mattias nicht mehr einlassen würden, wenn wir das Zimmer verließen. Daher fungierten meine Schwester und ich als Platzhalter. Die Mattias hatten einige Dosen Kekse und eine Kiste mit Nahrungsmitteln, die sie allerdings für sich selbst behielten. Wir bekamen nie etwas ab davon. Im Gegenteil, sie gaben sich die größte Mühe, alle Nahrungsmittel, ja selbst das Wasser vor uns zu verstecken. Irgendwie hatte ich sogar Verständnis dafür. In einer Zeit, in der die Menschen in Scharen verhungerten und verdursteten, mußte die Kusine meiner Großmutter sich in erster Linie darum kümmern, daß ihre eigene Familie überlebte.

Wie die unsere überleben sollte, war eine andere Frage. Meine Onkel mußten sich wieder verstecken, diesmal mit einigen anderen jungen Männern, und zwar in einer Vorratskammer, deren Eingang geschickt mit einem riesigen Geschirrschrank verstellt war. Da waren sie relativ sicher; wir aber mußten feststellen, daß die Lage in Neapel noch viel schlechter war als daheim in Pozzuoli. Es gab überhaupt kein Wasser, nicht einmal Quellwasser. Das einzige Getränk war Regenwasser, das man in großen Behältern zu sammeln suchte.

Außer einem fast nicht eßbaren Graubrot, das noch dazu in winzigen Rationen verteilt wurde, gab es keine Nahrungsmittel, es sei denn auf dem schwarzen Markt. Im Haus ließen uns die Mattias ihren Haß spüren. Die nächtlichen Bombenangriffe waren viel ärger und verheerender als in Pozzuoli. Neapel wurde die meistzerbombte Stadt in Italien, und wenn das Heulen der Sirenen ertönte, hatte man das Gefühl, die Welt gehe unter.

Meine Mutter, die von Natur aus ein sehr nervöser Mensch ist, machte in Neapel Schreckliches mit. Ihre Nerven waren fast immer am Umkippen. Wenn die vielen Sirenen zu heulen begannen, schrie sie so laut sie konnte, schrie mit den unerträglichen Sirenen mit. Ich fürchtete mich zu Tode. Meine Mutter reagiert empfindlicher auf nervenzermürbende

Ereignisse als andere Menschen. Das hat sich bis heute nicht geändert. Sie schreit noch heute das Leben an.

Ich nehme es den Mattias nicht übel, daß unsere Gegenwart ihnen zuwider war. Schon damals als Kind erkannte ich, daß die physischen Auswirkungen des Krieges – Tod, Zerstörung, Verwüstung – weniger schrecklich waren als die Zersetzung der geistigen Werte, die Verwandlung des Menschen in ein Tier. Der schreckliche Preis, den man für das Überleben zu zahlen hatte, bestand vor allem in der Verstümmelung der Seele.

Meine Schwester war während unseres ganzen Aufenthaltes in Neapel krank, was die Überreiztheit meiner Mutter noch erhöhte. Maria hatte zuerst Masern, knapp danach bekam sie Typhus. Sie hatte hohes Fieber und litt sehr unter Durst. Aber meine Mutter konnte ihr nur das schmutzige Regenwasser zu trinken geben, das sie in einem Topf gesammelt hatte und unter ihrem Bett versteckt hielt. Als es eines Tages nicht einmal schmutziges Regenwasser gab, ging meine Mutter auf die Straße hinunter und holte sich Wasser aus dem Kühler eines deutschen Lastwagens. Der Fahrer entdeckte sie, als sie eben fertig war, reagierte aber eher amüsiert als erbost.

Gottlob bekam ich keine von Marias Krankheiten, aber ich war dürr wie ein Skelett. Manchmal brachte meine Mutter oder meine Großmutter einen Sack Reis oder Kartoffeln nach Hause, von dem wir eine Woche oder noch länger lebten, meistens aber gab es nicht einmal das, sondern lediglich ein Stück von dem widerlichen Graubrot. Dieses Brot war außen steinhart und innen zäh wie Kautschuk. Das Innere, das beim Schneiden stets am Messer kleben blieb, fühlte sich an wie Knetmasse, und tatsächlich aßen meine Schwester und ich oft nur die dünne, harte Kruste und formten aus dem Teig kleine Tiere, die wir ins Fenster zum Trocknen stellten. Gewöhnlich waren wir aber am nächsten Morgen so hungrig, daß wir diese ungenießbaren Dinger doch noch hinunterwürgten; sie lagen uns dann wie Blei im Magen.

Eines Tages – wir hatten wieder einmal keinen Bissen Brot

im Hause – stand meine Mutter auf dem Balkon und starrte auf die Passanten hinunter. Da erblickte sie eine Mutter mit einem Kinderwagen, die eine Tüte mit Lebensmitteln trug. Meine Mutter stürzte hinunter, und ich sah, wie sie auf die Frau zuging, zu mir hinaufdeutete und offensichtlich die Frau fragte, ob sie uns von ihren Nahrungsmitteln nicht etwas abgeben könne. Die Frau nahm einen Laib Brot heraus, brach ihn entzwei und gab meiner Mutter die Hälfte.

Das war nicht das einzige Mal, daß meine Mutter auf diese Weise um Essen betteln ging, und die meisten Leute waren auch tatsächlich gutherzig und teilten mit ihr.

Ganz anders unsere eigenen Verwandten. Als unsere Lage immer beklagenswerter wurde, stritt meine Großmutter oft mit ihrer Kusine über Lebensmittel; die wütenden Stimmen der beiden gellten durch die ganze Wohnung. Wo Armut ist, da gibt es Zank. Meine ganze Kindheit vollzog sich in einer Atmosphäre der Spannung und des Streits. Instinktiv wußte ich aber, daß das ein Ausnahmezustand war. Und ich zog mich in mich selbst zurück, weil ich das Gekeife in meiner Umgebung nicht mehr ertragen konnte.

Je schlechter die Kriegslage für die Nazis wurde, desto grausamer verhielten sie sich gegenüber den Italienern, deren ganze Sympathien nun den Amerikanern galten. Öffentliche Vergeltungshinrichtungen, antijüdische Propaganda, Folter, Beerdigungen bei lebendigem Leib, Verbrennung von Menschen in Öfen, menschliche Seifenfabriken, Konzentrationslager – das waren nur einige der Begriffe, über die ich meine Familie reden hörte. Die Opfer waren italienische Juden, aber auch Nichtjuden. Was ich da hörte, war viel zu bestialisch, um mir in seiner ganzen Bedeutung klarzuwerden.

Gegen Ende der deutschen Besetzung von Neapel, als die Nazis bereits wußten, daß sie bald den Amerikanern Platz zu machen haben würden, begannen sie wahllos zu morden und zu zerstören. Nun, da ich alles mit eigenen Augen sah, begriff ich allmählich die Unmenschlichkeit des Krieges. Die Bomben, die Verwundeten auf den Straßen, der Mangel an

Lebensmitteln und Wasser waren zwar fürchterlich, aber noch immer erträglicher als der Anblick eines menschlichen Wesens, in eine Uniform gekleidet, das ein anderes menschliches Wesen quälte. Nun verstand ich die Brutalität des Krieges in ihrem ganzen Ausmaß. Menschen wurden auf der Straße ohne Warnung erschossen. Meine kindlichen Augen sahen vom Balkon unseres Zimmers aus ein unfaßbares, grausames Schauspiel nach dem anderen.

Und dann kam das größte Blutbad überhaupt – die berüchtigten vier Tage von Neapel, an denen kleine Jungen aus den Armenvierteln gegen die deutsche Unterdrückung rebellierten und die Dinge selbst in die Hand nahmen. Ich habe zwar mit eigenen Augen gesehen, was diese kleinen Jungen taten, trotzdem aber erscheint es mir noch heute unglaublich, was damals geschah. Bewaffnet mit Flaschen, in welche sie von den Deutschen geklautes Benzin gefüllt hatten, zündeten diese Jungen Stoffetzen an, die sie als Docht in die Flaschen gestopft hatten, rannten von mehreren Seiten zugleich auf die riesigen deutschen Panzer zu und warfen die brennenden Flaschen in die Schießscharten, knapp bevor das Benzin explodierte. Kleine Gassenjungen waren es, wohlgemerkt, zwischen fünf und zehn Jahren, die hier unvorstellbaren Mut an den Tag legten. Sie hatten es auf Panzer, Lastwagen und Kriegseinrichtungen abgesehen, und kein deutscher Soldat auf der Straße war vor ihren Angriffen sicher. Ihre Feuerbomben explodierten überall, manche von ihnen hatten sogar Granaten und Munition, die sie den Deutschen gestohlen hatten. Ich traute meinen eigenen Augen nicht. Viele dieser Jungen wurden von den Deutschen erschossen, und ihre zerfetzten kleinen Körper lagen in Massen auf den Straßen, was aber die Entschlossenheit der anderen nicht beeinträchtigte.

Ich sah sie mit brennendem Stroh auf die Panzer zulaufen, die Flammenbündel über ihren Köpfen schwingend, und es dann irgendwie in die Panzer hineinwerfen, wobei sie oft selbst dabei verbrannten. Einige postierten sich auf Hausdächern und warfen Steine, Felsbrocken und andere schwere Gegenstände auf Lastwagen, Truppentransporte und vorbeimarschierende Soldaten. Es war ein fanatischer Kampf, geführt mit Scheren, Messern, Nagelbrettern und einfach allem, was als tödliche Waffe dienen konnte.

Vier Tage lang waren diese unglaublichen kleinen Jungen eine stetige tödliche Gefahr. Tag und Nacht sah ich sie laufen, in Deckung gehen, durch schmale Gäßchen flitzen, über Mauern und Dächer klettern, dauernd im Angriff, mit ihrem Mut und ihrer verwegenen Taktik in einem Kampf erfolgreich, den die italienischen Männer, die nun teils in Arbeitslagern waren, teils sich versteckt hielten, gar nicht erst versucht hatten.

Diese Jungen aus den Armenvierteln von Neapel waren den Jungen aus Pozzuoli sehr ähnlich. Das harte Leben hatte sie um ihre Kindheit betrogen und sie schon im frühesten Alter zu Männern gemacht. Sie rannten mit ihren brennenden Flaschen durch den Patronenhagel und machten selbst dann noch weiter, wenn sie verwundet waren. Zu meinem namenlosen Entsetzen sah ich, wie einige von ihnen, die sich nicht rechtzeitig in Sicherheit bringen konnten, von explodierenden Panzern zerfetzt wurden. Der fürchterlichste Anblick, der sich mir eingeprägt hat, waren zwei deutsche Soldaten, selbst schon lichterloh brennend, die von einem Panzer herabkletterten und den fliehenden Jungen, der ihren Panzer angegriffen hatte, mit gezogenen Pistolen verfolgten. Die Flammen züngelten an ihrem Haar und an ihren Uniformen empor, aber sie waren entschlossen, den kleinen Jungen zu erwischen und zu töten. Die drei verschwanden in einer Seitengasse, aber die Pistolenschüsse waren noch eine Zeitlang zu hören.

Nach vier Tagen hatten die Jungen von Neapel, so unglaublich es klingen mag, die deutsche Armee in die Knie gezwungen; zu unserem Erstaunen zogen sich alle deutschen Einheiten aus Neapel zurück. Am Ende des fünften Tages war kein deutscher Soldat mehr auf der Straße zu sehen. Aber mit dem Zorn der Nazis mußte man weiter rechnen. Sie hatten alle Nahrungsmittel mitgenommen und zu guter Letzt noch die Abwasserrohre und die spärlichen Reste der Wasserleitungen in die Luft gejagt. Dann bezogen Scharfschützen in den Wäldern und Hügeln um Neapel Stellung. Direkt hinter unserem Haus erhebt sich der Monte Santo. Und direkt unter uns befand sich ein Lebensmittelgeschäft, vor dem die Leute Schlange standen, um ein Stück Graubrot oder was es eben gerade gab zu ergattern. Es waren fast lauter Frauen, Kinder und alte Leute, die hier geduldig warteten. In diese Menschenschlange schossen die Scharfschützen und verwundeten und töteten nach Belieben. Das erschien mir als die schlimmste und sinnloseste aller Grausamkeiten. Jedesmal wenn die Scharfschützen trafen, wurden die Verwundeten oder Toten weggebracht; die anderen aber gaben ihren Platz in der Schlange nicht auf.

Zwei Tage nach dem deutschen Rückzug marschierten die Alliierten ein. Wir hatten gewußt, daß sie unterwegs waren, und ihrem Kommen mit Ungeduld entgegengesehen. An dem Morgen, als alle Leute aus ihren Häusern strömten und die Männer aus den Verstecken kamen, um die neuen Soldaten willkommen zu heißen, erlaubte mir meine Mutter zum ersten Mal, mein Zimmer zu verlassen. Ich staunte nicht schlecht, als die erste Truppe, die ich sah, ein Regiment von Männern in Röcken war. Weder ich noch die neapolitanischen Gassenjungen, die um die Männer herumtanzten und versuchten, unter ihre Röcke zu schauen, hatten jemals etwas von schottischen Kilts gehört.

Es war ein Tag des Jubels. Die Amerikaner fuhren in Jeeps und auf Lastwagen und begannen sofort, Bonbons, Kekse und Unmengen von längst vergessenen Köstlichkeiten zu verteilen. Ein Soldat warf mir ein Stück Schokolade zu, aber ich konnte nichts damit anfangen, weil ich Schokolade nicht kannte. Ich versuchte, einige der herrlichen Schachteln und Dosen und Pakete zu fangen, die durch die Luft flogen, erwischte jedoch lediglich eine kleine Dose mit Kaffeepulver. Ich gab sie meiner Großmutter, die den Inhalt allerdings ratlos betrachtete. Nach dem Duft zu schließen, schien es sich um Kaffee zu handeln, aber es war offensichtlich, daß er für die Espressomaschine nicht geeignet war. Erst nach längerer Zeit kam ihr die Erleuchtung, daß man nur heißes Wasser darauf zu gießen brauchte.

Sobald die Amerikaner begannen, Neapel mit Nahrungsmitteln zu versorgen, kam Leben in den schwarzen Markt. Unsere Familie hatte weder Geld noch Wertgegenstände zu verkaufen, aber wer sich Waren vom schwarzen Markt leisten konnte, lebte bald wieder recht gut. Die Neapolitaner verstanden es, den schwarzen Markt immer wieder mit Nachschub zu versorgen. Je mehr Schiffe und Lastwagen mit amerikanischen Lebensmitteln, amerikanischer Kleidung und zivilen Bedarfsartikeln eintrafen, desto öfter kam es vor, daß ganze Waggonladungen plötzlich verschwanden oder Lastwagen nie ihr Ziel erreichten. Gelegentlich lösten sich sogar ganze Schiffe in Luft auf.

Wir mußten Neapel genau so überstürzt verlassen wie fünf Monate vorher Pozzuoli. Die alliierten Militärbehörden requirierten unsere Häuser, und innerhalb von Stunden mußten wir alle Wohnungen räumen. Die Zugverbindung nach Pozzuoli war unterbrochen, ein anderes Verkehrsmittel gab es nicht (wir hätten uns ohnehin keine Fahrkarten leisten können), daher waren wir gezwungen, die fünfundzwanzig Kilometer zu Fuß zu gehen und überdies noch unsere Habseligkeiten mitzuschleppen. Vor Tagesanbruch verließen wir Neapel. Ich erinnere mich nicht, den Mattias adieu gesagt zu haben. Maria war zu krank, um zu laufen, also trug mein Onkel Mario sie den ganzen Weg auf den Schultern.

Die Straße nach Pozzuoli war voll von Flüchtlingen, die alle ihren Besitz entweder auf dem Rücken mit sich trugen oder ihn in kleinen Handwagen und sonstigen Vehikeln hinter sich herzogen. Die Straße selbst war in einem fürchterlichen Zustand, übersät von Bombentrichtern. Die Flüchtlinge blockierten einander gegenseitig. Wagen brachen zusammen und versperrten den Weg, manche fielen in die Bombentrichter, es gab Geschrei, Gezank, freudiges Wiedersehen, Boxkämpfe, und immer wieder sah man Menschen erschöpft am Straßenrand sitzen, die nicht weiterkonnten; ich aber war guter Stimmung, weil es nach Hause ging.

Natürlich war unsere größte Sorge, was mit unserem Haus geschehen sein mochte, ja, ob wir überhaupt noch ein Haus hatten. Pozzuoli war stark bombardiert worden, und wir machten uns auf das Schlimmste gefaßt. Daß uns am Ende unseres langen Marsches unsere Heimatstadt erwartete, ganz gleich, ob nun unser Haus noch stand oder nicht, das malte sich meine zehnjährige Fantasie in den schönsten Farben aus.

Als wir am späten Nachmittag in die Nähe von Pozzuoli kamen, wurde der Strom der Flüchtlinge dichter, und wir stießen da und dort auf Freunde und Bekannte. Dieser Tag auf der Straße steht in meinem Gedächtnis als eine Aneinanderreihung von Szenen eines Films. Tatsächlich war der Flüchtlingstreck in Vittorio de Sicas Film „Zwei Frauen" jenem Marsch nach Pozzuoli in vieler Hinsicht ähnlich. In diesem Film finden sich überhaupt so manche Parallelen mit meiner Kindheit.

Die Freunde, die wir trafen, erzählten Gerüchte über das Schicksal von allen möglichen Leuten, wer gestorben war, welche Häuser zerstört sein sollten und so weiter. Als wir dann durch die Vororte der Stadt zogen, hatte ich düstere Vorahnungen, weil das Ausmaß der Verwüstungen alle Vorstellungen überstieg. Wir kletterten über riesige Schutt- und Geröllhalden – die nicht wiederzuerkennenden Überreste von Geschäften, Straßen und Häusern.

Und da war plötzlich unser Haus. Es stand noch, war aber stark beschädigt. Alle Fensterscheiben waren zerbrochen, das Dach hing nach unten durch, die Mauern hatten Sprünge, aber es stand. Das war das wichtigste. Wir würden nach und nach die ramponierten Möbel flicken, Zeitungen über die Fenster kleben, die Sprünge vergipsen und das Dach in Ordnung bringen.

Vorerst mußten wir uns aber um wichtigere Dinge kümmern. Unser Hauptproblem, der Mangel an Lebensmitteln und Wasser, war akut wie immer, und dazu kam eine neue Widerwärtigkeit: Läuse. Sie waren überall: im Haar, am Körper, in der Kleidung. Das Jucken, das sie verursachten, war für uns viel schwerer zu ertragen als Hunger und Durst. Es waren aber nicht die normalen Kopfläuse, die wir Schulkinder manchmal bekamen; diese waren eine besondere Gattung – fett und weiß und schwer loszuwerden. Niemand hatte vor dem Krieg Läuse wie diese gesehen. Sie hatten sich in Neapel gleich einem Virus verbreitet, und keiner blieb verschont von ihnen. Im Unterschied zu gewöhnlichen Läusen waren diese gräßlichen Tiere äußerst beweglich und krochen ständig auf meinem Kopf und Körper herum. Allein der Gedanke an sie verursacht mir heute noch Juckreiz. Wir lausten uns gegenseitig, warfen das Ungeziefer angeekelt ins Feuer und beobachteten mit Schadenfreude, wie sie verbruzzelten. Es war jedoch unmöglich, sie ganz loszuwerden. Wir schleppten große Eimer Wasser vom nahegelegenen Brunnen, aus dem nur noch ein dünnes Rinnsal floß, ins Haus, brachten das Wasser zum Kochen, warfen alle unsere Kleider hinein und ließen sie ein bis zwei Stunden darin. Dann wuschen wir unser Haar und unseren Körper mit einer scharfen Kernseifenlösung und spülten mit dampfendem Wasser nach. Kaum aber hatten wir uns angezogen, kamen die Läuse wieder zum Vorschein, widerlich wie eh und je. Es gab nämlich keine Möglichkeit, die Eier abzutöten, aus denen dann neue Läuse schlüpften, kaum daß wir die Kleider aus dem Wasser genommen hatten.

Wir waren verzweifelt. Meine Kopf- und Körperhaut war blutiggekratzt. Ich konnte nicht schlafen. Zu allem Überfluß litt ich noch an Skabies, einer von einer bestimmten Art von Milben hervorgerufenen Krankheit, bei der die Tiere sich in die Haut bohren und dort ihre Eier ablegen. Aus diesen Eiern werden neue Milben, die unerträglichen Juckreiz verursachen. So war ich also doppelt gequält. Manchmal weinte ich, so grauenvoll war das Jucken. Ich war ständig in Bewegung, weil ich mich beim Stillsitzen noch mehr kratzen mußte.

Das Aussehen dieser Läuse, das Gefühl, wenn ich mir eine aus den Haaren fischte, die Genugtuung, die ich empfand, wenn ich sie zwischen den Fingern zerdrückte – die gräßliche Erinnerung an all das wird nie ganz verblassen. Das ekelhafte Ungeziefer verkörperte für mich die Leiden, den Schrecken und die Ungerechtigkeit des Krieges. Man munkelte sogar, die Läuse wären von Flugzeugen abgeworfen worden, um die Bevölkerung zu verseuchen. Denn schließlich war diese Läuseart völlig unbekannt, und nach dem Krieg verschwand sie auch wieder vollständig. Mein Großvater glaubte an dieses Gerücht; vielleicht aber sind die Läuse durch die verschmutzten Abwässer und überhaupt durch den ganzen Dreck der Kriegszeit entstanden. Fast alle Leute waren von ihnen befallen, nur gaben manche es nicht zu, weil sie sich dessen schämten.

Ich weiß nicht, wohin das geführt hätte, wenn uns nicht die amerikanische Armee mit ihrem Wunderpulver DDT zu Hilfe gekommen wäre. Es wurden Entlausungsstationen eingerichtet, und schon nach einer einzigen Behandlung mit DDT hatte die Plage ein Ende. Ich hatte aber noch zusätzlich meine Milben. DDT schaffte etwas Erleichterung, aber erst als mir ein amerikanischer Arzt ein Schwefelpräparat verschrieb, wurde ich sie endgültig los. Das Verschwinden der Läuse war für mich das Zeichen, daß der Krieg nun wirklich zu Ende war. Zwar hatten wir keine Lebensmittel in den Regalen und mußten uns auf harte Zeiten gefaßt machen, aber unser Leben war nie rosig gewesen, daher war alles vertraut und in Ordnung.

Wir bekamen von der Armee einiges an Lebensmitteln, sogar weißes Brot, das als seltene Delikatesse galt, unser größtes Problem in diesem Winter in Pozzuoli aber war die Kälte. Die Winter sind da sehr kalt, und wir hatten weder Heizmaterial noch warme Kleidung. Die Küche war der einzige Raum, den wir durch ein kleines Feuer in dem alten Eisenofen etwas erwärmen konnten. Also drängten sich dort ständig unser neun (meine Tante und mein Onkel hatten inzwischen Nachwuchs bekommen). Wenn wir etwas aus einem anderen Raum holen mußten, liefen wir, so schnell wir konnten, um nur rasch wieder zurück in die Wärme zu kommen. Meine Schwester litt noch immer an den Nachwirkungen des verheerenden Typhus. Zur Schlafenszeit füllte meine Großmutter einen Behälter mit heißen Kohlen aus dem Küchenherd und wärmte damit die Bettücher.

Aber wie gesagt, dieses Leben unterschied sich nicht nennenswert von dem früheren. Wir hatten uns nie genug Kohlen leisten können, um ordentlich zu heizen. Viel wichtiger war, daß ich trotz aller Probleme und Entbehrungen die schützende Liebe von Mama und Mammina um mich hatte, daß ich in einer großen Familie lebte, die mir Sicherheit und Halt gab. Und für ein Kind war es schließlich recht lustig, aus der Küche in einen eiskalten Raum zu laufen und dort in ein Bett mit vorgewärmtem Leintuch und klammkalter Decke zu schlüpfen.

Sophias Tante Dora, die noch immer in der alten Wohnung in Pozzuoli lebt.

„Sophia war ein sehr ernstes Kind. Sie machte lieber Hausaufgaben, als draußen mit den anderen Kindern zu spielen. Sie hatte nur zwei Freundinnen, Rosa und Rita. Sie war sehr still, im Gegensatz zu ihrer Schwester Maria, die ständig plapperte. Manchmal sang sie aber mit ihrer Großmutter in der Küche, wenn die beiden allein waren. Allerdings nur dann. Sie schien sich nie wie andere Kinder zu unterhalten, zu spielen und das Leben zu genießen."

Langsam, aber sicher ging es aufwärts. Zusätzlich zu den Nahrungsmitteln, die wir von den Amerikanern bekamen, begannen die Bauern wieder ihre Waren feilzubieten, weil sie ihre Felder nun bestellen konnten. Viele Leute, deren Häuser zerbombt waren, wohnten, während sie ihre Häuser und Wohnungen wieder instand setzten, so lange im Rathaus oder in Schulen.

Wir waren etwas besorgt über die marokkanischen Soldaten, die man im Erdgeschoß unseres Hauses einquartiert hatte. Sie standen unter dem Kommando eines französischen Offiziers, der sie allerdings nicht sehr gut in der Hand hatte. Sie tranken ständig, spielten Karten und tanzten zur Musik ihrer Instrumente. Wenn wir in unsere Wohnung im oberen Stockwerk wollten, mußten wir an den Marokkanern vorbei, was uns immer Angst einflößte. Sie redeten uns in einer Sprache an, die wir nicht verstanden, und neckten uns, indem sie so taten, als wollten sie uns nachlaufen. Im Grunde versuchte aber keiner von ihnen ernsthaft, uns zu belästigen. Nur manchmal, mitten in der Nacht, wenn sie zuviel getrunken hatten, kamen sie heraufgewankt und klopften an die Tür, um uns zu erschrecken. Da stieg eines Tages meine Großmutter zu den Marokkanern hinunter und hatte eine sehr harte Aussprache mit dem französischen Offizier. Von da an war es nachts ruhig.

Gelegentlich verirrten sich deutsche Bomber nach Pozzuoli, dann mußten wir wieder in den stickigen Tunnel laufen; aber erstens geschah das nicht oft, und zweitens waren die Angriffe nicht sehr konzentriert, so daß wir nach allem, was wir vorher mitgemacht hatten, das Bombardement als ziemlich harmlos empfanden.

Meine Mutter begann etwas Geld zu verdienen, indem sie in dem kleinen Café-Restaurant, das gegenüber unserem Haus wieder geöffnet worden war und hauptsächlich von amerikanischen GIs besucht wurde, Klavier spielte. Nachdem meine Schwester endlich wieder gesund war, begleitete sie meine Mutter oft dorthin. Für eine Sechsjährige hatte sie eine bemerkenswerte Stimme und liebte es, vor Publikum zu singen. Ich sehnte mich danach, mit ihr zu singen, aber ich war so schüchtern, daß ich nicht einmal wagte hinzugehen.

Diese Auftritte meiner Mutter und meiner Schwester brachten meine Großmutter auf eine Idee, wie etwas Geld ins Haus kommen könnte, das wir so bitter nötig hatten. Außer ein paar schäbigen Cafés und zwei armseligen Gasthäusern, in denen es nicht viel zu essen und zu trinken gab, hatte die Stadt den vielen amerikanischen Soldaten, die in der Nähe von Pozzuoli stationiert waren, nichts zu bieten. Sie kamen oft für ein paar Stunden in die Stadt, konnten sich aber nirgends amüsieren – etwas trinken, Musik hören und sich vom Krieg ablenken lassen. Daher beschloß meine Großmutter, unser unbenütztes Wohnzimmer in eine Art Hauscafé zu verwandeln, wo die Soldaten singen, sich unterhalten und mit den anderen Späße treiben konnten und vor allem Gelegenheit erhalten sollten, einige Stunden in familiärer Atmosphäre in einem italienischen Haus zu verbringen. Das größte Problem dabei war die Beschaffung von Getränken, das sie auf ihre Weise löste: Von dem wenigen Geld, das meine Mutter verdient hatte, kaufte sie auf dem schwarzen Markt reinen Alkohol, dem sie etwas Kirschenessenz beifügte. Das ergab ein süß schmeckendes Gebräu; aber meine Mutter hatte die Feststellung gemacht, daß die GIs süße Getränke mochten. Manche zuckerten sogar ihren Wein.

Das Hauscafé meiner Großmutter wurde auch prompt ein Erfolg. Die GIs genossen es, ein paar Stunden herumzusitzen, Großmutters abenteuerlichen Kirschencocktail oder den roten Landwein zu trinken, den man wieder bekam, meiner Mutter beim Klavierspielen zuzuhören und den Gesang meiner kleinen Schwester zu loben. Oft sangen sie auch mit; unser Wohnzimmer wurde zu einem Ort, an dem sie sich mit ihren Freunden trafen. Wir wurden für sie eine Art Familienersatz. Oft brachten sie Schallplatten mit, die wir auf unserem alten Grammophon spielten, und manche verwöhnten uns sogar mit Lebensmitteln aus dem PX, Keksen, Teigwaren, Mehl,

Kaffee und Obstkonserven. Ich half beim Servieren und Geschirrspülen, aber meine Schüchternheit hinderte mich daran, an ihrer Geselligkeit teilzuhaben. Mit zehn Jahren war ich noch immer mager wie ein Gerippe und ziemlich häßlich.

Wenn sie ein bißchen zu viel getrunken hatten, dachten die GIs manchmal an zu Hause und wurden sentimental. Meine Großmutter behielt sie im Auge, und wenn sie sah, daß sie langsam traurig und melancholisch wurden, begann sie ihre Getränke zu wässern. Diese Burschen waren sehr jung, nicht älter als zwanzig oder zweiundzwanzig, und brachen zuweilen, durch den Alkohol enthemmt, in Tränen aus. Meine Mutter und meine Großmutter trösteten sie dann, und den Jungens schien es Erleichterung zu verschaffen, über ihre Familien, ihre Freundinnen und das Leben daheim zu erzählen, nach dem sie sich so sehnten. Natürlich sprachen weder meine Mutter noch meine Großmutter Englisch, aber irgendwie schien das keine Rolle zu spielen.

Die meisten der GIs kamen einfach, um sich zu amüsieren. Einige konnten Klavier spielen, klimperten mitunter herrlichen Jazz oder Swing, und wenn sie richtig in Stimmung waren, wurde oft schwungvoll Boogie-Woogie getanzt, was eine völlig neue Erfahrung für mich war. Um sechs Uhr abends war Sperrstunde. Meine Großmutter hielt nichts davon, noch spätabends Gäste zu haben. Der Erfolg meiner Großmutter sprach sich herum, worauf so manche andere Familie in unserer Straße ihr Haus auf ähnliche Weise den Soldaten zugänglich machte. Es dauerte nicht lange, bis eine lebhafte Konkurrenz um die Gunst der GIs einsetzte.

Einer der amerikanischen Soldaten ermöglichte es meiner Mutter und mir, den amerikanischen Armeestützpunkt zu besuchen, wo ein Arzt – obwohl das eigentlich gegen die Bestimmungen verstieß – die durch den Granatsplitter verursachte Narbe an meinem Kinn so geschickt operierte, daß sie nachher nicht mehr zu sehen war.

Der Soldat Charles Dial war auf einem Truppenübungsplatz in der Nähe von Pozzuoli stationiert. Er führte ein Tagebuch.

Sonntag, 5. März 1944. Fuhr mit Mike Codega, Jim Lauro und Yakubisin nach Pozzuoli, um im städtischen Bad zu duschen. Bei uns gibt es kein Wasser. Nachher nahm uns Jim zu einer toll aussehenden Blondine namens Romilda mit, die er angeblich schon rumgekriegt hat (Angeberei!). Sie wohnt mit ihrer Familie in der Nähe vom Hafen gleich beim Ranger's Club. Sie ist sehr nett, etwa mein Alter, spielt Klavier, singt auch hin und wieder und verkauft uns Vino für hundert Lire die Flasche. Habe mich gut unterhalten.

Mittwoch, 8. März. Fuhr um etwa drei Uhr wieder nach Pozzuoli, um zu baden. Gleich daneben ist die Wohnung der blonden Frau mit dem Klavier, in der wir am Sonntag waren. Sie erkannte mich wieder und begrüßte mich herzlich. Jackson und ich gingen hinein, und bald kam die ganze Duschbrigade nach. Wir tranken ein paar Gläser Cherry Brandy, sangen ein bißchen und gingen dann wieder. „My blue Heaven" singt sie eher mittelprächtig. Sie schien nicht sehr glücklich gewesen zu sein, daß alle Kumpels auf einmal zu ihr kamen.

Samstag, 25. März. Fuhr mit einigen Kameraden nach Pozzuoli bummeln. Ging um etwa vier Uhr zu meiner blonden Freundin Romilda. Wir saßen zusammen und plauderten, sie in italienisch und ich in englisch. Es ist erstaunlich, wie gut wir einander verstehen. Sie erzählte mir, daß sie zum Film wolle. Sie ging in ihr Schlafzimmer und brachte einen Stoß Bilder, von MGM gemacht, auf denen sie als Garbo posiert – Kameliendame, Anna Karenina und so weiter. Sie ist eine wirklich schöne Frau und hat sich im Krieg nicht kleinkriegen lassen. Sie hat zwei kleine Kinder und muß sehr kämpfen. Als ich um sechs oder sieben wegging, versprach ich ihr, wenn möglich in der Kantine Lebensmittel für sie zu organisieren. Ich wollte mich auch bei den Sanitätern erkundigen, ob man ihrer Tochter nicht die Narbe im Gesicht wegmachen könnte. Dann fuhr ich zurück zur Einheit.

Sonntag, 26. März. War in der Zehn-Uhr-Messe. Gestern stellten sie einen Drahtzaun um unser Hauptquartier auf. Jeder einheimische Zivilist, der innerhalb des Zaunes erwischt wird, soll eingesperrt werden. Es heißt, daß zuviel geklaut wird. Das mag schon sein, aber den Leuten hier geht es ja wirklich dreckig. Wenn ich daran denke, wieviel Freude uns Caruso und all die anderen Italiener schon gemacht haben, dann möchte ich diesen gottverdammten Zaun einfach wegreißen.
Ich muß heute Wache stehen. Und zu allem Überfluß kommt um zwei Uhr einer von der Wache drüben in der Kompanie C und sagt mir, daß sie eine blonde Frau mit ihrer Tochter hoppgenommen haben. Angeblich hätte ich gesagt, daß sie mich besuchen solle. Und das stimmt auch. Ich ging also hinüber, holte sie aus dem Gefängnis und brachte sie zu unserer Kompanie. Romilda war den ganzen Weg von Pozzuoli mit ihrem kleinen Mädchen zu Fuß gegangen. Die Kleine ist recht herzig. Ihre Mutter hat sie ganz schick angezogen, mit dunkelbraunem Mantel und kleinen braunen Kinderhandschuhen – heutzutage ist das gar nicht so einfach. Sie dürfte ungefähr neun Jahre alt sein, ist sehr still und ernst, mit dunklen, großen Augen. Leider wird sie nie so hübsch werden wie ihre Mutter. Wahrscheinlich fürchtet sie sich zu Tode vor uns schmutzigen, stinkigen GIs.
Ich nahm sie rüber ins Lazarett, wegen ihrer Narbe am Kinn, die operiert werden soll. Da ich ab vier Uhr Wache schieben mußte, bat ich George Borkhuis, sie nachher in die Küche mitzunehmen und ihnen ordentlich zu essen zu geben. George wird sich schon um sie kümmern. Er sagte

mir danach, daß er einen Jeep mit Nahrungsmitteln beladen und von Bell zurück nach Pozzuoli fahren ließ – Amen.

Sophias Schwester Maria

Ich bin kein Mensch, der auf die Zukunft ausgerichtet ist. Viel eher lebe ich in der Vergangenheit, daher denke ich oft mit Wehmut an die Zeit in Pozzuoli zurück, an die große Familie, in der wir lebten. Wir waren sehr arm und wohnten schrecklich beengt, aber wir hielten zusammen. Meine Kindheit war voller Schwierigkeiten und voller Krieg, aber mir machen Probleme nichts aus, und meine Erinnerung an diese Zeit ist durchaus nicht bitter. Natürlich war ich noch sehr klein – Sophia erlebte viel bewußter, was damals vor sich ging.
Sie ist außerdem von Natur aus sensibler als ich. Sehr nach innen gekehrt, still, schüchtern, nachdenklich. Sie kapselte sich immer ab. Sophia schien immer einsam zu sein, selbst in unserer überfüllten Küche.
Ich war das genaue Gegenteil. Extrovertiert, musikliebend, sang die ganze Zeit, besonders amerikanische Lieder, die ich von den Soldaten, welche uns besuchen kamen, lernte, obwohl ich den Text gar nicht verstand. Ich verkleidete mich, spielte Theater, hatte viele Freunde; Sophia sah mich immer aus ihren großen, schüchternen Augen an, als wäre ich eine Figur aus einem Märchenbuch.

6. Kapitel

Ich war vierzehn, als ich mich endlich körperlich auszuwachsen begann, was sehr spät ist für ein neapolitanisches Mädchen. Meine Freundinnen waren in dieser Hinsicht alle entwickelter als ich, hatten einen Busen, menstruierten bereits und sprachen offen über sexuelle Fragen wie Geschlechtsverkehr und Empfängnis. Ich gab vor, auch schon eine richtige Frau zu sein, und log, was das Zeug hielt, mit dem Ergebnis, daß ich dabei in Sachen sexuelle Aufklärung ganz schön vorwärtskam. In der damaligen Zeit war es einfach undenkbar, seine intimen körperlichen Probleme oder gar den Sex betreffende Fragen innerhalb der Familie zu besprechen, und meine Mutter und meine Großmutter machten auch nie die geringste Erwähnung über derlei Dinge. Mein dünner, magerer Körper, der nicht den geringsten Ansatz von Busen zeigte, und die Tatsache, daß ich noch immer keine Menstruation hatte, verschlimmerten nur noch meine Minderwertigkeitsgefühle.

Im Alter von elf Jahren begann ich mit wahrer Leidenschaft Klavierspielen zu lernen. Ich glaube sogar, daß aus mir eine gute Pianistin hätte werden können, an Begabung fehlte es sicher nicht, aber leider konnten wir uns keinen Klavierlehrer leisten, und so mußte es mir meine Mutter beibringen. Eltern sind jedoch in den seltensten Fällen geeignete Lehrer für ihre Kinder, und meine Mutter war da wirklich keine Ausnahme. Sie verlor sehr schnell die Geduld, und jedesmal, wenn ich danebengriff, gab sie mir einen harten Klaps auf den Kopf.

Schließlich gab ich es wieder auf. Ich spielte zwar gern, selbst das Üben machte mir Spaß, aber von den Schlägen, die mir meine Mutter dauernd verpaßte, bekam ich Kopfschmerzen, die schließlich so arg wurden, daß ich aufhören mußte.

Als Pozzuolis einziges Filmtheater wieder öffnete, wurden zum ersten Mal Hollywood-Filme gezeigt. Vor dem Krieg hatte man hier nur langweilige italienische Filme zu sehen bekommen. Die Hollywood-Filme entführten mich in eine Welt, weit weg von den desolaten Jahren meiner Kindheit. Aber was mich so überwältigte, war nicht der Reichtum, den ich auf der Leinwand sah, sondern die Stars selbst und die Menschen, die sie verkörperten. Fred Astaire tanzte mit Ginger Rogers, und ich wähnte mich im Märchenland. Da waren Clark Gable, Cary Grant, Linda Darnell, Rita Hayworth, Frank Sinatra, Betty Grable, Gene Kelly, June Allyson und, vor allem, Tyrone Power. Er war der vergötterte Schwarm meiner Jungmädchenjahre. Den rührseligen Streifen „König der Toreros" mit Power in der Hauptrolle sah ich mir zwölfmal an. Und auch bei allen anderen Filmen blieb ich, wenn das Licht ausging, auf meinem Platz sitzen und sah mir das Ganze noch einmal an, oder gar mehrere Male. Meistens mußte irgendein Mitglied unserer Familie, häufig Tante Dora, bei mir ausharren, da meine Großmutter nicht erlaubte, daß ich allein im Kino saß.

Arme Tante Dora. Es gab Nachmittage, an denen sie sich viermal hintereinander „König der Toreros" ansehen mußte. Weshalb sie sich an manchen Tagen von anderen Mitgliedern der Familie ablösen ließ. Jedesmal, wenn ich das Kino verlassen mußte, überfiel mich ein körperlicher Schmerz, egal, wie oft ich den Film nun schon gesehen hatte. Nachdem ich Rita Hayworth in „Gilda" gesehen hatte, begann ich, mein Haar so zu frisieren, wie sie es im Film trug. Und als Veronica Lake mich in einem ihrer Filme begeistert hatte, legte ich mir ihre Frisur zu. Nie aber stand ich vor dem Spiegel und versuchte, die Bewegungen und das Spiel der Stars nachzuahmen. Ich hatte kein Verlangen, ein Star zu werden und berückend schön zu sein, ich wollte keine Autos, keine Pelze, kein Schloß in Beverly Hills haben. Und zwar nicht deshalb, weil es mir unmöglich erschien, all das wirklich zu besitzen. Das war es nicht. Was diese Filme in mir auslösten, war etwas ganz anderes. Nicht was der Schauspielerberuf mir einbringen würde, interessierte mich, sondern das, was ich dadurch in mir freisetzen könnte.

Ich kann diese Einstellung in keiner Weise erklären oder begründen. In der strengen katholischen Schule, die ich besuchte, gab es weder Theateraufführungen noch sonstige Unterhaltungen. Das einzige, was für die Nonnen zählte, war Lesen, Schreiben und Rechnen. Aber selbst wenn es Schüleraufführungen gegeben hätte, wäre ich viel zu schüchtern gewesen, mich dafür zu melden. Ich pflegte meiner Schwester zu helfen, Papierkostüme zu schneidern, wenn sie für die Nachbarn kleine Stücke inszenierte, aber ich hätte niemals selbst eine Rolle in diesen Spielen übernommen. Ich saß bloß in einer Ecke und bewunderte ihren Mut, sich vor all diesen Leuten zu produzieren.

In Pozzuoli gab es keine Leihbibliothek, und auch wir besaßen keine Bücher; so blieb auch dieser Teil meiner Entwicklung – die Welt der Fantasie würde man es wahrscheinlich nennen – völlig vernachlässigt. Ich hatte noch nie von Shakespeare oder G. B. Shaw gehört. Meine Familie hatte einfach zu große Existenzsorgen, als daß einer von uns Zeit für Bücher und Literatur hätte aufbringen können. Sie alle waren eifrige Kirchengeher und folgten der Meinung der Kirche, daß es für ein Mädchen völlig ausreiche, wenn es die Grundbegriffe des Wissens beherrsche. Meine Großmutter und meine Tante waren gläubige Katholiken, nicht aber meine Mutter. Ja, eine Zeitlang erwog sie sogar, zum protestantischen Glauben überzutreten. Als Musikerin liebte sie die protestantischen Lieder, weil sie nicht so sehr nach traditioneller Kirchenmusik klangen. Darüber hinaus zeugte es von ihrer Schlauheit, denn sie hatte irgendwo gehört, daß man als Protestant von protestantischen Organisationen in Amerika Pakete geschickt bekommen konnte. Einmal nahm sie mich zu einem evangelischen Gottesdienst mit, aber meine Großmutter fand das irgendwie heraus und verbot die Sache ein für allemal. Ich ging nie wieder hin.

Meine Tante und meine Schwester sind bis heute religiös geblieben und besuchen regelmäßig den Gottesdienst, was ich von mir nicht behaupten kann. Ich gehe nie in die Kirche. Ich bin zwar nicht kirchenfeindlich eingestellt, aber davon überzeugt, daß man überall beten kann und keine Kirche braucht, um mit Gott verbunden zu sein. Allerdings muß ich zugeben, daß die Haltung der Kirche Carlo und mir gegenüber zu dieser Einstellung beigetragen hat.

Sophias Schwester Maria

Mein Vater war der wichtigste Mann in meinem Leben, doch nicht in dem Sinn, wie Väter es meist sind. In den beengten Verhältnissen, in denen wir lebten, gab es keine Geheimnisse, und ich hörte dauernd, wie abfällige Bemerkungen über meinen Vater gemacht wurden, weil dieser mich nicht als sein Kind anerkennen und mir nicht seinen Namen geben wollte. Ich hatte ihn noch nie persönlich gesehen, aber meine Mutter besaß eine Fotografie von ihm, die sie mir einmal zeigte. Wenn Mama in ausgeglichener Verfassung war, wahrscheinlich weil sie wieder einmal Kontakt mit ihm gehabt hatte, dann erzählte sie uns von ihm: Ja, ihr habt einen Vater, er heißt Riccardo Scicolone und lebt in Rom. Und strich dabei sogar einige seiner guten Eigenschaften heraus. Wenn sie aber wütend auf ihn war – und das war viel häufiger der Fall –, dann leugnete sie sogar, daß er am Leben war, und erzählte uns, er sei im Krieg gefallen. Die Geschichte war ein Thema mit Variationen. Eine Woche lebte er, die nächste Woche war er tot – für mich eine einzige Quelle der Verwirrung. Ich bemühte mich, nicht über meinen Vater nachzudenken. Sophia aber dachte sehr viel an ihn und litt darunter.

Im Gerichtssaal war es, daß ich ihm persönlich gegenüberstand und sah, daß es ihn wirklich gab. Meine Mutter, eine echte Kämpfernatur und wild entschlossen, mir seinen Namen zu verschaffen, hatte einen Vaterschaftsprozeß gegen ihn angestrengt. Ich wurde in den Saal gebracht und mußte neben meinem Vater vor dem Richter erscheinen, der im Verlauf dieser Gegenüberstellung entscheiden mußte, ob ich meines Vaters Tochter war oder nicht. Halb Pozzuoli war da, um mit eigenen Augen zu sehen, ob tatsächlich eine Ähnlichkeit zwischen meinem Vater und mir existierte. Es war scheußlich. Ich erinnere mich noch genau, daß ich am ganzen Körper zitterte, als mich meine Mutter in den Gerichtssaal führte. Sophia litt sogar noch mehr als ich, vielleicht weil sie sah, wie ich zitterte, und weil sie begriff, was diese peinliche Prozedur für unsere ganze Familie bedeutete.

Ich blickte hinauf zu meinem Vater, der mich aber nicht beachtete. Wir beide waren ihm wie aus dem Gesicht geschnitten, und ich erkannte Sophia noch mehr als mich selbst in ihm wieder. Aber er leugnete, daß ich sein Kind sei, und äußerte sich über meine Mutter mit Worten, die ich damals zwar nicht verstand, von denen ich aber wußte, daß sie böse waren.

Es gab damals keine Möglichkeit, in Pozzuoli Bluttests zu machen (vielleicht war diese Technik auch noch gar nicht entwickelt), und so ging es einzig und allein darum, wem der Richter Glauben schenkte. Zu meinem Leidwesen entschied er zugunsten meines Vaters, indem er mir kraft seiner amtlichen Autorität Vaters Namen verweigerte. Das ließ mich meinen Vater noch mehr verachten als damals, als ich nicht sicher gewesen war, ob er tot war oder lebte.

Das Teatro Sacchino war ein echtes Schauspieltheater gewesen, bevor man es in ein Kino umwandelte. Es hatte eine Proszeniumsloge mit samtenen Polstersitzen und kunstvollem barocken Stuck an den Wänden. Sobald ich in das geheiligte Halbdunkel des Teatro trat, fühlte ich, wie eine Veränderung mit mir vorging. Wenn die Lichter verlöschten und ich allein war mit Rita oder Linda oder Tyrone, durchströmte mich das Gefühl, daß es genau das war, was auf Erden mein Schicksal werden sollte: mich zu produzieren, mich auszudrücken, alle Gefühle, die ich in meinem Innersten hatte, zu verströmen. Vielleicht auch der Wunsch, aus der Anonymität zu treten. Mich faszinierten nicht Erfolg und Ruhm, der Besitz von Pelzen, Juwelen, teuren Autos und prächtigen Villen, also die sichtbaren Beweise des Erfolges. Als ich später selbst Karriere machte, bekam ich wohl alle diese sogenannten Belohnungen, und manche Leute mochten glauben, daß das mein einziges Ziel gewesen sei, wenn man bedachte, aus welchen Verhältnissen ich kam. Aber ich kann nur versichern, daß ich an diese Dinge wirklich nicht dachte, als ich verzaubert und hingerissen in jenem dunklen Kinosaal in Pozzuoli saß. Was die Schauspieler auf der Leinwand taten und nicht, was sie dafür erhielten, faszinierte mich. Obwohl eine unüberbrückbare Kluft zwischen den Sehnsüchten des armen zehnjährigen Kindes und der Verwirklichung derselben bestand, fühlte ich eigenartigerweise dennoch unerschütterliche Zuversicht in mir. Natürlich sprach ich mit keinem Menschen über diese Dinge, aber tief in meinem Inneren war ich felsenfest davon überzeugt, daß ich auf die Welt gekommen war, um ein Filmstar zu werden.

Im Alter von vierzehn Jahren begann sich mein Körper plötzlich wie durch ein Wunder zu entwickeln, und das buchstäblich über Nacht, und mit vierzehneinhalb war das häßliche Entlein zu einem langbeinigen, vollbusigen Schwan erblüht. Es war, als hätte ich die Eierschalen abgestreift und wäre erst jetzt richtig geboren worden. Zum ersten Mal in meinem Leben hörte ich auf der Straße Männer hinter mir herpfeifen, und daß ich nun endlich voll und ganz erwachsen war, wußte ich ganz sicher an dem Tag, als unser Turnlehrer, ein gutaussehender junger Mann, der unsere Freiübungen im Amphitheater überwachte, bei meiner Mutter um meine Hand anhielt. Sie aber empfahl ihm, nach Hause zu gehen und ein kaltes Bad zu nehmen.

Eines Tages brachte eine Freundin meiner Mutter, die uns gegenüber wohnte, eine Tageszeitung aus Neapel mit, die von einer bevorstehenden Schönheitskonkurrenz berichtete. Der Gewinnerin, die zur „Königin des Meeres" gekürt werden würde, winkten wertvolle Preise, und auch die zwölf Mädchen, die man zu ihren Prinzessinnen wählen würde, sollten reichlich bedacht werden. Das Mindestalter für den Bewerb war fünfzehn Jahre, aber meine Mutter erklärte, da ich nun endlich weibliche Formen hätte, könnte ich mich leicht als Fünfzehnjährige ausgeben, und meldete mich an. In meiner Schüchternheit versuchte ich, dagegen zu protestieren, aber meine Mutter schnitt mir das Wort ab. „Lella, du wirst dich bei dieser Schönheitskonkurrenz bewerben", sagte sie sehr bestimmt. „Und du wirst gewinnen!"

Ich habe keine Ahnung, woher der Name Lella kommt, aber man hat mich in meiner Familie noch nie anders gerufen. Meine Großmutter mochte den Namen „Sofia" nicht (in dieser Schreibung steht er im Taufschein), da die Mutter meines Vaters so hieß, was erklärlich ist, wenn man weiß, was meine Familie von ihm hielt.

Die Konkurrenz wurde von der Tageszeitung „Il Matino" gesponsert, die damit ihre Auflagenziffern erhöhen wollte. Die Konkurrentinnen sollten ein Tageskleid und ein Abendkleid nach Neapel mitbringen. Meine Mutter sah in dieser Konkurrenz eine Möglichkeit, sich dafür zu rächen, daß man ihr einst den Greta-Garbo-Preis verweigert hatte, und die Tatsache, daß ich kein Abendkleid besaß, sollte sie nicht davon abhalten. Sie sicherte sich die Unterstützung meiner

Großmutter, die im Umgang mit Nadel und Faden eine wahre Zauberkünstlerin war. Sie hatte eben erst aus Stoffresten, die sie in ihrem Nähkorb gefunden hatte, ein beigebraunes Kleid für mich genäht, und dieses Kleid würde als Tageskleid genügen. Aber das Abendkleid war ein echtes Problem, denn wie gewöhnlich hatten wir keinen Groschen Geld im Haus.

„Weißt du, was wir tun, Lella", sagte sie zu mir nach längerem Überlegen, „wir nehmen einfach einen der Vorhänge im Wohnzimmer herunter, und daraus schneidere ich dir ein Abendkleid. Es ist sehr schönes rosa Material, das dir gut stehen wird." Gesagt, getan. Und es sah wirklich reizend aus, zumindest in meinen vierzehnjährigen Augen. Aber ich hatte nicht die dazu passenden weißen Schuhe. Das einzige Paar Schuhe, das ich besaß, war schwarz und schon recht schäbig. Meine Mutter löste das Problem, indem sie sich weiße Farbe beschaffte und meine schwarzen Schuhe zweimal damit anstrich – nun hatte ich weiße. Wir beteten zu Gott, daß es nicht regnete.

Die Konkurrenz sollte am Abend stattfinden. Meine Mutter und ich fuhren mit dem Zug nach Neapel. Wir saßen in einem überfüllten Dritte-Klasse-Abteil, ich trug das neue rosa Abendkleid, darüber meinen alten Schulmantel und achtete darauf, mit meinen Schuhen nirgendwo anzuscheuern, damit die schwarze Farbe ja nicht durchkäme. Mein Haar hatte ich aufgesteckt, um älter auszusehen, und meine Mutter hatte mir sogar etwas Make-up gestattet.

Wir hatten ziemlich weit zu gehen vom Bahnhof zur Villa Circolo della Stampa nahe beim Meer, wo die Konkurrenz abgehalten werden sollte. Ein exklusiver Presseklub hatte dort seinen Sitz, und ich fühlte mich wie das sprichwörtliche Lamm vor seiner Opferung. Ich hätte alles, *wirklich alles* darum gegeben, nicht durch diese Türen gehen zu müssen.

Über dem großen Salon befand sich ein weiträumiger Flur, der zu einem riesigen Empfangszimmer führte. Mehr als zweihundert junge Mädchen mit ihren Müttern waren in diesem Vorraum versammelt. Man putzte, frisierte, puderte, parfümierte sich, betrachtete sich kritisch in den Wandspiegeln und trat nervös von einem Bein auf das andere, darauf wartend, bis man an die Reihe käme. Die Mädchen hatten wunderschöne Abendkleider an, deren Stoff vorher sicher nicht ein Wohnzimmerfenster geschmückt hatte, und viele von ihnen trugen Schmuck und Blumengestecke. Ich drückte mich verschüchtert in eine Ecke – am liebsten hätte ich mich in Luft aufgelöst – und wartete zitternd auf meinen Auftritt. Meine Mutter war ebenfalls im Zustand höchster Aufregung.

Als ich endlich aufgerufen wurde, entdeckte ich zu meinem größten Erstaunen, daß im selben Moment, da ich vor den vierzehn Jurymitgliedern erschien, meine Nervosität wie weggeblasen war. Ich paradierte vor den an einem langen Tisch sitzenden Juroren und beantwortete ihre Fragen mit Gleichmut.

Vor meinem Eintritt in jenes Zimmer wäre ich vor Angst fast gestorben. Ich habe immer Angst, wenn ich auftreten muß. Bis zum heutigen Tag fürchte ich mich vor Szenen, die ich zu spielen habe, und zwar bis zu dem Augenblick, wo die Kamera auf mich zuschwenkt. Arroganz ist mir fremd, und ich habe auch nicht sehr viel Selbstvertrauen. Ich erwarte mir nie etwas. Wenn es dann eintritt, freue ich mich doppelt, kommt es nicht dazu, bin ich auch nicht allzu enttäuscht. Aber eines ist bei mir gewiß: Sobald ich mich einer Sache angenommen habe, gebe ich mein Äußerstes, mein Bestes. Was ich mir abfordere, erscheint mir nicht als etwas Selbstverständliches. Vielmehr gehe ich davon aus, daß meine Bemühungen sowieso zu nichts führen werden, und stelle mich von vornherein auf eine Ablehnung ein. Diese Haltung beeinflußt meine Darstellung jedoch in keiner Weise. Trotz allem gebe ich mein Bestes. Mit einem Wort: eine positive Darstellung, aber eine negative Einstellung.

An jenem Abend in Neapel fürchtete ich mich jedenfalls zu Tode. Es war schon sehr spät, bis endlich das letzte Mädchen an dem langen Tisch vorbeidefiliert war und die Juroren ihr

Urteil verkündeten. Ich hatte mich bereits darauf eingestellt, meine Mutter trösten zu müssen. Doch dann stellte sich heraus, daß ich zwar nicht zur Königin, aber zu einer der zwölf Prinzessinnen gewählt worden war, und ich spürte ein bisher nie gekanntes Glücksgefühl in mir aufsteigen. Fotografen knipsten uns, Reporter ließen mich meinen Namen buchstabieren, und schließlich bekam jede von uns ein Blumenbukett überreicht. Es waren die ersten Blumen, die ich in meinem Leben bekam.

Und dann wurde mir mein Preis überreicht: eine Eisenbahnkarte nach Rom, mehrere Rollen Tapeten, ein Tischtuch mit zwölf passenden Servietten sowie 23.000 Lire, was in unseren Augen eine beachtliche Summe darstellte. Am folgenden Tag brachte die Zeitung ein Gruppenfoto der Gewinnerinnen, und zum ersten Mal erschien mein Name, wenn auch in falscher Schreibung, gedruckt in der Zeitung. Am Nachmittag wurden die Königin und ihre zwölf Prinzessinnen in einer offenen Kutsche durch die Straßen von Neapel gefahren. Die Passanten warfen uns Blumen zu, und vor uns zog eine Musikkapelle einher. Ich hatte dabei die seltsame Vorstellung, ich selbst stünde am Bürgersteig und beobachtete, wie ich in der Kutsche vorbeifuhr, daß also diese erfreuliche Begebenheit nicht mir selbst zuteil werde, sondern jenem anderen Ich in der Kutsche.

Die Tapeten klebten wir unverzüglich an die schon recht schäbigen Wohnzimmerwände, das Tischtuch und die Servietten wurden zu einem fixen Bestandteil unseres Sonntagstisches, und die Fahrkarte nach Rom sowie das Geld versteckte ich in einer Geheimlade im Schreibtisch. Nun, da meine Mutter ihre Tochter zur „Prinzessin des Meeres" gekürt sah, hatte sie die nötige Rückenstärkung, um sich auf meine Zukunft als Schauspielerin zu konzentrieren. Ihr nächster Schritt war, mich in eine Schauspielschule zu schicken, die sie von dem Geld bezahlte, das sie mit ihren Klavierstunden verdiente.

Der Lehrkörper der Schauspielschule bestand aus einem

einzigen Professor, einem ehemaligen Schauspieler, der eine sehr spezielle Auffassung vom Theaterspielen hatte – er nannte seine eigenwillige Methode „einen Schauspieler aus einem Stein formen". Was er uns lehrte, war schlicht und einfach Gesichterschneiden. Wir lasen nie auch nur eine einzige Zeile, spielten keine Szenen, wir schnitten nur Gesichter. Er pflegte uns eine Liste in die Hand zu drücken, und wir sollten mimisch ausdrücken, was auf dieser Liste stand: Schrecken, Freude, Verzweiflung, Begeisterung, Liebe, Zorn und ähnliches. Unser Professor hatte für jede einzelne Emotion einen ganz bestimmten Gesichtsausdruck zur Hand: Freude – beide Augenbrauen hochziehen; Überraschung – beide Augenbrauen hochziehen und den Mund zu einem O formen; Skepsis – eine Augenbraue heben; Schrecken – die Augen aufreißen; Schmerz – die Augen ganz klein machen. Und so weiter. Schauspielschule auf neapolitanisch. Der Mann hatte offenbar noch nicht zur Kenntnis genommen, daß die Zeit des Stummfilms ein für alle Mal vorüber war.

Die Stunden in der Schauspielschule mußte ich neben meiner Schulausbildung absolvieren, die ich nun in der öffentlichen Schule von Pozzuoli erhielt. Ich wollte Lehrerin werden. Doch eines Tages machte unser Professor eine Ankündigung, die mein ganzes weiteres Leben verändern sollte. Ein amerikanischer Monumentalfilm, „Quo Vadis", wurde in Cinecittà gedreht, und man suchte noch Hunderte von Statisten. „Wer von euch nach Rom gehen kann, wird dort höchstwahrscheinlich eine Chance in dem Film bekommen", sagte der Professor.

Als ich heimkam und meiner Mutter diese Neuigkeit überbrachte, traf sie von einer Minute zur anderen folgende Entscheidung: Ich sollte die Schule verlassen, und sie würde mit mir nach Rom fahren und alles daransetzen, eine Filmschauspielerin aus mir zu machen. Mein Großvater und meine Großmutter begegneten unserer Rom-Idee mit derselben verbissenen Ablehnung wie damals dem Greta-Garbo-Bewerb, aber inzwischen hatten sich die Zeiten doch geändert, und diesmal setzte sich meine Mutter durch. Ich glaube, daß sie schon seit längerer Zeit verzweifelt nach einem Weg gesucht hatte, der Monotonie und dem Provinzialismus von Pozzuoli zu entfliehen. Das beengte Leben in einer Kleinstadt entsprach einfach nicht ihrer Art. Zudem scheint sie insgeheim gehofft zu haben, in Rom wieder engeren Kontakt mit meinem Vater herstellen zu können, obwohl dieser jetzt verheiratet war.

Was mich betraf, so hatte ich wirklich keine Ambitionen, Filmschauspielerin in Rom zu werden. Ich wäre vollauf zufrieden und glücklich gewesen, als Lehrerin in Pozzuoli zu leben, einen netten jungen Mann aus meinem Heimatort zu heiraten und eine Familie zu gründen, wenn ich auch tief in meinem Inneren fühlte, daß ich die Kraft und das Talent zur Schauspielerin hätte. Und ohne den Ehrgeiz und das Drängen meiner Mutter wäre ich sicher von Pozzuoli nicht losgekommen.

7. Kapitel

Wir waren ohne große Vorbereitungen nach Rom gefahren, aber erst als wir aus dem Zug stiegen, wurde mir klar, daß meine Mutter vom Großstadtleben nicht viel mehr Ahnung hatte als ich. Sie wußte nicht einmal, wie man telefonierte. Nach einigen vergeblichen Versuchen mußten wir in das Bahnhofsrestaurant gehen und jemanden bitten, für uns anzurufen. Der Anruf galt meinem Vater.

Er war erstaunt, von uns zu hören. „Was macht denn ihr in Rom?" fragte er.

„Wir wollen dich sehen. Sophia ist auch hier und möchte dich gerne sehen, weil sie sehr krank ist." Unzählige Male hatte meine Mutter – immer erfolglos – versucht, meinen Vater mit angeblichen Krankheiten zu uns zu locken; diesmal funktionierte es.

„Gut", sagte mein Vater. „Wir treffen uns bei meiner Mutter."

Seine Mutter war alles andere als glücklich, uns zu sehen. Eher mißmutig bot sie mir ein Glas Milch an und ließ uns dann allein, bis mein Vater eintraf.

Das erste, was er sagte, als er hereinkam, war: „Hier könnt ihr nicht übernachten." Dann sagte er: „Ich habe kein Geld, das wißt ihr ja." Und schließlich sah er mich an und bemerkte: „Sie sieht aber nicht sehr krank aus."

Meine Mutter erzählte ihm, warum wir eigentlich gekommen waren. Mein Vater sprang auf. „Zum Film!" brüllte er. „Aber das ist doch verrückt. Ihr seid vollkommen wahnsinnig! Ihr habt keine Ahnung, wie schwer so etwas in Rom ist! Zum Film? Ist sie denn so eine Schönheit? Also gut, macht, was ihr wollt, aber laßt mich aus dem Spiel."

„Ich dachte nur, weil sie doch deine Tochter ist", sagte meine Mutter, „daß es dir Freude bereiten würde, zu sehen, wie sie weiterkommt, wie sie sich einen Namen macht."

„Indem sie zum Gespött aller Leute wird?"

„Ich dachte nur", fuhr meine Mutter fort, „daß du ihr vielleicht ein wenig helfen könntest. Du hast uns nie auch nur eine einzige Lira gegeben . . ."

„Ich habe kein Geld übrig für euch, und schon gar nicht für diesen blödsinnigen Ehrgeiz, einen Filmstar aus ihr machen zu wollen. Macht, was Ihr wollt, aber *laßt mich dabei aus dem Spiel.*" Mit Bestimmtheit führte er uns zur Tür und komplimentierte uns hinaus.

Außer meinen Vater kannte meine Mutter nur noch einen Menschen in Rom, und zwar eine Kusine, der ich noch nie begegnet war. Diese Kusine zeigte keine Spur von Gastfreundschaft, selbst als sie noch gar nicht wußte, warum meine Mutter mit mir nach Rom gekommen war. Dann gebrauchte sie dasselbe Wort wie mein Vater, „verrückt", und versuchte meine Mutter zu bewegen, den nächsten Zug zurück nach Pozzuoli zu nehmen. Nach langem Hin und Her rang ihr meine Mutter die Zusage ab, uns für eine Woche kostenlos auf der Couch im Wohnzimmer schlafen zu lassen; sollten wir länger bleiben, hieß es, dann müßten wir eine wöchentliche Miete zahlen.

Solange wir bei meiner Kusine wohnten, konnten wir abends erst schlafen gehen, nachdem die anderen das Wohnzimmer verlassen hatten, und mußten früh aufstehen, damit das Wohnzimmer frei war, wenn die Familie der Kusine erwachte. Sie taten ihr Möglichstes, um uns hinauszugraulen. Da wir nur ganz wenige Habseligkeiten hatten, war unsere Anwesenheit kaum spürbar. Die einzigen Kleider, die ich besaß, waren ein schwarzer Rock und eine schwarze Bluse, weil meine Mutter behauptete, daß Schwarz immer elegant wirke.

Für „Quo vadis“ wurden tatsächlich sehr viele Statisten aufgenommen, und in der Cinecittá drängelten sich Tausende von Leuten, die ihr Glück versuchen wollten. Der Regisseur, Mervyn Leroy, ließ alle an sich vorbeidefilieren und wählte für Interviews aus, wer ihm vielversprechend erschien. Meine Mutter und ich wurden herausgerufen. Meine Mutter hatte mir eingeschärft, daß ich alle Fragen, die man mir in englisch stellen würde, mit einem Wort, nämlich Yes, beantworten solle. Das tat ich denn auch und antwortete auf sämtliche Fragen Mr. Leroys mit einem freundlichen Yes. Er kam aber dahinter, als ich auf seine Frage: „Wie heißen Sie und wo wohnen Sie?“ wieder mit Yes antwortete. Er nahm mir jedoch meine Schwindelei nicht übel, und wenn ich auch die kleine Sprechrolle, an die er gedacht hatte, nicht bekam, so wurden doch meine Mutter und ich als Statisten aufgenommen.

Wir mußten uns bei der großen Tonbühne melden, wo alle Statisten erfaßt wurden. Ein Regieassistent rief jeden einzelnen namentlich auf. Er rief „Villani“, und meine Mutter trat vor. „Scicolone“ kam als nächstes dran, aber gleichzeitig mit mir ging eine andere Frau auf das Mischpult zu. „Wer von Ihnen heißt Scicolone?“ fragte der Mann. „Ich!“ sagte die Frau. „Was fällt Ihnen ein?“ fuhr sie mich an. „Der Mann sagte Scicolone . . . das bin ich!“

Ich war sprachlos. Wir standen vor einer Front von einigen Hundert Statisten, die alle Zeugen dieser Konfrontation wurden. Die Frau funkelte mich an, auf der Tonbühne war es plötzlich so still, als würde gerade eine Filmszene gedreht. Mir dämmerte, daß ich wohl meiner Stiefmutter gegenüberstand. Ich war ihr noch nie begegnet, aber offensichtlich war das die Frau, die mein Vater geheiratet hatte, als meine Mutter sich weigerte, nach Rom zu kommen und ihn aus seinem Dilemma zu befreien. Meine Mutter, die nur sehr zurückhaltend von ihr sprach, nannte sie stets bei ihrem Mädchennamen, Nella Rivolta. Und nun stand sie da und schrie mich vor allen Leuten an. Sie benahm sich wie eine Furie. Was für ein Konflikt muß sich in ihr und in meiner Mutter abgespielt haben! Diese beiden Frauen gehörten zu ein und demselben Mann und bewarben sich zusammen mit seiner Tochter um ein und dieselbe Stellung. Mir persönlich war der Name Scicolone gleichgültig. Ich war nicht stolz auf ihn. Ich wäre mit dem Namen „Villani“ genauso zufrieden gewesen. Für meine Schwester jedoch, für ihr Selbstbewußtsein und ihr seelisches Gleichgewicht wäre es ungeheur wichtig gewesen, diesen Namen tragen zu können. Mir hingegen war das völlig egal. Ich war unehelich zur Welt gekommen, das war ein Stigma, und die Tatsache, daß ich „Scicolone“ hieß, trug nicht dazu bei, die Schmach dieser unehelichen Geburt zu tilgen.

Der Regieassistent kam mir zu Hilfe. „Scicolone, Sofia“, sagte er, wobei er die Betonung auf „Sofia“ legte.

Meine Mutter zog mich nach vorne, näher heran an das Mischpult.

Es war zweifellos nicht der günstigste Augenblick, seine eigene Stiefmutter kennenzulernen. Und daß sie jetzt als die Blamierte dastand, weil sich herausstellte, daß nicht sie die aufgerufene Scicolone war, war nicht geeignet, mir ihre Achtung einzutragen. Heute kann ich nachempfinden, wie schwer es für die beiden, für meine Mutter und für Nella Rivolta, gewesen sein muß. Für meine Mutter hatte es nur einen Mann in ihrem Leben gegeben – den Mann, der diese Frau geheiratet hatte –, und sie stand vor dem Problem, zwei seiner Kinder aufzuziehen, von denen er nichts wissen wollte.

Nella Rivolta anderseits schien auch nicht eben ein üppiges Leben zu führen, sonst hätte sie sich nicht um den unergiebigen Job einer Filmstatistin zu raufen brauchen. Auch sie mußte zwei Kinder meines Vaters großziehen. Nach diesem Tag auf der Tonbühne in der Cinecittà sah ich sie nie wieder. Nicht einmal im Krankenhaus, als mein Vater im Sterben lag – sie erschien nicht. Auch nicht zu seinem Begräbnis. Ich hatte angenommen, daß wir uns dort zum zweiten Mal sehen würden. Ich hätte sie da wahrscheinlich mit anderen – verständnisvolleren – Augen angesehen.

Meine Mutter und ich arbeiteten einige Tage lang in

„Quo vadis“, ich als eine der zahlreichen Sklavinnen von Deborah Kerr, sie in ein paar Massenszenen. Zusammen verdienten wir fünfzigtausend Lire und waren außer uns vor Freude. Damit aber waren die guten Zeiten in Rom auch schon wieder vorbei.

Eines Tages erhielten wir die Nachricht, daß meine Schwester schwer erkrankt sei. Meine Mutter packte sofort ihre Habseligkeiten und fuhr nach Pozzuoli zurück. Wochenlang waren wir von einer Filmagentur zur anderen gelaufen, aber es wurden keine Statisten gesucht, von kleinen Rollen ganz zu schweigen. Unser Kapital schmolz dahin, Mutter hatte gerade noch so viel übrig, um Ärzte und Medikamente für Maria zu bezahlen. Überdies kamen ihr große Skrupel, mich allein in Rom zurückzulassen, und ich selbst war krank vor Angst. Noch nie war ich irgendwo allein gewesen, und unsere Kusinen waren auch nicht freundlicher geworden, obwohl wir ihnen von unserem Quo-Vadis-Geld etwas abgegeben hatten. Zumindest aber tolerierten sie mich jetzt. Und ich hatte Arbeit gefunden! Bei den „fumetti“. Das war der eigentliche Grund, warum mich meine Mutter in Rom zurückließ. Bei den „fumetti“ verdiente ich genug Geld, um uns alle über Wasser zu halten.

Bevor sie den Zug bestieg, wiederholte meine Mutter die Litanei, die ich schon so viele Male von ihr gehört hatte: „Denk daran, Lella, daß du auf dich aufpassen mußt – alle Männer sind schlecht.“ Mich allein in Rom zu lassen, quälte sie! Anderseits wußte sie, daß ich für mein Alter Vernunft genug besaß. Ich würde nicht so töricht sein wie sie seinerzeit, als sie allein in Rom war – dessen konnte sie sicher sein. Auch hatte ich ein starkes Selbstgefühl entwickelt. Ich meine damit, daß ich eine zu große Achtung vor mir selbst hatte, um mir mein Leben zu verderben. Immer noch dachte ich nicht ernsthaft daran, beim Film Karriere machen zu können. Ich war stets ein Realist gewesen. Ich wußte, daß ich trotz meines Vertrauens auf mein Talent nicht die physischen Voraussetzungen für eine tolle Karriere beim Film mitbrachte. Ich war zu groß, meine Hüften waren zu breit, meine Nase war zu lang, mein Mund zu voll und mein Kinn nicht genug ausgeprägt. Ich sah einfach nicht wie eine Filmschauspielerin aus. Nicht einmal wie eine *italienische* Filmschauspielerin. Und überdies hatte ich einen starken neapolitanischen Akzent.

Meine Zukunft als Filmschauspielerin sah also düster aus. Aber bei den „fumetti" kam ich an. Die „fumetti" waren Bildergeschichten, bei denen den Fotos der handelnden Personen Wortblasen aufgemalt waren. Wie bei den sogenannten Groschenromanen handelte es sich meist um unerhört tragische Geschichten, in denen die Herzen reihenweise gebrochen wurden. Die „fumetti" waren eine typisch italienische Einrichtung, allgemein beliebt und fanden sich in fast jeder Tageszeitung. Während jener ersten Wochen in Rom war es mir irgendwie gelungen, bei den „fumetti"-Leuten vorzusprechen. Meine Ausbildung in der Schauspielschule von Neapel verhalf mir schließlich zu dem Job, denn was bei den „fumetti" an Mimik verlangt wurde, war genau das, was unser Professor uns beigebracht hatte. „Was! Du liebst eine andere, Hans-Jürgen?" erschien in einer Blase über meinem Kopf, während mein Gesichtsausdruck – die Augen geweitet, die Augenbrauen hochgezogen, der Mund zu einem O geformt – reinster Import aus der Schauspielschule von Neapel war. Abends übte ich meine grotesken Gesichtsausdrücke vor dem Spiegel.

Ich hatte für gewöhnlich die Böse vom Dienst darzustellen, meist eine Zigeunerin oder Araberin. Als ich durch meine „fumetti"-Rollen ein klein wenig bekannt wurde, änderte der Regisseur meinen Namen auf Sofia Lazzaro, weil er fand, daß Scicolone ein schwieriger und zudem komischer Name sei. Es dauerte etwa eine Woche, bis alle Fotos für eine „fumetti"-Geschichte im Kasten waren. (Das Wort „fumetti" bedeutet Rauch, weil die kleinen Kreise, welche die Dialoge enthielten, wie Rauchwolken aussahen.) Für eine Geschichte bekam ich zwanzigtausend Lire, davon zahlte ich meinen Verwandten die Miete und schickte fast den ganzen Rest nach Pozzuoli.

Ohne die „fumetti" hätte ich Rom nicht durchgestanden, das steht fest. Außer dem Geld, das sie einbrachten, lernte ich durch sie auch andere junge Schauspieler kennen und schloß nette Freundschaften. Eines Abends, als ich mit einigen Kollegen ausging, nahm ich durch puren Zufall an meinem zweiten Schönheitswettbewerb teil.

An jenem Abend hatten mich meine Freunde in das Colle Oppio, ein großes Freiluft-Tanzlokal mit Blick auf das Kolosseum, mitgenommen. Als wir hinkamen, stellten wir fest, daß als Teil des Abendprogramms die Wahl der „Miss Rom" geplant war. Damals waren von Filmfirmen finanzierte Schönheitswettbewerbe an der Tagesordnung, angeblich um neue Gesichter für den Film zu entdecken. Das Colle Oppio war voll von Mädchen, die sich beteiligen wollten. Später am Abend, als die Jury vollzählig war, kam einer der Veranstalter an unseren Tisch und lud mich ein, bei dem Wettbewerb mitzumachen. Ich sagte nein, ich hätte kein Interesse. Wie gewöhnlich war ich wieder viel zu schüchtern.

Einen Augenblick später war der Mann schon wieder da. Er sagte, die Mitglieder der Jury seien alle vom Film und einer von ihnen, ein Produzent namens Carlo Ponti, habe mich bemerkt und ausdrücklich gebeten, daß ich mich am Wettbewerb beteilige. Meine Freunde redeten mir zu. Seine Stimme hast du auf jeden Fall, sagten sie, und wo doch alle vom Film sind, ist es nur gut für dich, wenn sie dich sehen.

Also nahm ich teil. Nach dem üblichen Hin-und-her-Stolzieren und Rede-und-Antwort-Stehen wurden die Ergebnisse verkündet. Zweiter Platz: Sofia Lazzaro. Immer die Brautjungfer, nie die Braut selbst. Nachher kam Carlo Ponti an unseren Tisch und stellte sich vor. Er lud mich zu einem Spaziergang in den kleinen Garten hinter dem Restaurant ein. Ich dachte mir, aha, jetzt kommt der Antrag. Wir gingen durch den Garten, und Carlo sagte: „Ich glaube, daß ich eine gute Nase für Begabungen habe. Ich habe Gina Lollobrigida, Alida Valli und vielen, vielen anderen zu einer Karriere verholfen. Sie haben ein interessantes Gesicht. Ich habe Sie beobachtet. Ihren Gesichtsausdruck. Kommen Sie doch morgen in mein Büro, ich möchte Probeaufnahmen von Ihnen machen. Waren Sie schon einmal bei Probeaufnahmen? Nein? Nun, es wird sich zeigen, wie Sie auf der Leinwand aussehen. Man kann ein Gesicht erst dann beurteilen, wenn man es auf der Leinwand sieht." Er gab mir seine Adresse, wünschte mir eine gute Nacht und ging. Geschäftsmäßiger hätte er sich nicht betragen können.

Am nächsten Morgen ging ich, nervös und ängstlich, zu der Adresse, die er mir gegeben hatte, und landete auf einer Polizeistation. Ich war so wütend über diesen Reinfall, daß mir die Tränen in die Augen schossen. Einer der Polizisten fragte mich, was ich wolle. „Da hat mich ein gemeiner Kerl reingelegt", sagte ich und zeigte ihm den Zettel. Der Polizist grinste. Der Ort, den ich suchte, war nebenan. In meiner Aufregung hatte ich mich in der Hausnummer geirrt.

Carlos Büro lag im ersten Stock, und er empfing mich sofort. Er ging mit mir zu einem nahegelegenen Theater, wo seine Firma (er arbeitete in Koproduktion mit Dino de Laurentiis) einen Film drehte. Auf der Bühne waren Kulissen aufgestellt. Carlo übergab mich dem Regisseur und dem Kameramann und verschwand wieder. Ich war so aufgeregt, daß mir das Herz bis zum Hals schlug. Ich konnte kaum atmen und erwartete jeden Moment, in Ohnmacht zu fallen. Man gab mir einen Badeanzug, den ich anziehen sollte, und forderte mich auf, mich zu schminken.

Sobald ich fertig war, kostete es mich echte Überwindung, nur mit dem Badeanzug bekleidet zurück auf die Bühne zu gehen und vor die Kamera zu treten. Der Regisseur gab mir eine Zigarette und erklärte mir, daß ich mir vor der Kamera die Zigarette anzünden und rauchend auf und ab gehen solle. Darin bestünden die Probeaufnahmen. Ich hatte noch nie in meinem Leben eine Zigarette in der Hand gehalten, geschweige denn geraucht. Los! Die Kamera surrte. Ich war verheerend. Zwei linke Füße. Grauenvoll aufgeregt. Gottlob war alles schnell vorbei. Lichter aus. Katastrophe.

Carlo Ponti

Als ich Sophia zum ersten Mal sah, war ich mehr von ihrer Ausstrahlung als von ihrem Aussehen fasziniert. Es war etwas um sie, das sie in eine Art Licht hüllte. Ich konnte nicht glauben, daß sie noch ein Teenager war. Sie wirkte so erwachsen, so konzentriert auf ihren Wunsch, Schauspielerin zu werden, so professionell, und doch war sie gleichzeitig schüchtern und unsicher. Das ergab eine hinreißende Mischung. Ich wußte sofort, daß sich dahinter eine bemerkenswerte Persönlichkeit verbarg. Kurz nach unserer ersten Begegnung bei dem Schönheitswettbewerb besuchte sie mich in meinem Büro; nachdem ich sie über ihre Armut, ihre Not während des Krieges und danach hatte erzählen lassen, begann ich, sie besser zu verstehen. Sie war der Mann in der Familie, der Ernährer, und alle waren von ihr abhängig. Mit tiefem Gefühl sprach sie von ihrer Mutter. Unendliche Liebe und Dankbarkeit klangen aus jedem ihrer Worte.

Ihre Mutter war eine der schönsten Frauen, die mir je begegnet sind. Sie hat ein äußerst schwieriges Naturell, und es ist nicht ganz leicht, mit ihr auszukommen. Aber gerade die Distanz zwischen uns hat es uns ermöglicht, stets korrekt miteinander zu verkehren. Ich respektiere sie und bewundere ihr musikalisches Talent, aber ich bezweifle, daß sie jemals als Pianistin oder als Schauspielerin Erfolg gehabt hätte, weil ihr der Ehrgeiz fehlte. Der Ehrgeiz für die eigene Person. Der für Sophia hingegen kannte keine Grenzen: sie übertrug auf Sophia all das, was sie je für sich selbst gewollt hatte.

Ich gebe ehrlich zu, daß mich Sophia vor allem als Frau und in zweiter Linie als Künstlerin interessierte. Ich gebrauche hier mit Absicht das Wort Künstlerin anstelle des Wortes Schauspielerin, weil Sophia keine Schauspielerin ist, sondern eine Künstlerin. Eine Schauspielerin kann man werden, ein Künstler hingegen kommt schon als Künstler zur Welt. Ebenso wie ein Sänger entweder eine gottbegnadete Stimme hat, oder er hat sie nicht und bekommt sie selbst durch intensivstes Üben nicht. Als ich Sophia kennenlernte, hatte ich schon einige Erfahrung darin, wie man Filmschauspielerinnen aufbaute. Ich hatte vielen von ihnen den Weg zur Karriere geebnet, von Alida Valli über Silvia Koscina bis zu Gina Lollobrigida, aber mir war nur selten eine Schauspielerin untergekommen, die auch eine Frau war. Eine Künstlerin ist immer eine Frau, eine Schauspielerin kaum. Tatsächlich habe ich nur zwei Frauen kennengelernt, die in diesem Sinne Künstlerinnen waren – Anna Magnani und Sophia. Sie hatten dieselben Qualitäten. Erstaunlicherweise fällt mir hier auch Marilyn Monroe ein, doch hat meiner Ansicht nach Arthur Miller sie verdorben. Nicht absichtlich natürlich, aber Marilyn hatte etwas Animalisches an sich, die Vitalität eines schönen Tieres, und diese Eigenschaft hat Miller mit seinen Versuchen, sie zu ändern, sie zu intellektualisieren, zerstört. Oder um es anders auszudrücken: Marilyn war eine schöne Blume, die genau den richtigen Boden gefunden hatte und das ideale Maß an Sonne und Regen und die dann in einen ganz anderen Boden, in eine völlig neue Umgebung verpflanzt wurde – mit tragischem Ausgang.

Das konnte Sophia nicht passieren. Sie wußte genau, wo und wie sie gedieh und was sie wollte. Die Probeaufnahmen gingen daneben, weil die Leute, die sie machten, darauf eingestellt waren, nur nach körperlicher Schönheit zu suchen, nach der stereotypen kleinen Nase, den großen Augen, dem ebenmäßigen Gesicht. Auf die innere Schönheit achtete keiner. Alle jammerten über die Größe ihrer Nase, aber niemand machte sich die Mühe, auf die Qualitäten einzugehen, die in ihr steckten. Ich schon. Ihr ernstes Naturell machte Eindruck auf mich, ebenso wie die Tatsache, daß sie nicht auf Eroberungen aus war, im Gegensatz zu den meisten anderen jungen Mädchen, die für eine Filmrolle jeden Preis zu zahlen bereit waren. Sophia war entschlossen, Schauspielerin zu werden, machte aber von Anfang klar, daß für sie das Bett als Sprungbrett nicht in Frage kam.

Im Laufe des folgenden Jahres vermittelte Carlo mir eine Reihe von Probeaufnahmen, jedesmal mit einem anderen Kameramann, und jedesmal mit dem gleichen negativen Ergebnis. Die Kameraleute klagten, es sei unmöglich, mich zu fotografieren, mein Gesicht attraktiv erscheinen zu lassen, meine Nase sei zu groß – und außerdem meine Hüften zu breit. An jede Probeaufnahme ging Carlo mit neuem Optimismus heran, der unweigerlich durch den Pessimismus des Kameramannes und durch das Resultat, das Carlo später auf der Leinwand zu sehen bekam, zum Erliegen kam.

Aber er blieb in Verbindung mit mir, erkundigte sich nach meinem Weiterkommen und gab mir Worte der Ermutigung. Ich erzählte ihm einiges aus meinem Leben, über meine Familie in Pozzuoli, über die Schwierigkeiten, mit denen ich hier in Rom zu kämpfen hatte. Er fragte immer, ob ich genug Geld zum Leben hätte, und war das einmal nicht der Fall, so schickte er mir kleinere Summen, um mich über Wasser zu halten. Weiter ging unsere Verbindung nicht. Es war nichts Ernstes zwischen uns. Ich war eben erst sechzehn geworden; Carlo war sechsunddreißig, verheiratet, hatte zwei Kinder. Wir flirteten und schmusten zwar, doch die körperliche Liebe kam erst viel später.

Eines Tages bat er mich, in sein Büro hinaufzukommen. Wir hatten gerade die dritten oder vierten Probeaufnahmen hinter uns, so genau weiß ich das nicht mehr. Er rückte nur zögernd mit der Sprache heraus. „Es ist wegen der Probeaufnahmen“, begann er. „Eben habe ich mit dem Kameramann gesprochen, und er sagte dasselbe wie alle anderen. Es ist, äh, wegen deiner Nase.“

„Was ist mit meiner Nase?“ Ich wußte, worauf er hinauswollte.

„Nun . . . wenn du beim Film Karriere machen willst, dann, weißt du, solltest du vielleicht eine kleine Korrektur in Erwägung ziehen."

„Ich soll mir die Nase operieren lassen?"

„Ja. Und noch etwas: Vielleicht solltest du um die Hüften ein bißchen abnehmen. Bitte, versteh mich richtig, ich sage das nur, weil sich alle Kameraleute darüber einig sind. Das mit der Nase muß gar keine große Affäre sein, nur ein bißchen kürzen, damit man sie fotografieren kann, verstehst du?"

Natürlich war mir klar, daß ich mich im Aussehen sehr von einer erfolgreichen Filmdiva unterschied. Sie waren allesamt schön, hatten makellose Gesichtszüge. Ich leider nicht. Mein Gesicht ist voller Unregelmäßigkeiten, die aber in ihrer Gesamtheit irgendwie zusammenpassen. Wäre es um einen Höcker auf meiner Nase gegangen, ich hätte keinen Augenblick gezögert, ihn entfernen zu lassen. Aber das Argument, daß meine Nase zu lang sei, wollte ich nicht gelten lassen, weil ich wußte, daß jedes Gesicht von der Nase bestimmt wird, daß sie dem Gesicht seinen Charakter verleiht, und mir gefielen meine Nase und mein Gesicht genau so, wie sie waren. Das sei schon richtig, sagte ich zu Carlo, daß mein Gesicht keinem anderen ähnlich sehe, aber warum sollte ich aussehen wie alle anderen auch?

„Ich verstehe dich ja", meinte Carlo. „Auch ich möchte, daß dein Gesicht so bleibt, wie es ist. Aber die Kameraleute . . ."

„Ich möchte so bleiben, wie ich bin. Ich werde nichts ändern."

„Nun, wir werden sehen", sagte Carlo. Es tat ihm wohl leid, daß er das Thema angeschnitten hatte.

„Und was meine Hüften angeht", fuhr ich fort, „so stimmt es natürlich, daß sie eher breit sind, aber sie sind ein Teil von mir, ein Teil von dem, was ich zu bieten habe. Ich möchte so bleiben, wie ich bin."

Rückblickend erscheint es mir eigentlich recht bemerkenswert, daß ich angesichts der vielen mißlungenen Probeaufnahmen ein so kühnes Selbstvertrauen besaß. Man könnte vielleicht sagen – wenn das nicht zu hochtrabend klingt –, daß ich mit einem Instinkt für mein eigenes Schicksal gesegnet war. Ich habe mich nie unter meinem Wert verkauft. Ich habe mich nie an dem Standard anderer Leute gemessen. Ich habe immer viel von mir erwartet, und jeder Fehlschlag ist ein Fehlschlag gegen mich selbst gewesen. Daher rufen Rückschläge oder Mißerfolge in mir keine Ressentiments wach, weil ich niemand anderem als mir selbst die Schuld für ein Mißgeschick geben kann, das mir zustößt. Mit sechzehn wußte ich bereits so manches über mich: Ich war ein Mensch, der immer irgendwie durchkam; ich war auf mich selbst angewiesen und sonst auf niemanden; und ich würde das erreichen, was mir zu erreichen bestimmt war. Daher war es müßig, mein Schicksal ändern zu wollen.

Carlo erwähnte mit keinem Wort mehr meine Nase oder meine Hüften.

Sobald meine Schwester wieder gesund war, brachte meine Mutter sie nach Rom, wo wir zu dritt in ein enges möbliertes Zimmer zogen. Äußerst schwierige Lebensumstände waren das – aber ich war froh, endlich von meinen Verwandten befreit und wieder mit meiner Familie vereint zu sein. Von morgens bis abends waren meine Mutter und ich auf Arbeitssuche, doch ohne viel Erfolg. Ohne meine Mutter hätte ich wohl nicht all die Energie aufgebracht, die für die endlosen, frustrierenden Bittgänge in die diversen Büros der Produzenten nötig war. Aber meine Mutter war von unbändigem Ehrgeiz erfüllt. Es ging ihr im Grunde um ihre eigene Karriere, und sie war entschlossen, bei mir alles das nachzuholen, was ihr dereinst versagt geblieben war. Niemand war vor ihr sicher, der auch nur entfernt etwas mit dem Filmgeschäft zu tun hatte. Unentwegt versuchte sie, meine Vorzüge ins rechte Licht zu rücken; wenn es um mich ging, kannte sie weder Verschwiegenheit noch Bescheidenheit. Ich bewegte mich in ihrem Schatten. Aber trotz ihrer unermüdlichen Anstrengungen bekam ich nur ein paar winzige Rollen in billigen italienischen Filmen mit Titeln wie „Le sei moglie di Barbablu" (Die sechs Frauen des Herzogs Blaubart), „Cuori sul mare" (Herzen auf See), „Era lui, era lui, si si" (Er war's, er war's, ja ja!), „Mädchenhandel" und „Zorro der Held".

Meine Rolle in „Herzen auf See", meinem ersten Film, zeigt deutlich, in welchem Maße ich an diesen Epen beteiligt war. Meine gesamte Mitwirkung bestand darin, daß ich an einem Tisch saß und die Heldin, eine amerikanische Schauspielerin namens Doris Dowling, deren italienischer Text synchronisiert wurde, ansah. Ich bewegte mich nicht, ich sprach kein Wort, ich verzog keine Miene – ich saß einfach da und sah Doris Dowling an.

Aber diese kleinen Filmaufträge, auch wenn sie noch so unbedeutend waren, hielten uns über Wasser. Die Beliebtheit der „fumetti" war im Abnehmen, und außer Gelegenheitsarbeiten als Fotomodell gab es nichts für mich zu tun. Wir hatten es nicht leicht in unserem winzigen möblierten Zimmer. Meine Schwester weigerte sich, zur Schule zu gehen, weil sie keinen ehelichen Namen auf ihr Formular schreiben und daher nach den damals geltenden Bestimmungen auch keine Prüfungen ablegen konnte. Sie getraute sich nicht, die Schulformulare auszufüllen, aus denen hervorgegangen wäre, daß sie unehelich war. Also blieb sie den ganzen Tag allein auf unserem Zimmer, während Mutter und ich unterwegs waren.

In jener trostlosen Periode wurden wir eines Morgens von Polizisten geweckt. Sie sagten, sie hätten bereits bei der Wohnungsvermieterin Erkundigungen über uns eingeholt, und forderten uns auf, mit ihnen auf die Polizeistation zu gehen. Dort angekommen, wurden wir von einem Polizeibeamten ausgefragt. Was für einer Art von Arbeit wir nachgingen? Woher wir unser Geld bezögen? Wieviel wir verdienten?

„Aus welchem Grund stellen Sie uns solche Fragen?" erkundigte sich meine Mutter.

„Es liegt eine formelle Beschwerde vor", antwortete der Beamte, „eingereicht von einem Herrn Riccardo Scicolone, in der die Gesetzlichkeit der Art ihres Lebensunterhalts in Frage gestellt wird."

Meine Mutter war sprachlos. Ich sah meine Schwester an. Ihr Gesicht spiegelte deutlich den Schmerz wider, den dieser Dolchstoß ihr bereitete. Ich selbst wollte kaum meinen Ohren trauen.

„Wenn Sie keinen zufriedenstellenden Nachweis erbringen können, daß Sie Ihren Lebensunterhalt auf legale Weise verdienen, muß ich Sie ausweisen und unter polizeilicher Obhut nach Pozzuoli zurückbringen lassen."

Selbstverständlich konnte ich beweisen, wie ich mein Geld verdiente, und nach angstvollen Minuten wurden die Beschuldigungen fallengelassen – doch allein die Erniedrigung war schrecklich. Nie in meinem Leben bin ich mir so entwürdigt vorgekommen wie an jenem Tag in Gegenwart der Polizei, als ich mir die Verleumdung meines eigenen Vaters anhören mußte. Nicht auszudenken, was geschehen wäre, wenn die Polizei mich nach Pozzuoli zurückgeschickt, mir den Aufenthalt in Rom verweigert und dadurch meine Chancen für eine Karriere zunichte gemacht hätte. Für immer in Pozzuoli leben, gebrandmarkt vom eigenen Vater! Nicht vorstellbar.

Nur noch ein zweites Mal kam ich flüchtig mit dem Gesetz in Berührung – es war tatsächlich nur eine flüchtige Berührung –, als ein Foto von mir auf der Titelseite einer Illustrierten erschien. Es zeigte mich am Strand, in ein großes Badetuch gehüllt, mit einem nackten, nach vorne gestreckten Bein. Die Pose vermittelte den Eindruck, daß ich unter dem Badetuch nichts anhätte, aber das war natürlich der Fantasie des Betrachters überlassen. Es war ein sinnliches Bild, wenn auch von einer frischen, natürlichen Sinnlichkeit. Dennoch wurde es von den römischen Hütern der öffentlichen Moral für gefährlich gehalten, alle Exemplare der Zeitschrift wurden eingezogen, und der Herausgeber mußte vor Gericht erscheinen. Ich bekam eine Strafe von einigen Lire, weil ich meiner

Vorladung als Zeugin der Verteidigung nicht Folge geleistet hatte.

Viel aufschlußreicher als dieses Foto hingegen war eine Szene, die ich in einem meiner ersten Filme, „Er war's, er war's, ja ja!“ zu spielen hatte. Damals wurden oft bestimmte Szenen zweimal gedreht, einmal für die italienische und einmal für die französische Version eines Films. Da die Zensur in Frankreich nicht so streng war, konnte man in den französischen Streifen mehr herzeigen. Während der Dreharbeiten für die bewußte Szene, in der ich mit einigen anderen Mädchen in Haremskostümen auftrat, schlug der Regisseur vor, eine Oben-ohne-Einblendung für die französische Version zu machen. Die anderen Mädchen fügten sich, und nach kurzem Zögern tat ich es ihnen nach. Es war eine kurze Einblendung und eigentlich weiter nichts dabei, aber ich hatte mich durch diesen Vorfall wieder ein wenig besser kennengelernt. Ich komme mir gar nicht verführerisch oder sexy vor, wenn ich mich vor der Kamera ausziehe, sondern nur unbeholfen und kindisch. Meiner Ansicht nach schadet das Entkleiden jeder Darstellung, weil dadurch die Aura des Geheimnisvollen verlorengeht. Die richtige Kleidung ist viel verführerischer als der nackte Körper. Das soll nicht heißen, daß ich etwas gegen Erotik habe, die schön und durchaus wirksam sein kann, wenn sie natürlich und nicht vulgär ist.

In „A Special Day“ gab es eine Szene, in der ich mit Mastroianni ins Bett gehen mußte. Es war eine Schlüsselszene, die mir Sorgen machte, seit ich zum ersten Mal das Drehbuch gelesen hatte. Die Szene war äußerst schwierig für mich darzustellen, und zwar lag die Schwierigkeit vor allem darin, daß ich eine echte, erlebte Beteiligung an dem Akt zeigen wollte, anstatt mich lediglich hin- und herzubewegen, wie das meist in derlei Szenen geschieht. Es ergab sich dann, daß Marcello und ich die Szene in Kleidern spielten, und ich finde, daß sie viel aufregender und sinnlicher wirkte, als wenn sich zwei nackte Körper auf dem Bett herumgewälzt hätten.

Die körperliche Liebe ist für mich ein erhebendes Erlebnis.

Sie ist intim, geheimnisvoll und kostbar; ich habe sie nie in meinem Leben mißbraucht. Als ich damals um Filmrollen und Anerkennung kämpfte, wäre es undenkbar für mich gewesen, mit jemandem zu schlafen, nur um meine Karriere voranzutreiben. Viele Mädchen taten das und hofften auf diese Weise zu Filmrollen zu kommen: vielleicht gelang es ihnen tatsächlich. Für mich kam dieser Weg nie in Frage. Die meisten Mädchen ruinierten sich letztlich damit. Ich glaubte nur an mich selbst. Natürlich versuchte ich, die richtigen Leute kennenzulernen, mit denjenigen ins Gespräch zu kommen, die Filme machten und mich engagieren konnten, aber ich gab von Anfang an deutlich zu verstehen, daß ich nicht gewillt war, mich zu diesem Zweck mit irgend jemandem körperlich einzulassen. Und die Männer, die ich kennenlernte, spürten das und hatten Verständnis dafür. Während dieser ganzen Zeit in Rom gab es nur sehr wenige Männer, die andeuteten, mir gegen gewisse Gefälligkeiten eine Rolle verschaffen zu wollen.

Sophias Schwester Maria

Als wir nach Rom zogen, lebten wir anfangs zu dritt in einem kleinen Zimmer. Sophia suchte Arbeit, sie war aber so schüchtern, daß meine Mutter sie überallhin begleiten mußte. Sie gingen am frühen Morgen weg und kamen erst spätabends nach Hause. Das hieß, daß ich mit elf Jahren den ganzen Tag allein in dem Zimmer verbringen mußte. Ich hatte keine Freundin, kannte niemanden in Rom. Zwei Jahre lang blieb ich in diesem Zimmer, ganz allein. Ich hatte tödliche Angst vor der Dunkelheit, und immer wenn es Abend wurde, begann ich mich schrecklich zu fürchten, saß im Dunkeln da und zitterte vor Angst.
Als ich meiner Mutter gegenüber einmal erwähnte, daß ich mich schrecklich einsam fühle und mich im Finstern fürchte, sagte sie, daß sie sich nicht zweiteilen könne und es

wichtiger sei, Sophia Arbeit zu verschaffen, damit wir die Miete und das Essen bezahlen könnten, als mir Gesellschaft zu leisten. Natürlich hätte ich unter Leute gehen können. Oder in die Schule. Meine Mutter hatte einen Arzt kennengelernt – Hugo Cardone, der noch heute eng mit Sophia befreundet ist –, der mir dringend riet, etwas zu tun, Englisch zu lernen oder irgend etwas anderes, aber mein ganzes Leben schien ohne Sinn und Zweck zu sein, und meine Ängste und Befürchtungen beherrschten mein ganzes Dasein. Zwei lange, quälende Jahre, in denen ich nur Einsamkeit und die Angst vor der Dunkelheit kannte, nicht wußte, wer ich war und was ich tun wollte, ja nicht einmal einen eigenen Namen besaß.

8. Kapitel

1952, als ich achtzehn Jahre alt war, bekam ich endlich meine erste größere Rolle in einem Film, aber dabei verlor ich meinen Namen – und hätte beinahe auch mein Leben verloren. Meine Mutter hatte von einem nicht sehr hoch budgetierten Film gehört, „Weiße Frau in Afrika“, mit einer Rolle für eine junge Dame, die hauptsächlich unter Wasser aufzutreten habe, im Meer nahe bei Rom. Und wie meine Mutter mir eingetrichtert hatte, mit „Ja“ zu antworten, als Mervin Leroy mich fragte, ob ich Englisch könne, so befahl sie mir auch jetzt, kühn zu behaupten, ich sei eine tolle Schwimmerin.

„Aber Mammina“, protestierte ich, „ich kann doch keinen Meter schwimmen.“

„Du wirst es lernen. Zuerst mußt du die Rolle haben, dann zerbrechen wir uns den Kopf über das Schwimmen.“

Pozzuoli liegt zwar am Meer, aber kaum ein normaler Neapolitaner konnte damals schwimmen. Ich war natürlich oft im Wasser gewesen, aber meine Füße hatten sich nie vom Boden gelöst. Doch als der Produzent mich fragte, ob ich schwimmen könne, gab ich eine Antwort, die meine Mutter stolz gemacht hätte: „Wie ein Champion“, sagte ich.

„All right“, sagte der Produzent. „Sie bekommen die Rolle. Aber Ihr Name gefällt mir nicht. Sofia Lazarro – so hören sich tausend andere Namen an, und außerdem erinnert es einen an diese scheußlichen ‚fumetti‘. Den Namen müssen wir ändern.“

„Eigentlich heiße ich Scicolone."

„Das ist ja noch ärger – klingt wie vom Zirkus. Nein, wir müssen einen neuen Namen für Sie finden. Etwas, das nicht so italienisch klingt – kurz, prägnant, leicht zu merken."

Der Produzent hatte gerade einen Film mit der schwedischen Schauspielerin Marta Toren abgedreht, an der Wand hing noch ein großes Plakat mit ihrem Namen und Bild darauf. Das Gesicht des Produzenten erhellte sich plötzlich.

„Das ist es – Toren!" rief er und begann das ganze Alphabet durchzugehen – Boren, Coren, Doren, bis er zu Loren kam. Sofia Loren. „Nein", meinte er, „wie Sie Sofia schreiben, gefällt mir nicht. Im Ausland wird man glauben, es sei eine falsche Schreibung, also schreiben wir es lieber gleich Sophia. Einverstanden?"

Natürlich war ich sofort einverstanden – aber im Italienischen spricht man „ph" nicht wie „f" aus, sondern wie „p", und daher wunderten sich meine Bekannten in Pozzuoli noch lange darüber, warum ich plötzlich „Sopia" heißen wollte.

Mut in einem Büro in der Via Veneto zu zeigen, ist die eine Sache – eine ganz andere, ihn auch noch im Bug eines schaukelnden Schiffs im Tyrrhenischen Meer zu haben. Der Regisseur erklärte mir die erste Szene. Ich sollte vom Schiff hinunter ins Wasser springen. Das Schiff war nicht klein. Als ich mich über die Reling beugte und das Meer unter mir dunkel und bedrohlich gähnen sah, wurde ich von Panik erfaßt.

„Ich kann gar nicht schwimmen", stieß ich hervor und machte schnell einen Schritt zurück. „Schicken Sie mich heim – schicken Sie mich bitte zurück nach Rom."

Der Regisseur sah mich an, als wäre ich verrückt. „Wir haben schon alle unsere Aufnahmegeräte hier und alle Statisten und auch die Techniker – jetzt können Sie nicht mehr nach Rom zurück."

Zugegeben, ich schämte mich, aber meine panische Angst vor der riesigen Wasserfläche da unten wurde deshalb nicht kleiner. „Wissen Sie, wenn ... ich meine, wenn Sie etwas Geduld hätten ... Geben Sie mir doch ein paar Schwimmstunden, hier kann ja anscheinend jeder schwimmen, ich werde es sicher genau so schnell erlernen wie jeder andere ...“

„Gut, das können wir arrangieren“, sagte der Regisseur einlenkend. „Aber als nächstes müssen wir gleich einmal diese Aufnahme hier machen.“

„Was für eine Aufnahme?“

„Wie Sie ins Wasser springen.“

„Aber ich habe Ihnen doch gesagt ...“ Ich warf noch einmal einen Blick über die Reling und fiel beinahe in Ohnmacht. „Nein, nein! Ich werde untergehen und nie wieder auftauchen!“

„Aber was denn, nur keine Angst! Wir haben einen Mann da unten im Wasser, der ist ein Meisterschwimmer; in dem Augenblick, wo Sie im Wasser landen, ist er schon da und fischt Sie wieder heraus. Sobald die Kamera läuft und ich sage: Spring!, dann springen Sie einfach, halten den Atem an und atmen erst wieder, wenn der Mann da unten Sie erwischt hat. All right, alles auf die Plätze – fertig zur Aufnahme!“

Der Regisseur war offenbar ein ausgezeichneter Psychologe, denn wenn er mir auch nur zwei Minuten Zeit gelassen hätte, zur Besinnung zu kommen, wäre ich sicher nie gesprungen. Aber tief in meinem Inneren sitzt ein kleines Tier, das mich ab und zu dazu anstachelt, ein Risiko einzugehen, und jetzt, in diesem Augenblick, gab es mir einen richtigen Schubs. Ich schlug nur wenige Meter von den laufenden Schrauben entfernt im Wasser auf und ging sofort unter. Aber wie versprochen, umfingen mich starke Arme und brachten mich an die Oberfläche zurück. Ich holte tief Luft. Die Mannschaft auf dem Deck hoch über mir applaudierte. Der Mann, der mich im Wasser hielt, war wütend.

„Was fällt denen eigentlich ein? Die haben Sie einfach neben den Schrauben hineinspringen lassen. Sie wären fast durch den Wolf gedreht worden. Aber die interessiert nur, wo das Licht besser ist. Sie hatten mehr Glück als Verstand!“

Dieser Mann brachte mir dann das Schwimmen bei. Wir verbrachten jede freie Minute zusammen, und unter seiner Führung konnte ich sehr bald schwimmen. Da der Film hauptsächlich unter Wasser spielte, lernte ich mit Sauerstoffmaske und Schnorchel umzugehen, mit Gewichten an den Füßen zu schwimmen, zu tauchen – alles, was eben zu diesem Wassersport gehört. Als der Film abgedreht war, war ich eine ganz passable Schwimmerin, und ich dankte meinem inneren Tier, das mir den Schubs gegeben hatte.

Meine Filmrolle in „Weiße Frau in Afrika", einem recht schwachen und unbedeutenden Streifen, kräuselte kaum die Oberfläche der filmischen Gewässer. Ein Haufen Pin-ups, mich im Badeanzug zeigend, kam zur Verteilung, das war alles. Ich aber lechzte noch immer nach jener großen, bedeutenden Rolle, in der ich mehr tun durfte, als mit einer Sauerstoffflasche auf dem Rücken unter Wasser zu schwimmen. Also zurück zu den entmutigenden Rundgängen mit meiner Mutter, diesmal mit Standfotos von „Weiße Frau in Afrika" unter dem Arm, aber die Produzenten rissen sich nicht darum, mich für einen neuen Film zu engagieren.

Über mehrere Ecken habe ich erfahren, daß Gina Lollobrigida es war, die mir 1953 – wenn auch unbeabsichtigt – zu meiner ersten großen Rolle verhalf, mit der meine Karriere eigentlich begann. Eine italienische Filmgesellschaft plante eine luxuriöse Verfilmung von Giuseppe Verdis „Aida" und wollte Gina Lollobrigida für die Hauptrolle haben. Singen sollte die große Renata Tebaldi, Lollobrigida lediglich den Text dazu markieren. Aber im letzten Moment zog Gina ihre Zusage zurück, angeblich weil sie es unter ihrer Würde fand, sozusagen als Double für eine Sängerin zu fungieren. Da jedoch die Produktion schon anlaufbereit war, suchte man verzweifelt nach einer Schauspielerin, die in letzter Sekunde einspringen konnte, und so kam ich zu der Rolle. Sicher war es keine ideale Sache, denn ich konnte meine eigene Stimme nicht einsetzen, aber immerhin würde ich Gelegenheit haben, eine weite Skala von Gefühlen zum Ausdruck zu bringen.

Als erstes besorgte ich mir die Schallplattenaufnahme mit Renata Tebaldi als Aida und hörte sie mir unzählige Stunden lang an, immer wieder von neuem, bis ich mit dem Text und mit Vortrag und Phrasierung der Tebaldi so vertraut war, daß ihre Stimme und meine Mundbewegungen einfach perfekt übereinstimmten. Als wir mit der Produktion begannen, waren die Tebaldi und ich sozusagen zur Einheit verschmolzen, ich hatte beinahe das Gefühl, ihre Stimme käme aus mir. Die Gewänder – dem Stil um 1230 v. Chr. nachempfunden – waren herrlich und standen mir großartig. Mit der Afro-Perücke, dem prunkvollen, mit Ornamenten versehenen Schmuck und vor allem dem dunklen Make-up sah ich umwerfend aus. Jeden Morgen war ich schon früh im Studio, vier Stunden vor meinem Auftritt, denn ich mußte von Kopf bis Fuß das Sepia-Make-up aufgetragen bekommen, das mich so attraktiv erscheinen ließ.

Der Film wurde mitten im Winter in einem ungeheizten Studio gedreht. Wenn ich meinen Mund zum „Singen" öffnete, kamen weiße Atemwölkchen heraus. Um das zu verhindern, lutschte ich vor jeder Aufnahme ein Stück Eis, um meinen Mund abzukühlen; außerdem stand, aus dem Blickfeld der Kamera gerückt, ein Assistent mit einem sehr starken Föhn, den er genau auf meine Lippen richtete. Meine spärliche Kostümierung wärmte nicht, unter dem dunklen Make-up war ich oft ganz blau vor Kälte, aber immerhin, das Ergebnis war gut, man wurde auf mich aufmerksam. Ich erhielt für meine Darstellung der Aida so viel Beifall und Anerkennung, wie ich zwar insgeheim gewünscht, aber nicht zu hoffen gewagt hatte. Der Film wurde überall gezeigt, und zum ersten Mal war ich jetzt auch in England und den Vereinigten Staaten zu sehen.

Mein Honorar für „Aida" war die erste größere Geldsumme, die wir jemals zu Gesicht bekommen hatten. So vieles hätte man damit machen können – eine anständige Wohnung mieten, meinen Großeltern helfen, endlich ordentliche Kleider kaufen; es war eine endlose Liste, aber ich hielt es im Augenblick für das Dringendste, meine Schwester Maria aus dem Winkel hervorzuholen, in den sie sich voll Scham und gekränktem Stolz zurückgezogen hatte. Es gab nur eines, womit man sie wieder in eine Schule bringen konnte, und das war der Name ihres Vaters.

Mutter hatte schon mehrere Male wegen Maria mit ihm gesprochen, aber er hatte ihre Bitten jedesmal abgewiesen.

„Warum gibst du Maria nicht deinen Namen – sie ist deine Tochter, das weißt du. Du kannst nicht abstreiten, daß du sie mit mir gezeugt hast, sie ist dir wie aus dem Gesicht geschnitten. Es kann dich doch nicht stören, wenn sie deinen Namen trägt, genau wie Lella! Sie leidet so sehr darunter, daß sie nicht mehr zur Schule geht, weil sie sich so schämt."

Aber nichts konnte meinen Vater rühren, denn es hatte ihn Geld gekostet, mir seinen Namen zu geben, und diesen Fehler würde er nicht noch einmal machen. Er hatte sich nämlich standhaft geweigert, meiner Mutter auch nur den geringsten Unterhalt für mich zu zahlen, so daß sie eines Tages zu Gericht gegangen war und es erreichte, daß mein Vater dazu verklagt wurde, jeden Monat eine bescheidene Summe für mich zu zahlen. Eine dieser Empfangsbestätigungen ist heute noch in meinem Besitz:

> Rom, 3. Oktober 1950
> Hiermit bestätige ich den Erhalt von sechstausend Lire (6000), die mein Vater mir gibt, und zwar: dreitausend Lire als Alimente für den vergangenen Monat September 1950 und dreitausend Lire als Alimente für Oktober 1950.
>
> Sofia Scicolone

Dreitausend Lire waren damals kaum eine große finanzielle Belastung, aber mein Vater zahlte mir diesen kleinen Betrag dennoch nur höchst widerwillig und war fest entschlossen, bei meiner Schwester nicht noch einmal in dieselbe Falle zu gehen. Solange er sie nicht als sein Kind anerkannte und ihr seinen Namen gab, konnte er sich weitere dreitausend pro Monat ersparen.

Nun aber hatte ich den Aida-Film gemacht, und als meine Mutter wieder einmal mit ihm sprach, da machte er ihr einen Vorschlag: Er würde Maria seinen Namen verkaufen, und zwar für die eine Million Lire, die ich – seinen Informationen nach – für die Darstellung der Aida bekommen hätte. Meine Mutter war außer sich vor Zorn. „Seine eigene Tochter erpreßt er! Was ist dieser Mensch für ein Ungeheuer! Er hat nie auch nur eine Lira für sie gezahlt, und jetzt verlangt er ein Vermögen für seinen Namen, der ihr doch von Rechts wegen ohnehin zusteht! Das ist kein Mensch mehr! Das ist ein Vieh!"

Ich aber zögerte keinen Augenblick. Maria mußte ihren Namen haben, was auch immer der Preis dafür war. Wahrscheinlich brauchte mein Vater gerade dringend Geld. Ich wußte es nicht, und es war mir auch egal. Natürlich war nicht richtig, was er tat, aber den Zorn meiner Mutter konnte ich nicht teilen. Ich hatte von meinem Vater nie etwas Gutes erwartet. Also übergab ich meiner Mutter die Million Lire, und sie traf sich mit meinem Vater bei einem Notar, wo er nach Erhalt des Geldes die nötigen Papiere unterzeichnete.

Als meine Mutter nach Hause zurückkam, redeten wir nicht mehr von meinem Vater, sondern freuten uns einfach, daß meine Schwester, die glückselig die Notariatspapiere an ihre Brust drückte, endlich den Namen ihres Vaters und damit, nach Auffassung der damaligen Zeit, ihre Ehre wiedererlangt hatte.

Maria, Sophias Schwester

Ein Jahr nachdem Sophia unserem Vater meinen Namen abgekauft hatte, ging er in Mailand zu Gericht und bedrängte den Richter, er solle den Vertrag rückgängig machen – das heißt, mir den Namen Scicolone wieder wegnehmen. Wahrscheinlich wollte er noch mehr Geld von Sophia, aber ich weiß das nicht genau, ich vermute es nur. Der Richter lehnte das Ansinnen ab. Aber mein Vater hatte sich immer schon derart schlecht mir gegenüber benommen, daß es jetzt darauf auch nicht mehr ankam. Ich schob einfach den Gedanken an ihn weit von mir, denn ich wollte mir nicht mein weiteres Leben mit seinen Grausamkeiten vergällen lassen. Ich hatte begreifen gelernt, daß nur ich allein für das verantwortlich war, was ich empfand, und wenn es Gefühle der Liebe waren, Liebe, die ich gab, und Liebe, die ich empfing, würde ich nie verbittert werden. Das war gar nicht so schwierig, wie es klingt. Ich bin im innersten Herzen ein Kind geblieben, und Kinder können nicht hassen oder lange nachtragend sein. Übrigens war ich in späteren Jahren mit meinem Vater noch recht oft beisammen.

Nachdem „Aida“ in den Kinos angelaufen war, schlug mir Carlo Ponti vor, einen persönlichen Vertrag mit ihm abzuschließen. Das hätte bedeutet, daß ich sozusagen einen Privatvertrag mit ihm ganz allein hatte und nicht mit der Firma Ponti-De Laurentiis. Meiner Mutter sagte die Idee gar nicht zu. „Du solltest dich nicht durch einen Vertrag binden. Du stehst erst am Anfang deiner Karriere. Du mußt frei sein für alles, was sich dir bietet, und darfst dich nicht an einen einzigen Mann binden.“

„Du magst schon recht haben, Mammina“, sagte ich, „aber ich könnte doch einen Vertrag für ein Jahr abschließen und sehen, was dabei herauskommt? Ich bekomme dann jeden Monat eine kleine Summe, und mittlerweile kann ich mich ein wenig umsehen und herausfinden, wie der Hase läuft.“

Ich machte also den Vertrag mit Carlo, aber meine Mutter behielt recht. Die Zeit verging, und alle guten Rollen wurden an die großen Stars vergeben. Jedesmal wenn ich auf Drängen meiner Mutter mit Carlo darüber sprechen wollte, riet er mir, Geduld zu haben. „Warte noch fünf Minuten“, sagte er, „warte nur noch fünf Minuten.“

In dieser Zeit arbeitete ich pausenlos, und zwar in einer Reihe von schnell gedrehten und schnell vergessenen Filmen, zehn Stück in knapp zwölf Monaten. In Operetten wie dem „Karussel Neapel“, dem „Il paese dei campanelli“, und in zwei Ponti-De-Laurentiis-Filmen bewegte ich wieder nur den Mund zu den Arien der Sänger. Außerdem spielte ich in kleinen Rollen neben Silvana Pampanini, einem der Vertragsstars der Gesellschaft.

Es bedeutete schon einen Fortschritt, als man mir die Rolle von Anthony Quinns Frau in „Attila, die Geisel Gottes“ gab. Aber der Film war schlecht und gereichte weder Quinn noch mir zu besonderem Ruhm.

Kurzfristig erhoffte ich mir eine Wendung zum Durchbruch, als man mir ein Gespräch mit dem großen Antonioni vermittelte; aber leider kam nichts dabei heraus. Auch mit Vittorio de Sica traf ich einmal zusammen, der äußerst charmant war, mich zu meiner Leistung in „Aida“ beglückwünschte und mir versicherte, daß wir eines Tages zusammen filmen würden – aber von den Projekten, an denen er damals gerade arbeitete, erwähnte er mir gegenüber nichts.

Alles in allem war es eine äußerst aktive Zeit; ich raste von einem unbedeutenden Film zum anderen und – vor allem – lernte dabei eine ganze Menge. Ich bin wie ein Schwamm: alles, was mir zusagt, sauge ich in mich auf und weise alles ab, was nicht gut für mich ist. Ich hatte einen natürlichen Instinkt für die Grundbegriffe der Filmschauspielerei und lernte sehr leicht alle technischen Knowhows dieses Berufes – ganz instinktiv bewegte ich mich stets im richtigen Winkel zur Kamera und zur Beleuchtung, ohne daß man mir das zu sagen brauchte.

So waren also trotz allem diese Monate und Jahre keine unnütz vergeudete Zeit für mich. Ich steckte bis zum Hals in

Filmen, ich lernte, soviel ich konnte, und ich verdiente so viel, daß wir alle in einer ordentlichen Wohnung wohnen konnten und genug zu essen hatten. Ich war das Oberhaupt der Familie, sozusagen der Vater, der jeden Tag zur Arbeit ging, meine Mutter war die Hausfrau und meine Schwester, die jetzt endlich wieder zur Schule ging, das Kind.

Damals begannen Carlo und ich uns immer häufiger heimlich zu treffen. Ich fühlte mich sehr zu ihm hingezogen – zu seinem offenen Lächeln, seinen sanften Augen, seinem scheuen und doch entschlossenen Wesen (ich weiß schon, daß das wie ein Widerspruch klingt) –, und ich hatte von allem Anfang an absolutes Vertrauen zu ihm. Aber es ist gar nicht leicht für mich, die Art unserer damaligen Beziehung zu erklären. Mit meinen achtzehn Jahren war ich noch immer das Dorfmädchen aus Pozzuoli; die Weltstadt Rom hatte noch nicht auf mich abgefärbt. Mein Verhalten war nach wie vor geprägt von den dörflichen Sitten Pozzuolis. Die moralischen Lehren meiner Großmutter, wie überhaupt des Hauses, in dem ich aufgewachsen war, sowie die überaus strengen Ansichten der Klosterschwestern, bei denen ich zur Schule gegangen war, lenkten mein ganzes Tun. Ich hatte einen tief eingewurzelten Respekt vor der Heiligkeit der Familie. Eine Affäre mit einem verheirateten Mann war für ein Mädchen aus Pozzuoli einfach undenkbar; du sollst nicht ehebrechen war für uns ein eisernes Gesetz. Die Familie war etwas Unantastbares, und in der in sich abgerundeten und abgeschlossenen Welt, in der ich aufgewachsen war, waren solche Gebote und Verbote nicht angezweifelt worden. Außerdem bildeten natürlich die früheren Eskapaden meiner Mutter eine nachdrückliche Abschreckung vor jeder vorehelichen Beziehung. Das soll jedoch nicht heißen, daß es zwischen mir und Carlo nicht zu etwas „Petting" gekommen wäre – aber zwischen „Petting" und einer echten sexuellen Beziehung besteht doch ein großer Unterschied.

Carlo verstand das alles sehr gut, meine Ängste, meine Zurückhaltung, er begriff, daß ich nicht eines dieser leicht zu erobernden Starlets war (wie ich dieses Wort hasse), und er versuchte auch nie, die Dinge mit mir zu weit zu treiben. Soweit mir zu Ohren gekommen war, hatte Carlo ab und zu relativ harmlose Affären mit Schauspielerinnen, und seine Frau schien nichts dagegen einzuwenden zu haben, solange er sich nicht zu intensiv mit ein- und demselben Mädchen abgab und also nicht die Gefahr einer ernsteren Bindung bestand. Deshalb trafen wir uns meistens heimlich, damit seine Frau nicht auf mich aufmerksam würde.

Wenn wir aber zusammen waren, dann war es genau so, als wären wir richtige Verlobte in der Art der jungen Leute aus Pozzuoli. Ich hatte noch viele familiäre und religiöse Tabus zu überwinden, bevor ich eine intime Beziehung mit Carlo eingehen konnte. Später kam es dann natürlich dazu, aber nicht ehe ich mir über seine Liebe zu mir klargeworden war und darüber, wie sehr ich ihn brauchte, als Geliebten und als Vater. Vorläufig aber warben wir noch zärtlich einer um den anderen, erforschten einander, und dabei wuchs unsere Liebe ständig.

Zu meiner großen Überraschung hatte Vittorio de Sica mich nicht vergessen. Eines Tages rief er mich an und erklärte, er wolle über ein Projekt mit mir sprechen; es handelte sich um den Streifen „Das Gold von Neapel“, einen Episodenfilm, der auf einem Roman des neapolitanischen Autors Marotta basierte. De Sica würde selbst Regie führen und in einer der Episoden eine Rolle übernehmen, und zwar zusammen mit Silvana Mangano. Ich war nicht wenig erstaunt, als ich erfuhr, daß Ponti-De Laurentiis diesen Film finanzierten – Carlo hatte es mit keinem Wort erwähnt.

Das Gespräch mit de Sica verlief äußerst amüsant, aber wir sprachen nicht über den Film, er sagte auch nichts von Probeaufnahmen, so daß ich schließlich die Überzeugung mit nach Hause nahm, daß ich offensichtlich keine Chance hätte. Das war natürlich eine arge Enttäuschung für mich, denn de Sica war einer der ganz Großen im italienischen Film, und bei seinem Projekt handelte es sich offenbar um jene Art von wirklich gutem, anspruchsvollem Film, in der ich bisher noch nie eine Rolle bekommen hatte. Außerdem schien mir die Rolle wie auf den Leib geschrieben: eine temperamentvolle, leidenschaftliche Neapolitanerin – der Typ Frau, den ich so gut kannte. Sie hieß sogar auch noch Sofia.

Eine Woche nach diesem Gespräch rief de Sica an und fragte: „Können Sie morgen nach Neapel fahren?"

Was war eigentlich in dieser Woche geschehen?

De Sica war zu Laurentiis und Ponti gegangen und hatte ihnen mitgeteilt, daß er mich für diese Rolle haben wolle. Ich hätte diese Spontaneität, erklärte er, dieses impulsive, typisch neapolitanische Temperament, das er in dieser Rolle einfangen wolle. De Laurentiis drang in de Sica, wenigstens Probeaufnahmen mit mir zu machen, um zu sehen, ob ich auch wirklich die ideale Besetzung sei, aber de Sica weigerte sich. Da er genauso wie ich aus Neapel stamme, so meinte er, und wir daher im Temperament ganz ähnlich seien, wisse er von vornherein, daß er sehr gut mit mir arbeiten würde. Er könne sich auf sein eigenes Urteil verlassen. „Neapolitaner urteilen nach dem Instinkt", sagte er abschließend zu de Laurentiis, „und mein Instinkt sagt mir untrüglicher als jede Probeaufnahme, daß Sophia Loren die ideale Besetzung für diese Rolle ist. Ich will sie haben!"

De Laurentiis war noch immer dagegen. Er wollte einen berühmteren Namen. Aber de Sica blieb stur, wie eben alle Neapolitaner. Was er hier brauche, sagte er, sei eine Wildkatze voll innerem Feuer, und da sei die Loren genau richtig.

Carlo hatte klugerweise kein einziges Mal in die Debatte eingegriffen, denn de Laurentiis kannte sein persönliches Interesse an mir. Solange de Sica seine Schlachten für Ponti schlug, war es sehr richtig von ihm, sich ganz herauszuhalten.

Schließlich gab de Laurentiis, wenn auch brummend, nach.

„Du hast bis jetzt noch immer ein gutes Urteil bewiesen, Vittorio. Ich hoffe, du hast dich auch diesmal nicht getäuscht."

Der erste Tag in Neapel war eine Qual: ich war steif vor Nervosität, meine Kehle wie zugeschnürt, die Beine aus Blei. Aber schon am Abend hatte de Sica mich völlig von meinen Ängsten befreit, wir waren zwei freie Neapolitaner, die herrlich miteinander auskamen und sich köstlich unterhielten. „Du hast eine Kraft in dir", sagte er zu mir, „die dich tragen wird, wohin du nur willst. Geh nur ja in keine Schauspielschule, nimm um Gottes willen keinen Schauspielunterricht. Du wirst alles von selber lernen."

Als wir die Episode abgedreht hatten, war de Sica zu einem bestimmenden Faktor in meinem Leben geworden. Ich liebte ihn, ich schätzte ihn, ich bewunderte ihn.

Unsere „Liebesgeschichte" sollte zwanzig Jahre lang dauern. Es war uns bestimmt, vierzehn Filme miteinander zu machen, und unsere Methode blieb immer die gleiche, vom ersten bis zum letzten Film – de Sica stand hinter der Kamera, genau in meiner Blickrichtung, und zeigte mir mit seinem Gesichtsausdruck, seinen Gesten, seinem ganzen Körper, was ich zu tun hatte; wir sprachen dabei kaum, Worte waren überflüssig. Er war ein hervorragender Schauspieler, er kannte und verstand meine Schwächen und meine Stärken, aber er wußte auch, wie er mich dazu bringen konnte, über mich selbst hinauszuwachsen, weiter zu gehen, als ich es mir je zugetraut hätte, in komische oder dramatische Ausdrucksbereiche vorzudringen, wo die Gefahr des Übertreibens, des Abrutschens ins Lächerliche sehr groß, die Möglichkeit des Erfolges sehr gering ist. Das C über dem hohen C sozusagen. Das war de Sicas Geschenk an mich, sein wahres Talent. „Spiel mit deinem ganzen Körper", sagte er, „mit dem Leib, den Zehen, den Fingern – alles muß in Ausdruck umgesetzt werden, nicht nur Stimme und Gesicht."

In „Gold von Neapel" half er mir, ein temperamentvolles, verführerisches Pizza-Mädchen zu kreieren, es aus Tiefen meines Wesens, von deren Existenz ich nie auch nur geahnt hatte, herauszuholen. Ich vertraute de Sica völlig – und genau das ist es, was ich brauche, damit ich richtig funktionieren kann, sei es im Film oder im Privatleben: Vertrauen. Ich muß vertrauen können. Kann ich das nicht, dann werde ich unsicher, ziehe mich zurück, schließe mich ab. Wenn ich aber vertrauen kann, dann bin ich ein anderer Mensch.

Vittorio de Sica

Als ich mit Sophia diesen Film drehte, entdeckte ich ein paar grundsätzliche Merkmale ihrer Persönlichkeit. Sie hatte eine dicke Schutzmauer um sich aufgebaut, rund um den innersten Kern ihres so verletzlichen Wesens. Hinter dieser Mauer hatte sie sich verschanzt und wirkte nach außen hin recht zufrieden mit ihrem Leben. Aber ihre wahre Natur war anders. In Wirklichkeit war sie leidenschaftlich und feurig, eine typische Neapolitanerin, und ihre Reaktionen – Freude, Kummer, Ungeduld, was auch immer – waren immer ein bißchen exzessiv gewesen, deshalb versteckte sie sie lieber hinter dieser Mauer. Aber beim Spielen kann sie über diese Mauer springen und ihren wahren Gefühlen freien Lauf lassen. Da kann sie schreien, lachen, hysterische Anfälle bekommen, verführen, in lautstarken Protest ausbrechen, die höchsten Höhen der Gefühlsskala erklimmen. Eine gefühlsbetonte Szene hat für sie die gleiche Funktion wie für andere Leute die Couch des Psychiaters.

Die denkwürdigste Szene in „Gold von Neapel" war reinster de Sica: Ein langer, langsamer Spaziergang durch die Straßen von Neapel bei strömendem Regen, das durchweichte Kleid am

Körper klebend, während mir die Männer auf der Straße mit gierigen Blicken folgen. Von den Güssen aus der Regenmaschine holte ich mir eine Lungenentzündung und mußte einen ganzen Monat im Bett bleiben. Aber das war es mir wert. Dieser Film war das Sprungbrett zu meiner Karriere, und ich hatte mich selbst als Schauspielerin gefunden. Der Traum des mageren kleinen Mädchens im finsteren Kino von Pozzuoli war endlich Wirklichkeit geworden.

9. Kapitel

Als junge Schauspielerin am Beginn der Karriere macht man sich überhaupt keine Vorstellung davon, wie wertvoll die Anonymität des Anfängers in Wirklichkeit ist. Ein Anfänger kann sich auf riskante Unternehmen einlassen, kann Fehler machen, experimentieren, er braucht sich weder um Image noch um guten Ruf zu sorgen. Natürlich kann sich der Anfänger seine Rollen nicht aussuchen, sondern er muß jedes auch nur mittelmäßige Angebot annehmen, aber er kann das Beste aus sich herausholen, und zwar ganz nach eigenem Gutdünken. Er hat nichts zu verlieren – und das ist eine höchst nützliche Herausforderung.

Der Erfolg dagegen gestattet keine Fehler mehr – und dem Erfolgreichen gestatten die Journalisten kein Privatleben mehr. Am Anfang freut man sich über Publicity, denn sie ist ein Zeichen der Anerkennung, und die Anerkennung führt zu immer besseren Rollen und schließlich zum Gipfel – zum Starruhm, und das bedeutet, daß man nun wählerisch sein, ja sogar Vorschläge und eigene Ideen unterbreiten kann. Daher ist die Publicity auch für den Anfänger von großem Wert, obwohl ihre Wirkung oft nicht die gewünschte ist.

Das war zum Beispiel der Fall bei dem Reklamewirbel über die angebliche Rivalität zwischen Gina Lollobrigida und mir. Soweit ich mich erinnere, tauchte dieses Gerücht erstmals im Jahr 1954 anläßlich einer Reise nach London auf, an der ich mit einer Gruppe italienischer Filmschauspielerinnen teilnahm – wir sollten Reklame für ein italienisches Filmfestival machen. Gina war auch dort, aber wir begegneten einander nicht. Damals konnte ich kaum ein Wort Englisch, daher stimmten in meinem Interview mit der Presse die Fragen und Antworten nicht immer hundertprozentig zueinander. Die scharfsichtige und spitzfindige englische Presse stürzte sich sofort auf das, was sie an meinen „Talenten“ am meisten interessierte: sie wollten meine Maße wissen. Diese Frage verstand ich, ich hörte sie nicht zum ersten Mal: 97–60–97. „Wer hat mehr?“ fragte ein Journalist. „Sie oder Lollo?“ Diese Frage hatte ich aber noch nie gehört. Die restlichen Fragen befaßten sich ebenfalls mit nichts anderem als unseren Maßen.

Ich weiß nicht mehr genau, was ich antwortete, aber jedenfalls nicht das, was am nächsten Tag in der Zeitung zu lesen war. Unter der Schlagzeile „Warum Lollo so wütend auf mich ist“ hatte man – angeblich Wort für Wort – ein Interview abgedruckt, in dem ich feststellte, daß ich zwar einen größeren Brustumfang hätte als Gina, daß das aber noch lange kein Grund dafür sein dürfe, daß sie so wütend auf mich sei.

Natürlich hatte ich so etwas nie gesagt; ich glaube nicht einmal, daß Gina damals überhaupt von meiner Existenz wußte.

Nach meinem Erfolg in „Gold von Neapel“ nahm Carlo mich zum ersten Mal als Schauspielerin ernst. Die „fünf Minuten Wartezeit“ waren um. Er machte einen Film eigens für mich, wenn auch das Projekt, für das er sich entschied, große Ähnlichkeit mit dem berühmten Streifen „Bitterer Reis“ hatte, in dem Silvana Mangano einen so spektakulären Erfolg errungen hatte. Carlos Film – er sollte unter dem Titel „Die Frau vom Fluß“ laufen – würde ebenfalls am Po gedreht werden, der Regisseur, Mario Soldati, galt als einer der besten italienischen Regisseure überhaupt. Alberto Moravia zeichnete als Ko-Autor verantwortlich; nicht weniger als sechs weitere

Autoren schrieben am Drehbuch mit; einer von ihnen war Basilio Franchina, der zu einem meiner engsten Freunde werden sollte.

Es war Carlos eigener Film und keine Koproduktion mit de Laurentiis; dieser Umstand sowie die Tatsache, daß das Drehbuch eine sehr große Gefühlsskala vorschrieb – Höhepunkt ist eine rührselige Szene, wo ich mein Baby ertrunken im Fluß finde –, bedeuteten eine ziemlich große seelische Belastung für mich. „Gold von Neapel" war ein kurzes, leichtgewichtiges Stück gewesen – das hier aber war ein langer, ernster Film, und ich war schrecklich unsicher, ob ich den Anforderungen gewachsen sein würde.

Ich habe schon erwähnt, daß ich mir von den Regenmaschinen in „Gold von Neapel" eine Lungenentzündung holte. Am Abend des letzten Drehtages hatte ich mit de Sica und einigen anderen Kollegen in einem Restaurant das Ende der Dreharbeiten gefeiert. Während des Essens war ich jedoch zusammengebrochen und mußte nach Hause gebracht werden. Ich hatte eine schwere Lungenentzündung mit hohem Fieber und einem schmerzhaften, bellenden Husten.

Als wir „Die Frau vom Fluß" zu drehen begannen, hatte ich die Lungenentzündung glücklich überstanden, aber schon am ersten Drehtag fühlte ich mich derart schlecht, daß ich einen Rückfall befürchtete. In der Nacht hatte ich große Atembeschwerden, der Atem zischte pfeifend aus mir heraus, als würden dreißig Violinen auf einmal gekratzt, und in der Nacht konnte ich nicht schlafen. Nicht einmal hinlegen konnte ich mich, da wurde es noch schlimmer. Mein Arzt war der Ansicht, daß dieser Zustand nicht das geringste mit der überstandenen Lungenentzündung zu tun hätte, sondern daß ich jetzt an Asthma litte. Wie man der Sache beikommen könnte, wie das zu behandeln wäre – da war er allerdings überfragt, aber psychologisch bedingt sei das ganz sicher nicht, behauptete er. Der Film wurde im Juni und Juli in einer der heißesten Gegenden von ganz Italien gedreht, aber ich trug sogar tagsüber zwei warme Pullover, weil ich überzeugt war, daß mit meiner Lunge etwas nicht in Ordnung war.

Jede Nacht, von etwa sieben Uhr abends bis gegen fünf Uhr früh, schoß meine Temperatur in die Höhe, und die Violinen fingen zu sägen an. Die ganze Nacht hindurch spulen sich vor meinem inneren Auge noch einmal die Aufnahmen des vergangenen Tages ab, und ich unterzog jede meiner Gesten und Bewegungen einer minutiösen Analyse. War mein Spiel zu übertrieben gewesen – oder etwas zu unterkühlt? Hätte ich die Liebesszene mit mehr elementarer Leidenschaft spielen sollen? Und so weiter, die ganze Nacht; bestenfalls nickte ich im Sitzen ein wenig ein. Aber am Morgen, sobald ich nur den Fuß ins Atelier gesetzt hatte, hob sich das Asthma von mir wie Morgennebel und löste sich in nichts auf. Allmählich bemerkte Basilio Franchina, der auch der Produzent des Streifens war, meine Unsicherheit in bezug auf die Anforderungen des Drehbuches und meine gesundheitliche Verfassung, und er begann mit mir zu arbeiten. Basilio war ein warmherziger, humorvoller und aufrichtiger Mensch, der mich sofort für sich einnahm. Sein rascher Verstand und seine gewandte Ausdrucksweise beeindruckten mich. Er war geradezu ein Weiser, und ich, die ich so gut wie keine Bildung hatte und fast keine Bücher kannte, hatte intelligente und gebildete Leute immer sehr bewundert.

Ich habe einen beinahe untrüglichen Instinkt, mir stets die richtigen Leute auszusuchen, die mir im Leben weiterhelfen können und denen auch ich helfen und vor allem vertrauen kann. Leider ist die Zahl dieser Menschen nicht sehr groß. Basilio jedenfalls gehört zu ihnen. Während der Dreharbeiten zu „Frau vom Fluß" war er mir eine unbezahlbare Stütze, vor allem dabei, mich auf die große Szene am Fluß vorzubereiten. Diese Szene war der eigentliche Höhepunkt des Streifens, und ich mußte versuchen, ihre wilde Dramatik – Verzweiflung, Schmerz und Trauer – glaubhaft zum Ausdruck zu bringen.

In manchen Nächten saß Carlo bei mir und leistete mir

Gesellschaft, während ich mit meinen Atembeschwerden und dem Asthma zu kämpfen hatte. Wir waren uns inzwischen sehr nahe gekommen, Carlo und ich – waren Vater-Tochter, Mann-Frau, Produzent-Schauspielerin, waren Freunde und Verschworene.

Auf die große Flußszene hatte ich mich so intensiv vorbereitet, daß ich sie trotz der enormen Schwierigkeiten aus einem Guß spielte und danach das erhebende Gefühl einer gelungenen Leistung haben durfte. Am letzten Drehtag geschahen dann noch zwei wichtige Dinge. Erstens waren meine Asthmaanfälle von einem Augenblick zum anderen wie weggeblasen und sind seither nie wieder aufgetreten. Anscheinend waren diese Anfälle psychisch bedingt gewesen und auf die schwere Verantwortung zurückzuführen, die ich mit diesem Film auf meine jungen und noch relativ unerfahrenen Schultern geladen hatte. Mit dem Asthma protestierte mein Innerstes gegen die Belastung, die die Dreharbeiten für mich bedeuteten.

Das zweite war, daß plötzlich Carlo auftauchte, mich beiseitenahm und mir eine kleine Schatulle überreichte. Sie enthielt einen Ring mit einem kleinen Brillanten. Wir hatten nie darüber gesprochen, wie es mit uns weitergehen würde, und nun hatte er es mir, wenn auch ohne Worte, zu verstehen gegeben. Ich entfernte mich wortlos und weinte vor Freude. Er war der einzige Mann, der in meinem Leben bisher eine Rolle gespielt hatte, und nun spürte ich, daß ich mich ihm ganz anvertrauen konnte. Er lebte zwar noch mit seiner Frau und seinen Kindern zusammen, aber meine Gefühle waren zu stark geworden, als daß sie sich von den Moralbegriffen, wie man sie in Pozzuoli verstand – oder irgendwelchen anderen – noch hätten unterdrücken lassen. Ich brauchte Liebe.

Es ist gar nicht so leicht, festzustellen, ob man in einem bestimmten Streifen gut war oder nicht. Film ist nicht dasselbe wie Theater, wo die unmittelbare Reaktion der

Zuschauer sowie die Kritiken am nächsten Tag das Urteil fällen. Auch eine Fernsehinszenierung kann aufgrund der Einschaltziffern und Rezensionen sehr schnell bewertet werden. Aber die einzelnen Szenen eines Films, die „Klappen", die über Wochen, ja Monate hin aufgenommen werden, oft nicht einmal in ihrer richtigen Reihenfolge, geben dem Schauspieler keinen Aufschluß über die Qualität seiner Darstellung. Auch wenn der Film abgedreht ist, hat man als Schauspieler keine Möglichkeit, das Endprodukt wirklich zu beurteilen. Erst Monate später wird der Film der Öffentlichkeit vorgeführt, zu verschiedenen Zeiten in verschiedenen Teilen der Welt, und auch dann dauert es meist noch eine Weile, bis man sich über Erfolg oder Mißerfolg im klaren ist – die letzte Instanz ist immer die Kinokasse. Natürlich erlebt man während des Drehens die unmittelbaren Reaktionen des Regisseurs und des Produzenten, aber auch sie können kein unbefangenes Urteil abgeben, jedenfalls kein besseres als der Schauspieler selbst.

Daher ist der einzige Maßstab für einen Anfänger, ob er seine Sache gut oder schlecht gemacht hat, der Umstand, ob er für einen neuen Film engagiert wird oder nicht, und wenn ja, wieviel Gage er dafür bekommt. Nach diesen Kriterien zu schließen, war ich also jetzt erfolgreich. Ich erhielt mehr Angebote, als ich verkraften konnte, machte einen Film nach dem anderen, beendete den einen am Freitag und begann den nächsten am Montag, als wäre ich am Verhungern. Arbeit bedeutete für mich Sicherheit. Geld war Sicherheit. Eine geräumige, sonnige Wohnung mit einem Balkon, ein Luxusauto, das alles war ebenfalls Sicherheit. Noch schwamm ich keineswegs in Geld, aber der Anfang war gemacht. Später einmal leistete ich mir alle diese luxuriösen Statussymbole, nur um bald darauf zu entdecken, wie sinnlos diese Dinge sind, und mich ihrer wieder zu entledigen. Erfolg, so erkannte ich, liegt irgendwo in einem selber. Erfolg ist Selbstverwirklichung und Lebensfreude. Aber mit neunzehn war ich von soviel Weisheit Lichtjahre entfernt. Ich war eine richtige Konformistin.

Von Natur aus ist Sophia nicht ehrgeizig. Hätte man sie sich selbst überlassen, wäre sie wahrscheinlich heute Lehrerin in Pozzuoli. Den Ehrgeiz steuerte ihre Mutter bei. Aber sobald Sophia einmal etwas in Angriff genommen hat, ist sie paradoxerweise voll und ganz bei der Sache, strebt nach Perfektion, arbeitet so lange und so hart, wie sie nur kann, um Hervorragendes zu leisten. Hätte sie kein Talent zur Schauspielerin gehabt, dann wäre sie wahrscheinlich die beste Lehrerin Pozzuolis geworden, oder die beste Sekretärin der Welt, oder eine Superverkäuferin. Was immer sie tut, tut sie mit völliger Hingabe, mit Fleiß und Konzentration, und diese ihre Charaktereigenschaften hätten sie in jedem Beruf an die Spitze gebracht; sie waren einfach ein Teil von ihr, so wie ihre Augen, ihr Gang, ihr ganzes Wesen.

Unter den vielen Filmen, die ich im Jahr 1955 machte, war auch einer mit dem Titel „Wie schade, daß sie eine Kanaille ist" unter der Regie des großartigen Alessandro Blasetti. Dieser Film brachte mich in Kontakt mit den zwei Männern, die eine so große Rolle in meinem Leben gespielt haben: mit de Sica, diesmal als Schauspieler, und mit Mastroianni, damals ein noch recht wenig bekannter Filmschauspieler. Von der Bühne her hatte er einen guten Ruf, aber seine bisherigen Filme waren nicht besonders erfolgreich gewesen, und in einer Filmkomödie war er bisher noch nie aufgetreten.

Zwischen de Sica, Marcello und mir sprang der Funke sofort über. Wir stammten alle drei aus der Gegend um Neapel – Mastroianni kam aus einer kleinen Stadt, die nur wenige Kilometer von de Sicas Geburtsort entfernt war –, und wir fühlten sofort die verschwörerische Verbundenheit aller Neapolitaner füreinander. Wir hatten den gleichen Sinn für Humor, den gleichen Lebensrhythmus, die gleiche Lebensphilosophie; der gleiche Zynismus lauerte hinter unseren Dialogzeilen und unserem Zusammenspiel. Die Tradition war unser Repertoire. Wir spielten die gemeinsamen Szenen mit einem Flair, einem Feuer, wie ich das noch nie zuvor erlebt hatte. Wir waren freier, dem Leben näher, wir waren imstande, mit unserem Spiel das Leben zu kommentieren. De Sica und ich spielten ein Taschendieb-Pärchen, Vater und Tochter, und Marcello den braven Taxifahrer, der uns beim „Mausen“ erwischt. De Sica kreierte einen Stil, den Marcello und ich sofort übernahmen, und wir drei ergänzten einander nahezu ideal und spielten mit soviel Verve, soviel Subtilität, daß daraus später dann ein Markenzeichen für die vielen Filme werden sollte, die wir drei noch zusammen drehten.

Sobald ein neues Drehbuch fertiggestellt war, standen wir drei erneut vor der Kamera, und zwar in „Eine Frau für schwache Stunden“; darauf folgte „Liebe, Brot und 1000 Küsse“ mit de Sica, hernach „Wie herrlich, eine Frau zu sein“ mit Marcello, nur leider war diesmal nicht de Sica, sondern Charles Boyer mein Partner, und damit fiel unser neapolitanisches Soufflé zusammen. Ich will damit gar nichts gegen Boyers großartiges Talent sagen, aber er war vom neapolitanischen Geist ebenso weit entfernt wie die Champs-Elysées vom Vesuv. Dieser Streifen führte uns jedenfalls eindeutig vor Augen, daß Marcello und ich ohne de Sica wie zwei Seiten eines Dreiecks waren, dem die Basis fehlte.

Ich zeigte Mammina den Ring, den Carlo mir geschenkt hatte, indem ich meine Hand stolz und vor Glück strahlend gegen die Sonne hielt – aber ich wußte, daß sie mit der ganzen Sache nicht einverstanden war. Sie betrachtete Carlo als einen höchst unwillkommenen Eindringling, jetzt, wo wir es endlich geschafft hatten, uns gemütlich einzurichten. Wir hatten eine nette Wohnung mit einer richtigen Küche, so daß wir endlich nicht mehr im geheimen kochen mußten (wie wir das in dem möblierten Zimmer hatten tun müssen – auf einem elektrischen Kocher, den wir im Schreibtisch versteckten, wenn wir ihn nicht brauchten).

„Carlo ist ein verheirateter Mann mit zwei Kindern und außerdem zwanzig Jahre älter als du, du wirst nichts davon haben als Schmerz und Kummer. Willst du das wirklich? Du bist noch ein Kind, hast überhaupt keine Ahnung vom Leben. Ein bißchen herumspielen, das ist leicht. Aber was dann? Was dann?"

„Aber ich liebe ihn, Mammina. Er ist intelligent, und er ist mir wirklich sehr zugetan. Er ist Jurist – wußtest du das?"

„Was hast du von einem Rechtsanwalt – eine Hebamme wirst du brauchen! Glaubst du, ich weiß nicht, wovon ich rede? Jetzt sofort mußt du aufhören damit, jetzt – bevor es richtig anfängt, bevor es wirklich ernst wird."

„Mammina, es hat schon angefangen, und es ist auch wirklich ernst, aber mach' dir keine Sorgen, ich kann schon auf mich aufpassen."

„Hat er mit seiner Frau gesprochen – will er sich von ihr trennen?"

„Nein."

„Du bist verrückt. Er wird sich nie von seiner Frau trennen. Denk an meine Worte! Warte nur schön brav auf ihn, bis du eine alte Jungfer bist!"

„Nein, Mammina, das glaube ich nicht. Ich liebe ihn, aber ich liebe auch mich selbst."

Carlo dachte jetzt die ganze Zeit an meine Karriere und an die Zukunft. Er sagte, ich dürfe mich nicht nur auf italienische Filme beschränken. Ich müßte unbedingt Englisch lernen, um auch in internationalen Filmen spielen zu können und später einmal nach Hollywood zu gehen.

Außerdem gab er mir eine Liste von Büchern, die ich lesen sollte, das heißt, er stellte eine Liste zusammen und ließ sie bei mir liegen, denn es war nicht seine Art, etwas zu verlangen; er wollte mir nur einen Vorschlag machen.

Carlo Ponti

Ich zerbrach mir den Kopf darüber, wie ich Sophia zu ihrer ersten Rolle in einem englischsprachigen Film verhelfen könnte, als mir ein Agent den Vorschlag machte, ihr die weibliche Hauptrolle in „Stolz und Leidenschaft" verschaffen zu wollen. Es würde wohl nicht einfach sein, denn Ava Gardner war eigentlich für diese Rolle im Gespräch, und Cary Grant als Hauptdarsteller hatte das Recht, bei der Wahl seiner Partnerin mitzureden. Aber zu meiner Überraschung tauchte dann plötzlich Stanley Kramer bei mir auf und bot mir die Rolle für Sophia an – für 200.000 Dollar, und keinen Cent mehr, sagte er. So leicht ist mir noch nie in meinem Leben eine Entscheidung gefallen.

Ich kann mich nicht mehr erinnern, wie Sarah Spain in mein Leben trat. Sie war ein linguistischer Engel, ein Engel mit einem süßen irischen Gesicht, der mich mit Zuckerbrot und Peitsche dazu zwang, Englisch zu lernen. Jeden Morgen begleitete mich Sarah ins Atelier, wo wir „Wie herrlich, eine Frau zu sein" drehten, und dann studierten wir zwei Stunden lang Englisch, bevor mit der Schminkerei begonnen wurde. Den ganzen Tag wich sie nicht von meiner Seite, doch ließ sie mich nicht wie einen Papagei alles nachplappern, sondern lehrte mich Grammatik und ein gewisses Verständnis für die Sprache. In der Schule hatte ich ein wenig Französisch gelernt, aber kein Wort Englisch. Glücklicherweise stellte sich heraus, daß ich ein gutes Ohr für Sprachen hatte; das erleichterte die Sache, aber Carlo ging für meine Begriffe doch etwas zu schnell vor. Während ich noch krampfhaft versuchte, Sätze wie „Please pass the butter" oder „November is a month for overcoats" so auszusprechen, daß sie mehr nach Englisch klangen als nach gebrochenem Italienisch, kam Carlo und teilte mir mit, er hätte mit dem amerikanischen Produzenten und Regisseur Stanley Kramer bereits einen Vertrag für mich abgeschlossen, und zwar für die weibliche Hauptrolle in dem Film „Stolz und Leidenschaft"; die Dreharbeiten in Spanien sollten demnächst beginnen. Als ich hörte, wer meine Partner waren, fiel ich fast in Ohnmacht: Cary Grant und Frank Sinatra.

Ich, die kleine Sofia Scicolone, sollte neben den zwei romantischen Helden meiner Träume spielen, in einem englischsprachigen Riesenschinken mit einem Millionenbudget, während – und so sah die Wirklichkeit aus – hier neben mir Sarah Spain saß und schimpfte und immer wieder darauf hinwies, daß mein Englisch nicht einmal von den wohlwollendsten Italienern in Mulberry Street verstanden werden könnte.

Nun arbeitete ich noch härter. Sarah ließ mich T. S. Eliot und Bernard Shaw laut lesen, wodurch sich meine Aussprache allmählich besserte. Und auch aus den Büchern, die Carlo und Basilio mir empfohlen hatten, lernte ich eine ganze Menge. Damals las ich noch die meisten englischen Bücher auf italienisch, später aber, als mir die englische Sprache geläufiger und vertrauter wurde, begann ich sie allmählich im Original zu lesen. Wie ich schon sagte – mit Literatur hatte ich mich bisher überhaupt noch nie beschäftigt. In der Schule hatten uns die Klosterschwestern nur „pädagogisch wertvolle" Bücher erlaubt, die von den kirchlichen Stellen empfohlen worden waren; und nach dem Abgang von der Schule hatte ich weder Zeit noch auch Interesse, irgend etwas zu lesen.

Ich begann nun die literarischen Schätze zu entdecken, Tschechow und Tolstoi, Baudelaire und Stendhal, Shaw und Dickens, führte ein Notizbuch, in das ich mir Sätze, die mir besonderen Eindruck machten, notierte, Bemerkungen, die mir tiefere Einsicht in das Leben und in das Wesen der Menschen verschafften. Ich habe nie aufgehört, Eintragungen in dieses Notizbuch zu machen, das auch jetzt in diesem Augenblick hier vor mir liegt. Leider schrieb ich nur selten den Namen des Autors dazu, sondern immer nur das Zitat. Da steht zum Beispiel: „Selbstrechtfertigung haben meist jene

Menschen nötig, die ein schlechtes Gewissen haben oder die ihre Mißerfolge im Leben philosophisch begründen wollen." Oder: „Ihre schlechten Gedanken leuchteten um ihren Kopf wie ein schwarzer Heiligenschein." Oder: „Die schönste, die wichtigste, die am meisten benötigte Frau im Leben eines Mannes ist die Wissenschaft – sie war immer die höchste Manifestation der Liebe und wird es immer sein, und nur mit ihr und durch sie allein wird der Mensch die Natur und sich selbst besiegen."

Solche Sätze öffneten mir den Zugang zu einer Gedankenwelt, die neu und höchst aufregend für mich war. Und das Bildnis der Mona Lisa konnte ich nie wieder ansehen, ohne zu lachen, nachdem ich einmal gelesen hatte: „Ach ja, die Mona Lisa, mit diesem Lächeln im Gesicht! Mir kommt es immer vor wie das Lächeln einer Frau, die soeben ihren eigenen Ehemann zum Frühstück verspeist hat."

Es war eine aufregende Zeit für mich. Ich lernte alles zugleich: Englisch, Bücher lesen, Auftreten und Benehmen einer Filmschauspielerin – und mit einem Mann umgehen. Die Vorstellung, daß ich jetzt bald mit zwei der berühmtesten Stars aus Hollywood in einem Millionen-Dollar-Projekt gemeinsam vor der Kamera stehen würde, erfüllte mich jedoch mit Furcht und Schrecken. Ich rechnete beinahe mit dem Wiederauftauchen meines alten Feindes, des Asthmas.

Was ich damals allerdings nicht wußte, war, daß Carlo und Kramer noch etliche Hindernisse zu überwinden hatten, bevor ich zu dem Team stoßen konnte. Zunächst einmal wollte die Produktionsgesellschaft, die United Artists, einen Star für die Rolle, nicht mich; zweitens hatte Cary Grant, dem das Mitspracherecht bei der Auswahl seiner Partnerin vertraglich zugesichert war, offenbar nicht das geringste Interesse daran, neben einem unbekannten italienischen Mädchen zu spielen, das noch naß hinter den Ohren war. Die United Artists bemühte sich sehr, doch noch Ava Gardner zu engagieren, aber diese war schon bei einem anderen Film unter Vertrag, und mit den anderen Stars, an die sie herantrat, erging es ihr genauso. Kramer jedoch hatte den Film „Die Frau vom Fluß" gesehen und bestand darauf, daß die United Artists mich akzeptierte. Endlich gab die Gesellschaft nach. Soweit ich mich erinnere, sträubte sich Cary Grant noch immer.

Um den Beginn der Dreharbeiten würdig zu feiern, gab Stanley Kramer einen großartigen Empfang, und hier begegneten Cary und ich einander zum ersten Mal. Ich kann mich nicht erinnern, jemals vorher in meinem Leben solches Lampenfieber gehabt zu haben wie vor dieser Begegnung. Mindestens ein halbes Dutzend Kleider probierte ich durch. Ich wußte natürlich, daß man ausschließlich englisch sprechen würde – und trotz Sarahs heroischen Anstrengungen war ich noch weit davon entfernt, mich in dieser Sprache fließend ausdrücken zu können. Der Gedanke, daß ich jetzt Cary Grant gegenübertreten und sein Urteil über mich empfangen sollte – Cary Grant! der schon mit fast allen berühmten Filmschauspielerinnen der Welt vor der Kamera gestanden hatte – dieser Gedanke lähmte mich einfach.

Eine Cocktailparty im amerikanischen Stil hatte ich noch nie erlebt. Italienische Produzenten luden manchmal – gar nicht oft – zu einer kleinen Party ein, aber das war überhaupt nichts im Vergleich zu dieser gigantischen Angelegenheit, die hier für „Stolz und Leidenschaft" aufgezogen wurde, mit Dutzenden von Reportern und Fotografen, die eigens für diesen Anlaß nach Spanien eingeflogen worden waren. Ich erinnere mich, dem amerikanischen Kolumnisten Leonard Lyons vorgestellt worden zu sein, dann Joe Hyams, dem amerikanischen Schriftsteller, und Donald Zec, einem Journalisten aus London. Ihre Fragen konnte ich wenigstens zum Teil verstehen, aber es fiel mir schwer, in halbwegs verständlichem Englisch zu antworten, und es gab niemanden, der für mich aus dem Italienischen hätte übersetzen können.

Cary Grant erschien spät, Sinatra sogar noch später. Als Stanley Kramer Cary und mich miteinander bekannt machte, witzelte Cary mit meinem Namen herum. „Freut mich, Sie kennenzulernen, Miss Lolloloren, oder Lorenigida? Ach, ihr italienischen Schauspielerinnen, ich kann mir eure Namen einfach nicht merken!" Er sprühte vor Charme und war in Art und Aussehen noch viel hinreißender als im Film. Ich fühlte mich vom ersten Augenblick an wohl in seiner Gegenwart, und nach ein paar Minuten lebhafter Unterhaltung sah ich am Ausdruck seiner Augen, daß ich die Prüfung bestanden hatte.

Während wir uns unterhielten, erschien auch Sinatra, und Kramer brachte ihn zu uns. Da stand ich nun, Cary Grant an der einen Seite, Frank Sinatra an der anderen, und sagte innerlich zu mir selber: Nein, das gibt es nicht, das kann nicht sein. How do you do, Frank Sinatra – aber das geschieht nicht mir, hier steht eine andere, ich träume nur und sehe meinem Traum zu. Und wie schon so oft betrachtete ich mich wieder einmal von außen, meine Nase an die Fensterscheiben gepreßt.

„Stolz und Leidenschaft" wurde eine lange, strapaziöse Angelegenheit. Immer wieder gab es neue Probleme und Verzögerungen. Mehr als sechs Monate lang lebten wir in einem vergessenen, weltabgeschiedenen Winkel von Spanien, das Super-Star-Image von Grant und Sinatra blätterte allmählich ab, und ich lernte sie recht gut kennen, besonders Cary. Wir verstanden uns vom ersten Augenblick an und verbrachten bald jede freie Minute miteinander. Cary war ein großartiger Gesellschafter! Ich war fasziniert von seiner Herzlichkeit, seiner Intelligenz, seinem großartigen trockenen Humor. Ich hatte noch nie einen Mann getroffen, der Cary wesensmäßig auch nur entfernt ähnelte, und in seinen Augen wiederum war ich vor allem ein Kind Neapels.

Anfangs verhielt er sich mir gegenüber noch recht reserviert, und wenn unsere Gespräche manchmal ernstere, vielleicht sogar traurige Themen berührten oder wir über uns selbst sprachen, dann versuchte er meist mit einem Witz die Sache zu überspielen, weil er unter keinen Umständen zeigen wollte, daß ihm etwas naheging. Bald aber vertraute er mir immer mehr und öffnete mir sein Herz, redete mit mir über die Zweifel, die ihn manchmal packten. Diese Bekenntnisse fielen ihm schwer, waren aber notwendig für ihn. Es beunruhigte ihn zutiefst, daß er in seinem ganzen Leben noch nie eine wirklich dauerhafte Beziehung gehabt hatte. Er erzählte mir von seiner Jugend in London, von den Schwierigkeiten, mit denen er zu kämpfen gehabt hatte, von den drei Frauen, mit denen er verheiratet gewesen war – doch sobald er nahe daran war, sein Innerstes zu öffnen, verbarg er sich ganz schnell wieder hinter der Maske des Witzes.

Anfangs verwirrte mich seine Art, sozusagen ständig von einem Fuß auf den anderen zu hüpfen, aber als ich ihn besser kennenlernte, begann ich zu begreifen, daß sein Wunsch, offen und ehrlich zu sein und sich anderseits nicht verletzen zu lassen, ihn in einen ständigen inneren Konflikt warf. Natürlich konnte er nicht beides zugleich haben. Aber als wir uns allmählich näherkamen und sein Vertrauen zu mir wuchs, erkannte er, daß Vertrauen und Verletzlichkeit immer Hand in Hand gehen; und schließlich vergaß er, seine Maske aufzusetzen.

Er erzählte mir von seiner Jugend, ich erzählte ihm von meiner, und die Ähnlichkeit unserer Erfahrungen war ein weiteres Band zwischen uns. Wir sahen einander jeden Abend. Wir aßen in romantischen kleinen Restaurants auf felsigen Berggipfeln, und zur Musik von Flamenco-Gitarren tranken wir den guten spanischen Wein, lachten und waren ernst, machten einander Bekenntnisse und planten kleine Verschwörungen.

Und wir verliebten uns.

Aber ich liebte natürlich auch Carlo. Offenbar konnte man das, zwei Männer zugleich lieben. Es war alles äußerst verwirrend. Carlos Absichten blieben weiterhin im Dunkeln. Er war so felsenfest verheiratet wie eh und je, und es gab keine Anzeichen dafür, daß er meinetwegen seine Frau und seine Kinder verlassen wollte. Mamminas warnende Worte klangen mir im Ohr: Warte nur auf ihn, und du wirst als alte Jungfer enden. Anderseits hatte ich Verständnis für Carlo. Es war schließlich nicht leicht für einen Mann, seine Familie aufzugeben, besonders wenn die Kinder noch klein waren. Aber dieses Verständnis kam aus meinem Kopf, nicht aus meinem Herzen. Mein Herz wollte nur eines: daß er alles für mich aufgab. Ich wollte keine heimliche Geliebte sein, ich wollte überhaupt keine Geliebte sein, mein ganzes Wesen lehnte sich gegen diese Rolle auf. Ich wollte endlich die Legitimität, die ich meine ganze Kindheit hindurch so schmerzlich vermißt hatte.

Und da war Cary Grant, bereit, alles für mich aufzugeben. Er wollte mich haben, und zwar bedingungslos und frei von irgendwelchen Bindungen.

Obwohl alle meine Gedanken um Cary kreisten, brachte ich es dennoch fertig, Zeit für die Vorbereitungsarbeiten aufzubringen. Gottlob hatte ich nicht sehr viele Dialogstellen zu lernen und außerdem das Glück, in Stanley Kramers Frau Anne einen wahren Engel an meiner Seite zu haben. Sie half mir, wo sie nur konnte, war klug, hilfsbereit und rücksichtsvoll. Jeden Tag nach den Dreharbeiten ging sie mit mir ins Hotel und half mir, meinen Text für den nächsten Tag vorzubereiten. Sie gab mir ein Buch mit Gedichten von T. S. Eliot, die ich ihr laut vorlesen mußte, und sie verbesserte meine Aussprache. Anne half mir einfach bei allem. Am liebsten hätte ich auch die Probleme meines Liebeslebens mit ihr besprochen, doch letzten Endes hielt mich meine Schüchternheit davon ab, meine innersten Gefühle vor ihr auszubreiten. So lag ich Nacht für Nacht wach im Bett und versuchte mir über meine Probleme klarzuwerden. Aber da ich nun einmal jung und temperamentvoll war, konnten mich all diese Konflikte und persönlichen Schwierigkeiten nicht davon abhalten, die Arbeit an diesem Film mit jeder Faser meines Wesens zu genießen.

Auch mit Frank kam ich gut zurecht. Es war natürlich ein glücklicher Umstand, daß wir beide Italiener waren, aber Frank kann nicht Italienisch (oder tut wenigstens so), höchstens ein paar Worte, wie etwa *pasta fagiuoli.* Ich habe von ihm sehr viel über Musik gelernt, ständig lief bei ihm der Plattenspieler, aber zu meiner Überraschung spielte er ausschließlich klassische Musik, Verdi, Vivaldi, Respighi, allerdings keine Opern, sondern nur Konzertmusik. Einmal fragte ich ihn, wen er für den größten amerikanischen Jazzmusiker hielte, und er antwortete, ohne zu zögern: „Ella Fitzgerald." Als ich bekennen mußte, diesen Namen noch nie gehört zu haben, war er sehr überrascht.

Am nächsten Tag spielte er mir ein paar Fitzgerald-Platten vor. „Ella Fitzgerald ist das Größte, was deine Ohren in deinem Leben zu hören bekommen werden", meinte er und legte die erste Platte auf. Und dann schwärmte er mir von ihrem Stil vor, ihrer Phrasierung, ihrer Ausdrucksbreite.

An manchen Tagen, wenn er gut aufgelegt war, erzählte Frank uns die unterhaltsamsten Geschichten aus seinem Leben, über die politischen Aktivitäten seiner Mutter, von den Heldentaten seines Vaters. Ich erinnere mich an eine amüsante Geschichte über seinen Vater, der, glaube ich, in Hoboken, New Jersey, eine Bar besaß und einen Kunden hatte, der ein unverbesserlicher Zechpreller war. Sein Vater versuchte ihn mit allen möglichen Mitteln dazu zu bringen, doch endlich die Rechnung zu bezahlen, die inzwischen eine recht beträchtliche Höhe erreicht hatte. Eines Abends kam der Mann wieder in die Bar und führte ein Pferd mit sich herein. Er erklärte meinem Vater, er habe leider nicht genug Geld, um die Rechnung bar zu bezahlen, aber er würde gern das Pferd in Zahlung geben. „Mein Vater bekam eine derartige Wut auf den Kerl", erzählte Frank, „daß er sein Schießeisen zog und das Pferd erschoß. Doch dann brachte er es nicht aus der Bar hinaus. Habt ihr schon einmal versucht, ein totes Pferd loszuwerden? Da stand also mein alter Herr mit dem toten Pferd, das er selber erschossen hatte, und konnte es nicht aus der Bar hinauskriegen."

Eines Tages tauchte ein amerikanischer Reporter bei uns auf und wollte eine Story über den Film machen; dabei fragte er Frank, wie er die Neue beschreiben würde, die da mitspiele. „Sophia?“ fragte Frank. „She's the mostest“* – eines der nettesten Komplimente, die ich jemals bekommen habe.

In jenen wunderschönen Tagen in Spanien, da Cary und ich uns persönlich so nahe kamen, war er mein Lehrer, öffnete mir den Blick für vieles, und vor allem beobachtete ich seine Einstellung zum Leben und lernte manches dabei. Bisher hatte nur Carlo diesen Einfluß auf mich gehabt.

Als wir eines Tages beim Mittagessen saßen, wagte sich ein Kellner an Cary heran, der gerade in eine Unterhaltung mit mir vertieft war, und bat schüchtern um ein Autogramm. „Lassen Sie mich in Ruhe“, brummte Cary unwillig und scheuchte ihn weg, worauf der Ärmste sich hastig zurückzog.

Ich sagte: „Mach das nicht, Cary, sieh nur, wie er sich kränkt.“

Cary sah sich den Mann noch einmal an, rief ihn zurück, entschuldigte sich und gab ihm das gewünschte Autogramm. „Wie gut du bist“, sagte er zu mir, nachdem der Kellner selig davongeeilt war. „Der Kellner hat dir richtig leid getan, wie? Ich wollte ihn ja nicht kränken, ich wollte nur in Ruhe mit dir reden . . .“

„Aber dein Autogramm bedeutet diesem Kellner doch sehr viel“, sagte ich. „Ich verstehe schon, daß es lästig für dich sein muß, dauernd von den Leuten belagert zu werden, aber du kannst dir doch sicher vorstellen, wie schrecklich das ist, wenn sich jemand nach langem Zittern endlich den Mut nimmt, dich anzureden, und du ihn dann wegschickst. Für diese Leute bist du doch ein Held.“

Anscheinend war meine Einstellung etwas völlig Neues für Cary, denn er meinte, von dieser Seite habe er die Sache noch nie betrachtet. Ich weiß nicht, ob er sich die Einsicht ein für allemal zu Herzen nahm, aber wenn ich mit ihm zusammen

* Unübersetzbares Wortspiel. Etwa: „Sie ist die Allerallste.“ (Anm. d. Übers.)

war, gab er von da an jedenfalls immer Autogramme. Er machte natürlich wieder seine Witze darüber, das war einfach seine Art, aber jedenfalls hatte ich ihm, so jung ich war, doch eine kleine Lektion in Menschlichkeit erteilen können.

An diesem Abend speisten wir in einem kleinen Restaurant auf einem Hügel außerhalb von Avila. Es war schon spät, wir waren die einzigen Gäste, aber die Kellner schienen nichts dagegen zu haben, daß wir noch blieben. Durch das Fenster schien ein orangefarbener Mond, und von irgendwo tief unten im Tal klang die Stimme eines Sängers zu uns herauf.

Cary redete vom Heiraten. Mit jedem Tag, sagte er, sei er sich sicherer, daß wir beide zusammengehörten, daß er in mir endlich den Menschen gefunden habe, mit dem er wirklich ein Herz und eine Seele wäre, dem er endlich rückhaltlos vertrauen könnte, ohne ständig Angst haben zu müssen, verletzt zu werden.

Ich zweifelte keine Sekunde daran, daß Cary mich so liebte, wie ich nur jemals hoffen konnte, von einem Mann geliebt zu werden. Aber ich konnte darauf einfach keine Antwort geben. Wie sollte ich ihm meine paradoxe Situation erklären? Den Konflikt zwischen seinem Bild und Carlos Bild in meinem Herzen? Ich sagte ihm, daß ich jetzt noch nicht antworten könne, daß ich Zeit brauchte, daß ich in meinen Alltag und meine vertraute Umgebung zurückkehren müsse, um dort, fern vom Zauber dieser spanischen Nächte, erst wieder einmal zu mir selbst zu finden.

Außerdem war ich bereits für den nächsten Film unter Vertrag, „Der Knabe auf dem Delphin", der in Griechenland gedreht werden sollte, und auf Cary wartete eine Filmverpflichtung in Los Angeles.

Das Ende unserer Dreharbeiten in Spanien kam etwas abrupt. Sinatra riß plötzlich die Geduld, er packte und flog – aus persönlichen Gründen – nach Hollywood zurück, ohne seine letzten Szenen abzudrehen, so daß der Film, als wir schließlich alle abreisten, eigentlich gar nicht fertig war.

Am letzten Abend gingen Cary und ich noch einmal essen.

Am nächsten Tag sollte zwar eine Abschiedsparty stattfinden, aber ich hatte schon einen frühen Flug für den Morgen gebucht. Das waren also unsere letzten gemeinsamen Stunden.

Wir hatten dabei viel gelacht und uns gut unterhalten, aber beim Kaffee wurde Cary plötzlich ernst. „Sophia", fragte Cary, „was wird jetzt mit uns beiden geschehen?"

„Ich weiß es nicht, Cary, ich weiß es wirklich nicht. Mein Gott, warum bin ich nur so durcheinander. Aber an einem Tag zieht es mich dahin und am anderen dorthin. Ich weiß wirklich nicht, was mit uns geschehen wird."

„Warum heiraten wir nicht einfach und versuchen diese Probleme nachher zu lösen?" fragte Cary mit gespieltem Ernst – und ich war ihm dankbar dafür, daß er mit dieser spöttischen Bemerkung die Spannung löste und die Verwicklung unserer Seelen mit einem Scherz überspielte.

Auf der Flugreise von Spanien nach Griechenland las ich Tolstoi auf italienisch und stieß dabei auf folgenden Satz:

„Ich betrete eine Schule und sehe eine Gruppe Kinder, schmutzig, mit zerrissenen Kleidern und verschreckten Gesichtern, aber klaren Augen und einem engelhaft reinen Blick. Da überfällt mich eisiges Entsetzen, so, als sähe ich Menschen, die schon am Ertrinken sind."

Die Wirkung dieser Worte auf mich ist unbeschreiblich. Ich schlage das Buch zu und sehe aus dem Fenster, es ist, als würde ich aus einem Alptraum erwachen. Ich fühle Tolstois Entsetzen in mir nachklingen. Die Sätze haben anscheinend irgendeinen fundamentalen Nerv in mir getroffen.

Bei dem Film, den ich in Griechenland drehen soll, werde ich wieder unter Wasser schwimmen müssen. Eine latente Angst vor dem Ertrinken etwa? Nein, das wäre zu wörtlich. Die Kinder? Ja, vielleicht – abgerissen, schmutzig und verschreckt, und dennoch engelhaft – Sofia Scicolone? Aber warum fühle ich Tolstois Entsetzen? Warum überhaupt Entsetzen?

Das Bild verfolgt mich noch tagelang. Ich bin offenbar eine Hexe, und Visionen wie diese berühren alle meine Sinne.

10. Kapitel

Nach der zauberhaften Begegnung mit Cary Grant und der, wie sich dann herausstellte, bei weitem weniger zauberhaften mit Alan Ladd in „Der Knabe auf dem Delphin“ sah ich der Filmarbeit mit John Wayne mit gemischten Gefühlen entgegen. Mein Reiseziel war das Oasendorf Ghadames in der Sahara, nicht weit von Timbuktu, an der Grenze zwischen Tunis und Libyen. Abgeschieden, primitiv, völlig isoliert, sengend heiß bei Tag, eiskalt in der Nacht. Der Film: „Legend of the Lost“ (Die Stadt der Verlorenen).

Mit großer Erleichterung stellte ich bald fest, daß John Wayne genau seinem Image entsprach: autoritär, kurz angebunden, aber doch höflich, und durch und durch ein Profi. Er war immer auf die Minute pünktlich, konnte perfekt seinen Text und wußte richtig zu agieren; er arbeitete den ganzen Tag sehr konzentriert ohne eine Minute Pause und ging ebenso pünktlich auf die Minute nach Hause. Es konnte keinen Zweifel daran geben, daß er das Heft in der Hand hatte, daß er der Kapitän auf der Kommandobrücke war. Er brauchte seine Autorität gar nicht besonders herauszukehren, denn es hörte sowieso alles auf ihn, auch der Regisseur Henry Hathaway. Aber Wayne mißbrauchte seine Stellung nie. Zu mir war er höflich und freundlich, aber distanziert. Er schien für niemanden eine besondere Zuneigung zu haben, sondern behandelte alle gleich und nützte seine Autorität nie aus, um übertriebene Forderungen zu stellen. Alle hatten größten Respekt vor ihm, und man strengte sich wirklich an, seine

Verhinderter Star und zukünftiger Star: Sofia Scicolone im Alter von drei Jahren mit ihrer Mutter, die nur wenige Jahre vorher beim Greta-Garbo-Ähnlichkeitswettbewerb gewonnen hatte, aber nicht nach Hollywood durfte, weil ihre Mutter es verbot.

Das Kommunionsbild: Nur die großen Augen wissen schon jetzt zu verzaubern.

„Zahnstocher" mit 11, „Zahnstocher" mit 13: Sofia „Stuzzicadente" (Zahnstocher) riefen die Kinder von Pozzuoli hinter der 11jährigen (links) her. Aber mit 13 (rechts) hatte sie auch noch nicht viel mehr Speck angesetzt.

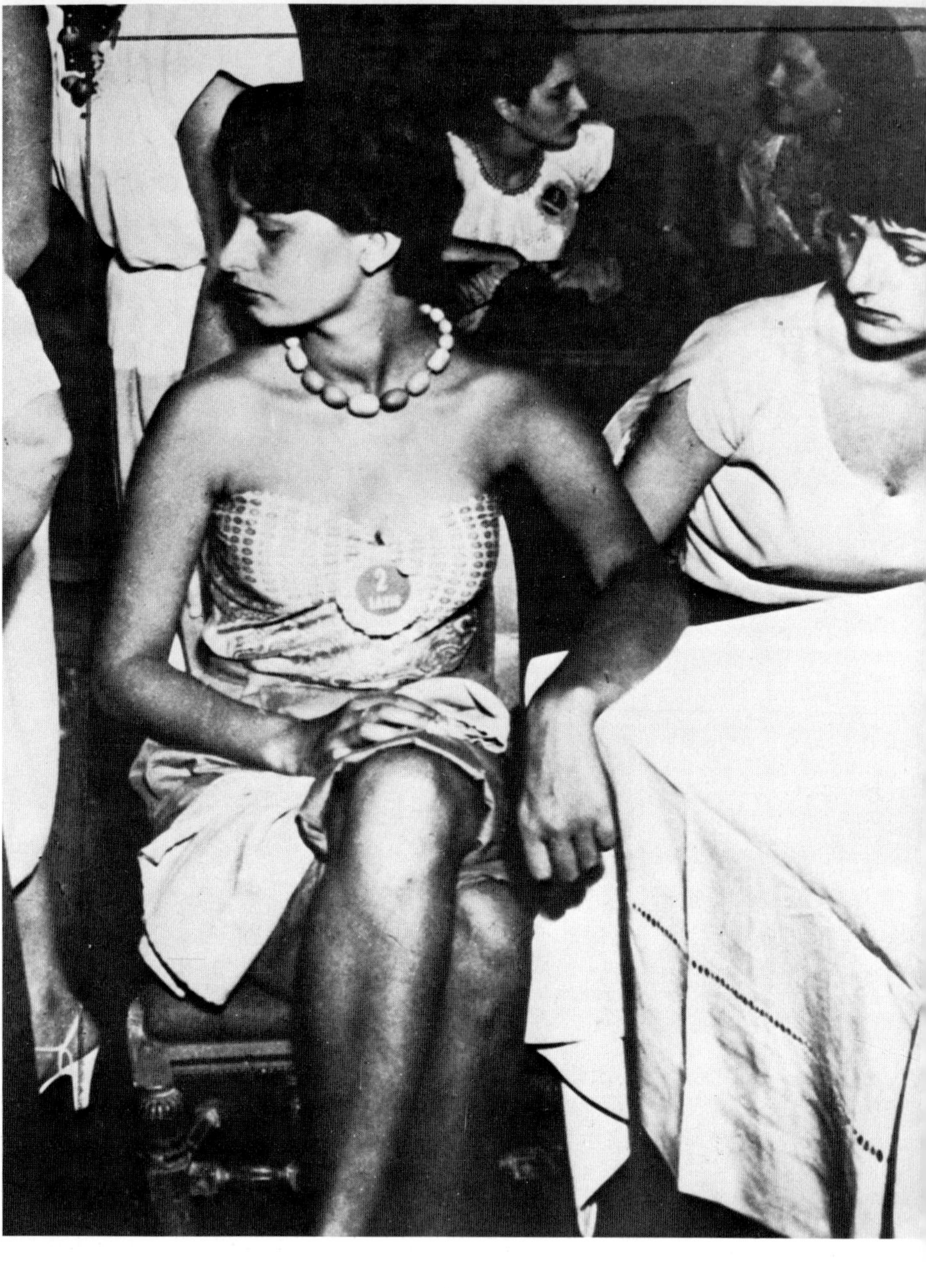

Mit 14 zur Schönheits-Preisträgerin erblüht: Sie gewann zwar nicht den 1. Preis, aber unter anderem eine Fahrkarte nach Rom.

Die ersten Schritte: Als Statistin in Cinecittá (links), als „Star" der „Fumetti"-Bildergeschichten und gelegentlich als Vorführmodell (rechts) hielt sie sich in Rom über Wasser.

Oben ohne: Als Statistin mußte sie noch etwas mehr herzeigen. Natürlich nur für die französische Version des Films; in der italienischen blieb Sophias Busen verhüllt.

An Selbstsicherheit fehlte es ihr nicht, wie das Publicity-Foto zeigt, jedoch nach wie vor an richtigen Filmrollen.

Der Durchbruch: Mit Mutter und Schwester lebte sie in Rom (links oben) und klapperte täglich alle Agenturen ab. Nachdem sie aber in „Eine Frau für schwache Stunden“ mit de Sica vor der Kamera gestanden hatte (oben), war der Weg zur Karriere frei – und eines der erfolgreichsten Paare des italienischen Films gefunden. Danach konnte Sophia auch mit Berühmtheiten posieren – wie auf dem Bild links unten mit Yvonne de Carlo (Mitte) und Gina Lollobrigida (rechts). Es war übrigens Sophias einziges Zusammentreffen mit Gina Lollobrigida; dabei führte die Presse noch lange einen immer wieder künstlich angeheizten Streit um die Größe von beider Busen.

Berühmte Partner: Im Kino von Pozzuoli hatte die kleine Sofia Scicolone die großen Hollywood-Stars bewundert, jetzt stand sie mit ihnen auf der Besetzungsliste – John Wayne (links oben), Frank Sinatra (links unten), Clark Gable (oben).

Nach Drehschluß: Schwester Maria und Rachele Mussolini gratulieren nach Beendigung der Dreharbeiten zu „Boccaccio '70". Die Witwe von Diktator Benito Mussolini sollte später Marias Schwiegermutter werden.

Der Oscar: „Und dennoch leben sie“ wird ein triumphaler Erfolg. Regisseur de Sica gratuliert zum Oscar, während Gatte Carlo Ponti bereits die Flasche Dom Pérignon öffnet.

Ständig schwanger nur im Film: Adelina (in „Gestern, heute, morgen“) wird einfach immer dann schwanger, wenn sie ihre Gefängnisstrafe antreten soll. Sophia mußte lange vergeblich auf die Mutterschaft warten.
Linke Seite: Die Ausdruckspalette wird größer: „Prinzessin Olympia“ (oben), „Madame sans gêne“ (rechts oben), Mutter (rechts unten, in „Und dennoch leben sie“).

„Die Frau des Priesters": Wie in ihrem Leben so machte auch im Film die katholische Kirche ihr den Partner (im Film war es Mastroianni) streitig.

Strip-tease: Nur einmal – in „Gestern, heute, morgen" – zog sich Sophia mit Grazie vor der Kamera aus.

Highlights: „Hochzeit auf italienisch“ mit Mastroianni (links oben), die Zusammenarbeit mit Charlie Chaplin, der „Die Gräfin von Hongkong“ inszenierte (links unten), und ihre Rolle in „Die Sünde“ (oben) waren Höhepunkte in ihrer Karriere.

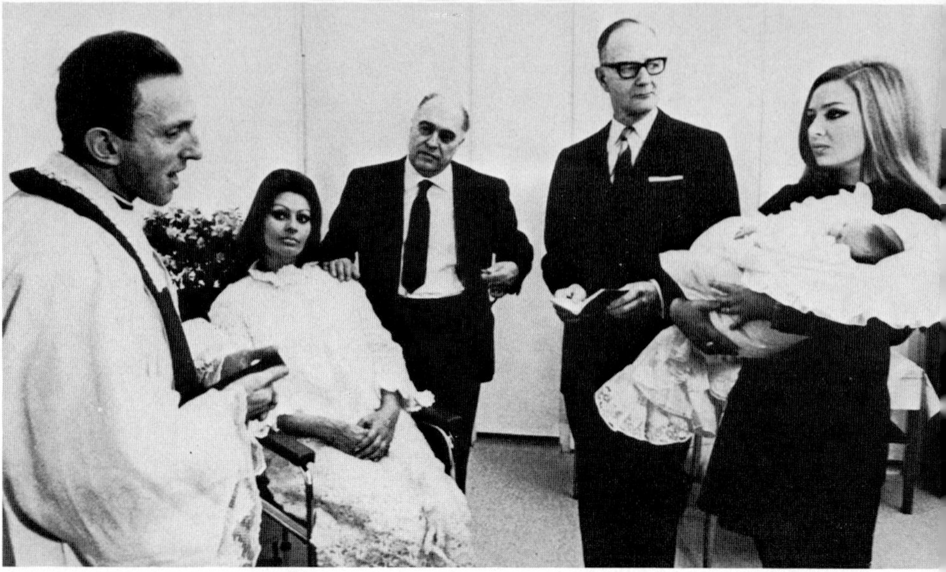

Familiengeschichten: Der Erstgeborene wird getauft. Anwesend waren der Priester, die glückliche Mutter, der ebenso glückliche Vater, der stolze Arzt Dr. de Watteville und Schwester Maria als Taufpatin. Ort der Zeremonie: Sophias Zimmer in Dr. Wattevilles Klinik. – Bild unten zeigt Sophias Mutter mit Vater Scicolone vereint, der gerne Sophias Finanzen verwaltet hätte, als genug zum Verwalten da war. Doch Carlo Ponti hatte längst dieses Geschäft übernommen.

Die Heimat: Bis heute hoffen Carlo und Sophia, dereinst in ihre Villa nahe bei Rom zurückkehren zu können.

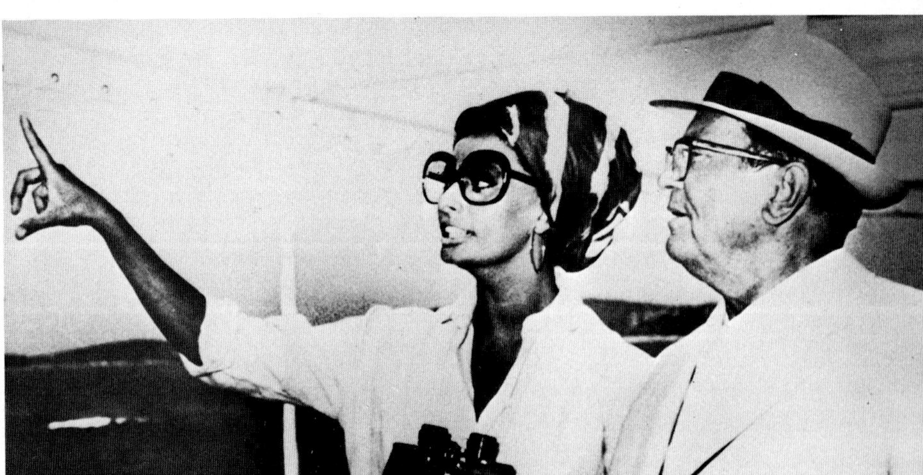

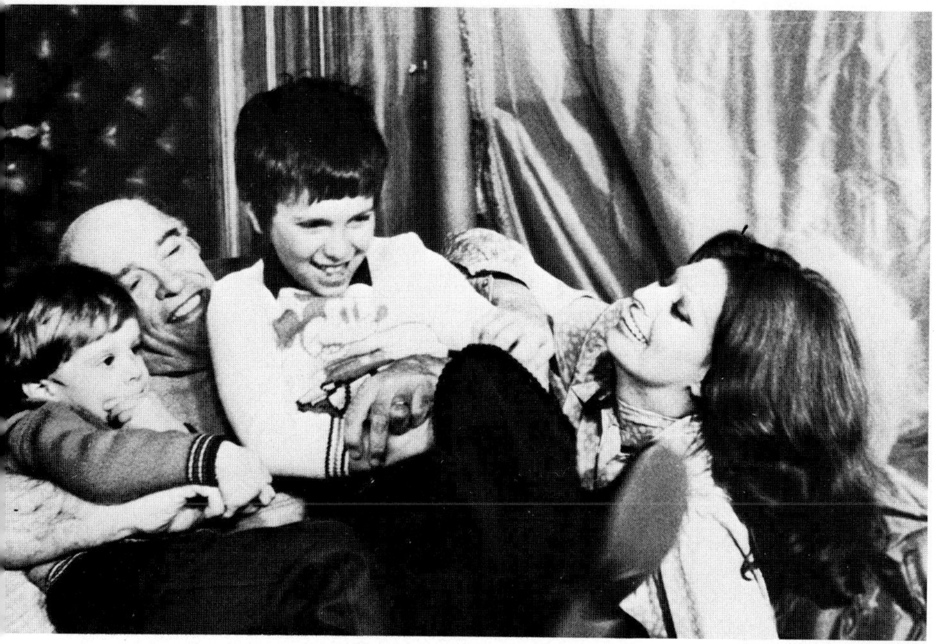

Gekrönte und ungekrönte Häupter: Präsentation vor Königin Elisabeth von England, zusammen mit William Holden und Jack Hawkins (links oben) und König Baudouin von Belgien (links). Mit Tito von Jugoslawien ging's wesentlich legerer zu (links unten), und am legersten natürlich mit Gatten Carlo und den beiden Söhnen, die die wahren gekrönten Häupter in Sophias Leben sind.

Zusammengehörigkeit: Was sie einander bedeuten, könnte kein Bild besser zeigen als dieses.

Wünsche schon im voraus zu erraten. So wurde zum Beispiel schon vor seiner Ankunft ein spezielles, überlanges Bett in seinem Zimmer aufgestellt, ohne daß er es verlangt hätte.

Ich spielte Dita, ein von allen Leuten schlecht behandeltes Mädchen aus der Gosse von Timbuktu, und John war ein Wüstenführer, den Rossano Brazzi angeheuert hatte, um ihm beim Ausgraben eines Schatzes zu helfen, den Brazzis Vater, ein ehemaliger Missionar, in einer verlassenen Stadt in der Sahara entdeckt hatte. Ich erinnere mich an einen Satz, den ich zu Wayne sagen mußte: „Ich hasse die Männer!" Worauf er zu antworten hatte: „Und ich hasse vorlaute Gören!" So eine Art von Film war das! Wir müssen mit einem Sandsturm fertigwerden, mit Taranteln, wilden Eingeborenen, Skorpionen, mit Durst, Hitze und einem verrückt gewordenen Brazzi. Als wir dann endlich von einer Karawane wie durch ein Wunder gerettet werden, fallen John und ich einander selig in die Arme.

In körperlicher Hinsicht war das einer der anstrengendsten Filme, die ich jemals gemacht habe, und beinahe wäre ich dabei gestorben. Die einzige bewohnbare Unterkunft in Ghadames war ein schäbiges, primitives, ungeheiztes Hotel. Die Kälte in der Nacht war unerträglich, die einzige Wärmequelle in meinem Zimmer war ein Gasstrahler, den mir die Filmtechniker angeschlossen hatten. Mein Zimmer lag im Erdgeschoß, und ich versperrte wie gewohnt jede Nacht sorgfältig Fenster und Türen. Ich fürchte mich einfach vor Einbrechern, genauso wie ich mich vor der Dunkelheit fürchte – das muß angeboren sein. In jener Nacht, von der ich hier rede, plagten mich plötzlich entsetzliche Alpträume, wie ich sie nie zuvor gekannt hatte. Ich schreckte aus einem dieser Alpträume hoch, bemühte mich, wach zu bleiben, schlief aber gleich wieder ein und hatte sofort einen noch beklemmenderen Traum. Ich bemühte mich verzweifelt, aufzuwachen, meine Augen zu öffnen, laut zu rufen, aber es ging nicht. Dann erkannte ich, daß ich nach Luft rang, wie in einem Erstickungstraum.

Dann plötzlich ein dumpfer Schlag, ich spürte einen heftigen Schmerz in meiner Schulter – ich war aus dem Bett gerollt und auf den gekachelten Fußboden gefallen. Jetzt war ich wach, rang aber noch immer nach Luft, wie in dem Alptraum. Ich versuchte aufzustehen, aber es gelang mir nicht. Ich hatte überhaupt keine Kraft mehr, mein Verstand versagte durch die Panik seinen Dienst.

Der Gasstrahler hatte den gesamten Sauerstoff im Zimmer verbraucht, und was ich jetzt einatmete, waren tödliche Schwaden Kohlendioxyd. Ich war am Ersticken. Wenn ich nicht aus dem Bett gefallen wäre, wäre ich wohl nie wieder erwacht; aber auch hier auf dem Boden hatte ich keine Kraft mehr, mich zu erheben oder um Hilfe zu rufen.

Zoll für Zoll schob ich mich mühsam auf dem Boden entlang, zwischendurch immer wieder in Bewußtlosigkeit versinkend. Ich weiß nicht, wie lange ich brauchte, bis ich die Tür erreichte, jedenfalls unendlich lang. Und da war es auch schon fast zu Ende mit mir. Ich spürte, daß ich im Sterben lag, weil ich keinen Sauerstoff bekam, aber anstatt nachzugeben, stieg plötzlich aus meinem Innersten eine ungeahnte Kraft hoch, eine ungeheure Entschlossenheit, am Leben zu bleiben – mein Gott, was kann man alles damit erreichen, mit dieser sogenannten übermenschlichen Anstrengung! Langsam, langsam, ganz langsam, noch ein paar Zentimeter höher, und noch ein paar Zentimeter, zog ich mich mit letzter Kraft hoch, bis ich die Türklinke erreichte – und endlich die Tür geöffnet hatte. Dann fiel ich vornüber in den Korridor hinaus und brach bewußtlos zusammen. Glücklicherweise wurde ich dort bald von Rossano Brazzi, der gerade nach Hause kam, gefunden. Der eilig herbeigeholte Arzt stellte fest, daß ich schon mehr tot als lebendig war. Mund-zu-Mund-Beatmung, Injektionen, das ganze Arsenal Erste Hilfe wurde angewandt. Eine volle Woche lang hatte ich heftige Schmerzen. Der Arzt meinte, daß mich nur noch wenige Sekunden vom sicheren Tod getrennt hätten.

Rossano Brazzi war die ideale Verkörperung des feurigen

südländischen Liebhabers: stets tadellos frisiert und einwandfrei gekleidet, sorgte er immer für Unterhaltung, scherzte mit jedem, tänzelte umher, gestikulierte, warf verführerische Blicke in alle Richtungen, und dabei sang er ununterbrochen das Lied „Some Enchanted Evening". Er kam gerade von den Dreharbeiten zu „South Pacific", und eine Unzahl von „Some Enchanted Evenings" entströmte seinem Mund.

Der Bürgermeister von Ghadames hatte vier Frauen. Während der Dreharbeiten erkrankte die älteste von ihnen ernstlich. Und obwohl die vierte Frau jung und bildhübsch war, hing der Bürgermeister doch sehr an dieser ältesten, die noch immer seine Favoritin war. Ihre Krankheit bereitete ihm große Sorgen. Sie hätte eigentlich sofort operiert werden sollen, aber dazu gab es in Ghadames natürlich keine Möglichkeit. Es war mitten in der Nacht, und auf der finsteren, primitiven Landebahn, die noch aus dem Zweiten Weltkrieg stammte, konnte in der Dunkelheit sicher kein Flugzeug landen.

Als ich von der Sache erfuhr, ließ ich mich sofort zum Bürgermeister bringen, den ich weinend vorfand. Ich hatte mich mit ihm und seiner ältesten Frau ein wenig angefreundet, und daher wollte ich ihnen jetzt meine Hilfe anbieten. Ich brachte den Regieassistenten dazu, sämtliche Beleuchtungskörper, die die Filmgesellschaft nach Ghadames gebracht hatte, rund um den Flugplatz aufzustellen. Inzwischen war es Mitternacht geworden und eiskalt, wie immer nachts in der Wüste. Alle waren wir mucksmäuschenstill, um nur ja nicht das Motorengeräusch des kleinen Flugzeugs zu überhören, das wir per Funk angefordert hatten.

Sobald der Motorenlärm zu hören war, schalteten wir die gesamte Beleuchtung ein, damit der Pilot den Landeplatz ausnehmen konnte. Nach geglückter Landung wurde die Kranke auf einer Tragbahre vorsichtig ins Flugzeug gehoben, wo ein Arzt und eine Krankenschwester sie in Empfang nahmen und anschnallten. Für eine Begleitperson gab es keinen Platz mehr im Flugzeug.

Als die Türen geschlossen wurden, erlitt der Bürgermeister einen Nervenzusammenbruch. Ich legte meinen Arm um ihn und tröstete ihn, während das Flugzeug abhob.

Noch bevor wir mit den Dreharbeiten fertig waren, kehrte die Frau völlig wiederhergestellt ins Dorf zurück. Hätten wir uns ihrer nicht angenommen, sie würde diese Nacht wahrscheinlich nicht überlebt haben.

Ich hatte nun hintereinander drei amerikanische Filme gemacht, in denen ich ein Mädchen, das im spanischen Bürgerkrieg den Heeren folgt, eine griechische Bäuerin und ein arabisches Gassenmädchen gespielt hatte. Keine dieser Rollen war besonders bemerkenswert gewesen, aber Carlo hatte sie geschickt als Sprossen auf der Leiter zu dem begehrten Ziel benutzt – einem Hollywood-Vertrag. Und es klappte. Im Jahre 1957 – ich war zweiundzwanzig Jahre alt – schlossen Columbia Pictures mit Carlo einen Vertrag, der mich für vier Filme verpflichtete.

Ich fühlte mich an Carlo gebunden und war doch irgendwie unsicher, denn wenn ich mich fragte: Gebunden woran?, dann wußte ich nicht recht, was ich mir darauf antworten wollte. Seit jenem euphorischen Augenblick – es war an meinem Geburtstag gewesen, während der Dreharbeiten zu „Die Frau vom Fluß" –, als Carlo mir den Brillantring schenkte, waren fast drei Jahre vergangen. Bis dahin hatten wir uns immer nur heimlich getroffen, jetzt aber wohnte Carlo mit mir im gleichen Hotel, und das gesamte Filmteam wußte über uns Bescheid. Das kümmerte mich nicht weiter, denn ich liebte ihn, wollte ihn haben, und den düsteren Warnungen meiner Mutter zum Trotz war ich ganz sicher, daß alles noch einmal gut enden würde. Wenn nicht, dann war es eben ein – wenn auch schmerzhafter – Fehler gewesen. Aber nur Leute, die nichts riskieren, machen keine Fehler.

Meine Mutter hörte nicht auf, mir Vorträge über Carlo zu halten. Sie hielt nichts von ihm. „Italienische Männer lassen ihre Kinder nicht im Stich", warnte sie mich. „Natürlich spielen sie gern ein bißchen herum, aber am Ende kehren sie doch immer wieder zu ihren Kindern zurück."

Die Tatsache, daß Carlo verheiratet war und zwei kleine Kinder hatte, machte auch mir das Herz schwer. Aber wie soll ich mein Gefühl erklären – es war, als hätte ich Carlo mein ganzes Leben lang gekannt, als hätte ich genausoviel Recht auf ihn wie sonst irgend jemand auf dieser Welt, als wäre er seit langer, langer Zeit mein Vater und mein Mann gewesen. Was mir an Carlo am besten gefiel, das waren seine Güte und seine Zärtlichkeit. Ich beurteile einen Mann nach ganz eigenen Maßstäben, etwa: Hat er den Mut, in einem wirklich erschütternden Augenblick zu weinen? Hat er so viel Mitgefühl und Mitleid, daß er es nicht übers Herz bringt, Tiere zu jagen? Ist er rücksichtsvoll gegenüber Frauen? Echte Männlichkeit besteht für mich aus Rücksicht und Güte, und dazu gehören auch Intelligenz, Verständnis, Toleranz, Gerechtigkeit, Bildung und ein hoher moralischer Standard. Wenn die Männer nur endlich begriffen, wie leicht es ist, das Herz einer Frau mit Freundlichkeit und Güte zu erobern – und wie viele Frauen ihre Herzen vor dem stürmischen Drängen des sprichwörtlichen Don Juan verschließen.

Mein zweiter Maßstab, einen Mann zu beurteilen, sind seine schlechten Eigenschaften; das Ärgste für mich sind Geiz, Arroganz und Grausamkeit.

Nach dem zu schließen, was Carlo mir über die Beziehung zu seiner Frau erzählt hatte, war etwas Wesentliches, ja vielleicht das Wichtigste aus ihrer Ehe verschwunden, und sie hatten sich mit einem Modus vivendi abgefunden. Sie lebten zwar im selben Haus, aber eigentlich nicht mehr wie Mann und Frau. Daher hatte ich den Eindruck, daß es ihr nicht so viel ausmachen würde, wenn Carlo sie meinetwegen verließ – jedenfalls nicht so viel, als wenn sie ihn noch immer geliebt hätte.

Ich war seiner Frau nie begegnet – sie hieß Guiliana Fiastri und war die Tochter eines Generals –, aber die Reife und

Würde, die sie während dieser langen und schweren Zeit an den Tag legte, weckte meine tiefe und aufrichtige Bewunderung. Verbitterung oder Feindseligkeit waren ihr fremd; sie hatte die Tatsache, daß ihre Ehe mit Carlo am Ende war, ohne Groll akzeptiert und bemühte sich nun, den Übergang für sich und die Kinder und auch für Carlo so einfach wie möglich zu machen.

Aber angesichts der Tatsache, daß in Italien Scheidungen nicht anerkannt wurden, nützte es Carlo kaum, daß seine Frau ihm nichts in den Weg legte. Er suchte zwar um Annullierung der Ehe an, mit der Begründung, daß er bei seiner Hochzeit mit Giuliana nicht an das Sakrament der Ehe geglaubt habe, aber dieser Scheidungsgrund war wohl nicht stichhaltig genug, und so wurde der Antrag abgelehnt. Die Aussichten auf eine Auflösung der Ehe waren mehr als düster. Aber wie sehr ich Carlo auch in meinem Leben brauchte, wie sehr ich mich danach sehnte, ein Heim mit ihm gemeinsam aufzubauen, Kinder mit ihm zu haben, mein Leben mit dem seinen zu vereinen, so fest entschlossen war ich trotzdem, nicht auf ewig seine Geliebte zu bleiben, nicht gutgläubig auf die Trennung einer unauflöslichen Ehe zu warten.

So standen die Dinge also, als wir nach Beverly Hills flogen, wo Cary Grant sehnsüchtig meine Ankunft erwartete. Carlo wußte, daß ich Cary nicht vergessen hatte, und es entging mir nicht, daß Carys leidenschaftliches Interesse an mir einen gewissen Druck auf Carlo auszuüben begann. Ich wußte zwar selbst nicht, was Carlo zur Lösung seines Problems tun konnte, Tatsache aber war, daß unsere Beziehung jetzt schon drei Jahre dauerte und daß er sicher daran interessiert war, diesen für ihn angenehmen Zustand so lange wie möglich aufrechtzuerhalten.

Hollywood. Heimat des Films. Der schüchterne Traum von einst ist Wahrheit geworden. Triumphale Ankunft. Glänzender Empfang. Eine Luxussuite im Beverly Hills Hotel, überall

Blumen, wunderschöne bebänderte Körbe mit kalifornischen Früchten, ein Stapel von Einladungen, Dutzende Reklameleute, alles verbeugt sich, scharrt mit den Füßen, die Limousinen warten, Couturiers eilen herbei, eigene Badekabine am Swimming-pool, der Telefonist dienert: Guten Morgen, Miss Loren – Was kann ich für Sie tun, Miss Loren? An der Studioeinfahrt werde ich einfach durchgewunken, im Studio eine riesige, geradezu königliche Garderobe. Hollywood.

Huldigungen der Film-Aristokratie. Die Leinwandidole des Teatro Sacchino sind plötzlich lebendig geworden, lächeln, schütteln Hände, sprechen mich mit meinem Namen an – aber das bin ja nicht ich selbst, denn ich sitze verschüchtert und unsichtbar in der Ecke und beobachte diese Sophia Loren im Augenblick ihres größten Triumphes. Wie immer in solchen Situationen befinde ich mich außerhalb meiner selbst und überlasse die andere Sophia, den Star, um den sich alle Leute reißen, dem Rampenlicht. Bei „Romanoff's" gibt es ihr zu Ehren eine große Party – und dazu gleich den ersten Vorgeschmack auf die hier herrschenden Sitten: in der Person von Jayne Mansfield. Die Fotografen umlagern gerade meinen Tisch, als Jayne Mansfield hereinwirbelt – ich habe noch nie von ihr gehört –, und zwar in einem Kleid mit einem, milde ausgedrückt, gewagten Ausschnitt. Sie setzt sich an meinen Tisch, und dabei rutscht wie zufällig eine ihrer Brüste aus dem Ausschnitt – und die Fotografen knipsen wie die Wilden. Das ist Hollywood.

Clifton Webb gibt mir zu Ehren eine Party in seinem Haus. Es ist wie im Märchen: Danny Kaye, Gary Cooper, Gene Kelly, Jimmy Stewart, Fred Astaire (mein erster Blick galt seinen Füßen), Sinatra, Joan Crawford, Barbara Stanwyck, Cary Grant, Claudette Colbert, Merle Oberon, June Havoc, Fred MacMurray und so weiter und so weiter. Ein Katalog all der Helden und Heldinnen meiner Jugend – nur Tyrone Power fehlte, leider drehte er damals gerade einen Film in England. Ich habe ihn nie persönlich kennengelernt; er ist jung gestorben.

Hollywood war ein einziges leuchtendes Versprechen – aber die Filme waren nicht danach. „Begierde unter Ulmen", Eugene O'Neills leidenschaftliches Drama, schrumpfte zu einem Nichts zusammen, weil man auf Außenaufnahmen verzichtet und in einem Atelier gedreht hatte und überdies Tony Quinn und ich als Verliebte einfach nicht überzeugend waren.

Bei „Die schwarze Orchidee" wieder dasselbe. 1953 hatten Tony und ich einen italienischen Film zusammen gemacht, „Attila, die Geisel Gottes", eine recht dumme und geschmacklose Geschichte, mit einer Szene, die zu den unangenehmsten gehörte, die ich jemals zu filmen hatte – Tony mußte mich leidenschaftlich küssen, während er gleichzeitig ein fettes Stück Hammelkotelett aß. Ich hatte zwar gehofft, daß Tony und ich nun besser harmonieren würden, aber offensichtlich sah uns das Publikum nicht gern zusammen auf der Leinwand. Es war eigenartig, denn rein optisch hätten wir doch eigentlich sehr gut zusammenpassen müssen. Ein Jahr später versuchte Paramount es noch einmal mit uns beiden in „Der Killer und die Dame", aber zwischen Tony und mir sprang der Funke einfach nicht über. Außerdem ließ mich der Regisseur des Streifens, George Cukor, mit einer blonden Perücke auftreten und führte mich an Schnüren wie eine Marionette – jedenfalls war das der Eindruck, den ich von seiner Methode hatte. Ich mußte minutiös seine Mimik kopieren, seine Sprechweise, seine Gestik, sogar seine Augenbewegungen. Jeder einzelne Drehtag war ein Alptraum für mich, denn ich hatte das Gefühl, nicht mehr ich selbst zu sein, meine Identität als Schauspielerin zu verlieren. Für mich war das eine ganz neue Technik, eine, die ich nie zuvor gekannt hatte und die mich völlig aus dem Konzept brachte. Cukor gab mir nicht bloße Anregungen, wie er sich eine Szene ungefähr vorstellte, sondern Ausführungsbefehle: ich mußte die Vorlage kopieren, sonst nichts. Und ich hatte nicht den Mut, ihm zu sagen, nein, Mr. Cukor, dabei fühle ich mich nicht wohl, lassen Sie es mich doch auf meine Art machen, lassen Sie mich auch schöpferisch sein – dazu war ich zu neu hier, und Cukor hatte als Regisseur sehr viel Ansehen und Erfahrung. Später erkannte ich, daß ich trotzdem etwas dabei gelernt hatte, daß der Film gar nicht so schlecht war – aber doch nicht gut genug, um ihn zu einem Erfolg zu machen, zumindest nicht sofort. Im Laufe der Zeit fand er mehr Anerkennung, und heute zählt er eigentlich zu meinen Lieblingsfilmen.

Anschließend fuhr ich nach New York, um „So etwas von Frau“ zu drehen, mit Tab Hunter, und mit diesem harmonierte ich noch weniger als mit Tony. Es herrschte ein negatives Fluidum zwischen uns, wenn man so sagen kann.

Der Streifen, den ich mit Cary drehte, „Hausboot“, war der einzige meiner Hollywood-Filme, der Erfolg hatte. Natürlich waren Cary und ich ein ideales Leinwand-Paar, und damit war die Schlacht schon halb gewonnen.

Wenn ich an diese Zeit in Hollywood zurückdenke – und ich habe seither nie wieder etwas in Hollywood gemacht –, dann beginne ich zu glauben, daß es wahrscheinlich gar nicht die Schuld der anderen war, wenn sie nichts mit mir anzufangen wußten. Für Italiener gab es damals im amerikanischen Film nur Rollen als Gangster – oder als Kellner. Keine einzige ausländische Schauspielerin ist je in Hollywood als das aufgenommen worden, was sie war – immer glaubten die Leute in Hollywood, sie müßten einen ummodeln. Und so auch mich.

Carlo Ponti

Das Problem mit Sophia ist, daß sie auf der Leinwand eine sehr starke Ausstrahlung hat und es daher schwierig ist, einen geeigneten Partner für sie zu finden, den sie nicht an die Wand spielt. („Time“ schrieb damals, daß sie ihre Filmliebhaber aus Hollywood leicht mit einem halben Glas Wasser hätte schlucken können.) Es gibt nur ganz wenige

Schauspieler, die auf der Leinwand neben Sophia bestehen können, die sich gegen sie behaupten können, wenn es nötig ist. Cary war einer von ihnen, dann noch Mastroianni, Richard Burton, Marlon Brando, Clark Gable, Peter O'Toole, Gregory Peck. Keine große Zahl, wenn man bedenkt, daß sie mehr als sechzig Filme gedreht hat.

Während ich noch in Hollywood war, drehte Sinatra die letzten Szenen für „Stolz und Leidenschaft" im Atelier ab. Meine Schwester und ich trafen ihn gelegentlich, und er war dann immer sehr freundlich und hilfsbereit. Ich besaß eine Schallplatte, die ich in Italien aufgenommen hatte, romantische italienische Lieder. Ich habe eine ganz gute Stimme und singe gern. Eines Tages spielte ich Frank die Platte vor und fragte ihn nach seiner Meinung. Er hörte sich das ein paar Minuten an, dann drehte er ab. „Hoffnungslos", meinte er. „Aber deine Schwester hätte wirklich das Zeug dazu, eine ausgezeichnete Sängerin zu werden."

Aus Sinatras Mund bedeutete dieses Lob wirklich sehr viel, denn er macht nur sehr selten Komplimente, und eine Zeitlang tat meine Schwester dann auch so, als würde sie tatsächlich eine Karriere als Sängerin anstreben. Maria ist attraktiv, tanzt großartig, und mit ihrer Ausstrahlung und ihrem Sinn für Humor hätte sie eine hinreißende Komödiantin werden können – vielleicht sogar ein Star, in Anbetracht ihrer wirklich guten Stimme. Aber was ihr leider fehlte, war der nötige Ehrgeiz, die Bereitschaft zu vollstem Einsatz, die Konzentration. Wenn man es in Berufen wie Singen, Schauspielerei, Schreiben zu etwas bringen will, dann muß man einen unerschütterlichen Glauben an sich selbst, an das eigene Talent, an die eigene Bedeutung haben, man muß imstande sein, jeden Mißerfolg hinzunehmen und jede Kritik, und sei diese noch so unfair. Es gibt hier keinen Knigge für Anfänger. Deshalb bringen es Menschen mit mittelmäßiger Begabung, aber unbeugsamem Willen und Ehrgeiz oft viel weiter als talentierte, aber willensschwache Menschen. Ich bin überzeugt, daß einem dieser Wille angeboren ist, daß man ihn entweder hat oder nicht hat und daß man von niemandem lernen kann, wie man ihn kriegt. Wenn ich an meine ersten Jahre in Rom zurückdenke, an die pausenlosen Ablehnungen, an all die fehlgeschlagenen Probeaufnahmen, ohne auch nur einen Funken Ermutigung von irgend jemand! Aber dennoch kämpfte ich um meine Wunschträume und gab den Glauben an mich selbst nie auf. Ich war kein Genie, nur ein sehr harter Arbeiter. Ich bin sogar froh darüber, kein Genie zu sein, denn ein Genie kann sich nur auf sich selbst verlassen, auf niemand sonst, wie einmal jemand sehr Weiser gesagt hat.

Nach kurzer Zeit gab meine Schwester ihre Bemühungen auf, ließ ihr Talent Talent sein und kehrte nach Italien zurück. Aus Heimweh, wie sie sagte, doch würde sie bald wieder zurückkommen. Aber sie kam nie wieder. Nicht lange danach heiratete sie, bekam zwei Kinder und tat nie wieder auch nur das geringste für ihre Stimme.

„Wer hat das Herz erfunden? Man sage es mir und zeige mir gleich den Ort, wo man ihn gehängt hat." Der Satz gibt meine Stimmung jener Tage wieder. Das Hin- und Hergerissensein zwischen Cary und Carlo hatte sich in Hollywood erneut zugespitzt. Gleich nach meiner Ankunft mußte ich mit Cary ein paar Aufnahmen zu „Stolz und Leidenschaft" drehen, wir sahen einander daher oft, und seine Ausstrahlung auf mich war so stark wie eh und je. Nachdem wir mit den Dreharbeiten fertig waren, kam er mich täglich besuchen und schickte mir Blumen. Es machte weder mir noch ihm etwas aus, daß Carlo mit mir hier wohnte. Oft war Carlo sogar anwesend, wenn Cary kam. Carlo kann das nicht gleichgültig gewesen sein, aber er sprach nie darüber. Auch seine ehelichen Probleme besprach er nicht mit mir. Er lebte jetzt von seiner Frau getrennt. Nachdem der etwas halbherzige Versuch, eine Annullierung seiner Ehe zu erreichen, gescheitert war, hatte er meines Wissens nichts weiter unternommen, um unsere gemeinsame Zukunft zu sichern.

Das aber bedeutete nicht, daß Carlo sich meiner hundertprozentig sicher war. Die Situation mit Cary, über die Carlo völlig im Bilde war, übte sicher einen gewissen Druck auf ihn aus – den ich noch weiter verstärkte. Ich weiß, daß einem Mann, besonders einem verheirateten Mann, eine Frau leicht auf die Nerven gehen kann, wenn sie allzusehr drängt. Ich war inzwischen zu der Überzeugung gekommen, daß ich zwischen Carlo und mir eine Krise herbeiführen mußte – sonst würde sich in unserer Beziehung nie etwas ändern. Ein verheirateter Mann legt immer Wert darauf, daß alles so bleibt, wie es ist – Abwarten und Tee trinken, hab noch ein bißchen Geduld, meine Liebe –, und wenn er wirklich sehr starke Bindungen an seine Familie hat, an ihr hängt und nicht aufgeben möchte, was er bisher aufgebaut und erreicht hat, dann muß man schon einen ziemlich starken Druck auf ihn ausüben, wenn sich wirklich etwas ändern soll. Ich begriff instinktiv, daß die einzige Möglichkeit, ihn zum Handeln zu zwingen, darin bestand, eine Krise heraufzubeschwören – und ich wußte natürlich auch, daß ich dabei Gefahr lief, ihn eher in seine alte Ehe zurückzutreiben als in meine Arme.

Trotzdem war ich bereit, das Risiko auf mich zu nehmen. Wenn ich dabei den kürzeren zog, dann waren seine Gefühle für mich eben nicht so stark, wie ich gedacht hatte. Ich sagte also zu ihm: „Carlo, ich liebe dich, ich fühle mich an dich gebunden, aber das ist kein Leben für mich. Ich will mein eigenes Leben leben, ich will Kinder haben, ein Heim, das unser eigenes ist, und ich habe genug von dem ewigen Gerede meiner Mutter. Ich möchte stolz darauf sein, wenn ich mit dir beisammen bin, und ich möchte endlich einen Ehering an meinem Finger tragen. Wir kennen uns seit meinem sechzehnten Lebensjahr, jetzt bin ich dreiundzwanzig. Seit ich neunzehn bin, lebe ich mehr oder weniger mit dir zusammen. Das ist lang genug – mir reicht es jedenfalls, ich will mein Leben nicht weiter auf diese Weise verbringen. Ich habe genug davon, wie die Presse mich immer wieder deinetwegen bedrängt, und immer muß ich ausweichende Antworten geben und manchmal sogar lügen. Das liegt mir nicht – ich hasse diese Unwahrheiten und Täuschungsmanöver, es zerrt an meinen Nerven, und ich finde, es ist an der Zeit, daß wir die ganze Sache beenden. Ich weiß schon, daß das nicht leicht für dich ist, ich kenne deine Probleme. Aber du hast dein ganzes Leben lang nichts anderes getan, als Hindernisse aus dem Weg zu räumen, und ich weiß, wenn du nur wirklich willst, dann kannst du auch dieses Hindernis beseitigen."

Jetzt hatte also Carlo seine Krise.

Ich allerdings auch. Nun, da ich in Hollywood wohnte und den Alltag hier erlebte, änderte sich auch meine Haltung gegenüber Cary.

Mein erster Eindruck von Hollywood entsprach genau meinen Vorstellungen. Wunderschöne Landschaft, teure Autos in atemberaubenden Farben, die obligaten Swimmingpools, die kaum je benutzt wurden, eine Unzahl von Motels, riesige Supermärkte, die sowohl was ihre Größe betraf, als auch in ihrem Angebot so überdimensioniert waren, daß sie genausogut auch auf einem anderen Planeten hätten stehen können. Am meisten machten mir die Autorestaurants Spaß, wo man hineinfahren konnte und das Essen auf einem Tablett in den Wagen hineingereicht bekam, das heißt, es wurde mit einem Haken an der Autotür befestigt. Eine Speise, die ich noch nie zuvor gegessen hatte, begeisterte mich: Hüttenkäse mit Fruchtsalat.

Alles war ganz neu für mich; eine einzigartige Welt, ein ganz anderer Lebensstil. Die Leute wirkten alle sehr locker und vor Gesundheit strotzend; ihre saloppe Kleidung und ihr zwangloses Gehaben faszinierten mich. Eine sehr ansprechende Lebensart, fand ich – wenigstens am Anfang. Allmählich begann ich nämlich etwas anderes über das Leben in Hollywood zu entdecken: Alles drehte sich hier nur um einen einzigen Punkt – und das war der Film. Alle waren besessen davon. Wo immer man hinkam, wurde einzig und allein über

Dinge geredet wie Reinerträge, „unter der Gürtellinie", „über der Gürtellinie", Prozentsätze, Unkosten, Reprisen, Nebenrechte –, und kaum je eine Andeutung, daß es auf der Welt auch noch etwas anderes gebe, als Filme zu machen. Auch wenn man zum Essen eingeladen war, bewegte sich die Unterhaltung bei Tisch ausschließlich in den Sphären des Hollywood-Tratschs, und unmittelbar nach dem Essen wurde plötzlich hinter einem echten Modigliani oder einem kostbaren flämischen Wandteppich eine Leinwand sichtbar, und die Gäste bekamen irgendeinen der Öffentlichkeit noch nicht vorgeführten Film zu sehen, den der Gastgeber den Studios hatte entreißen können.

In bezug auf meine Arbeit sammelte ich in Hollywood allerdings höchst wertvolle Erfahrungen. Ich lernte viel über amerikanische Filmtechnik, allmählich verbesserte sich mein Englisch, und ich plapperte nicht mehr wie ein Papagei eingelernte Phrasen daher. Es war fast so, als würde ich noch einmal zur Schule gehen. Aber noch etwas anderes erkannte ich: In Hollywood würde ich nie jene Ziele erreichen, die mir für meine Karriere als Schauspielerin vorschwebten. Die Rollen für Italienerinnen waren begrenzt und dünn gesät. Wenn meine Karriere nicht stagnieren sollte, dann mußte ich wieder nach Europa zurück, wo ich mich zu Hause fühlte, zurück zum italienischsprachigen Film.

Vom ersten Drehtag an spürte Cary die Veränderung in mir. Wir waren nicht mehr so offen zueinander wie früher. Natürlich gingen wir weiterhin oft zusammen essen, wir unterhielten uns auch stets ausgezeichnet, aber irgend etwas war innerlich in mir gestorben, und Cary, der sehr sensibel ist, fühlte das natürlich.

Das ganze war nicht sehr angenehm für mich. Ich hatte noch immer nicht meine Grenzen gefunden, tastete mich nach dieser und nach jener Seite vor, suchte mich selber. Bis jetzt wußte ich nur, was ich nicht wollte: die zweideutige Situation mit Carlo länger ertragen; meine europäischen Wurzeln aufgeben und mich in Hollywood niederlassen. Aber was sollte ich nun wirklich tun? Was war das Positive an meiner Situation? Cary und Carlo waren die einzigen Männer, die mich jemals interessiert hatten.

Gegen Ende der Filmarbeit an „Hausboot" wurde die Situation endlich geklärt, und zwar durch ein völlig unerwartetes Ereignis. Wir saßen gerade beim Frühstück, ich begann die Zeitung zu lesen, die mit dem Frühstück gebracht worden war – und da stand, gleich an erster Stelle in Louella Parsons Kolumne, die Nachricht, die mein ganzes Leben von Grund auf ändern sollte. Louella zufolge waren am Tag zuvor zwei mexikanische Rechtsanwälte in einem Gerichtssaal in Juarez erschienen und hatten gleich zwei juristische Wunder auf einmal bewirkt. Erstens hatten sie ein offizielles Dekret gefordert – und erhalten –, demzufolge Carlo von seiner Frau ganz legal geschieden wurde, und dann hatten sie einander sofort, stellvertretend für Carlo und mich, vor dem Richter das Jawort fürs Leben gegeben. Daraufhin war die Heiratsurkunde ausgestellt worden. Sofia Scicolone aus Pozzuoli war damit offiziell und rechtmäßig mit Doktor Carlo Ponti aus Mailand verheiratet.

Ich war wie vom Schlag gerührt. Das war zwar nicht gerade die Hochzeit, wie ich sie mir erträumt hatte – zwei mexikanische Rechtsanwälte, die tausend Meilen von uns entfernt in einem Gerichtssaal stellvertretend für Carlo und mich den Bund der Ehe schlossen. Aber legal war die Sache! Wir waren Mann und Frau, das war alles, was zählte. Mr. und Mrs. Carlo Ponti – das war keine Erfindung für die Hotelrezeption, sondern die Wahrheit. Wir waren wirklich Mann und Frau.

Carlo nahm mir die Zeitung aus der Hand – er war genauso überrascht wie ich. Natürlich hatte er die ganze Sache ins Rollen gebracht (nachdem ich die „Krise" heraufbeschworen hatte), aber er hatte nicht im geringsten damit gerechnet, daß das Ergebnis so rasch und so eindeutig und endgültig sein würde. Er setzte sich neben mich, nahm meine Hand in seine, sah mir in die Augen und lächelte mich an – wie ein richtiger Ehemann.

Ich wollte mein Glück gern mit anderen teilen, vor Freude laut schreien, aber wir hatten keine Freunde in Hollywood. Der glücklichste Augenblick meines Lebens war gekommen, und ich konnte mit niemanden darüber reden!

Am Abend feierten wir beide allein, mit einem Dinner bei Kerzenschein in unserem Bungalow, und später entdeckte ich, daß meine Sekretärin Reis aufs Bett gestreut hatte.

Als ich am nächsten Morgen ins Atelier kam, genügte ein Blick auf Cary, und ich wußte, daß er Louellas Kolumne gelesen hatte. „Ich hoffe, daß du sehr glücklich wirst, Sophia", sagte er und küßte mich ritterlich auf die Wange. Das war alles, was er sagte, aber die Zeit bis zum Ende der Dreharbeiten war für uns beide zermürbend. Eine wichtige Szene mußte noch abgedreht werden – ironischerweise war sie der Höhepunkt des Films, nämlich meine Hochzeit mit Cary, eine Hochzeit, wie ich sie mir immer erträumt hatte. Ein wirklich äußerst taktloser Einfall des Kino-Schicksalsgottes.

Schon in den finsteren Tagen meiner Mädchenzeit in Pozzuoli hatte ich mich immer gern als strahlende Braut im weißen Kleid gesehen. Wenn ich in alten Magazinen Hochzeitsbilder fand, dann schnitt ich sie aus und klebte sie in ein Heft. Und jetzt hatte ich sie endlich, diese Traumhochzeit, aber mit Cary, und zwar ein paar Tage nach meiner wirklichen Hochzeit mit Carlo. Ich trug ein langes, hochgeschlossenes Kleid aus Brüsseler Spitze, oben eng anliegend, einen zarten weißen Schleier, von weißen Blumen umkränzt, einen Strauß weißer Rosen; dazu erklang der Hochzeitsmarsch von Mendelssohn, gab es Brautjungfern, ein Blumenmädchen – und Cary, der vor dem Altar auf mich wartete, mit der weißen Nelke im Knopfloch. Es war einer jener Augenblicke, wo Schauspielerei und wirkliches Leben einander berühren und vermengen.

Ich machte mir echte Sorgen um Cary und war mit meinen eigenen Hochzeits-Gefühlen derart beschäftigt, daß ich mich kaum noch auf den Film konzentrieren konnte. Cary stand mir wirklich sehr nahe – und das ist bis heute so geblieben –; ich wußte, wie sehr es ihm zu Herzen ging, diese Szene mit mir spielen zu müssen: der Priester erklärte uns zu Mann und Frau, und er mußte mich in die Arme nehmen und küssen! Ich litt darunter kaum weniger als er, mußte immer wieder an die herrliche Zeit in Spanien denken und an die schönen gemeinsamen Erinnerungen, die uns verbanden. Ich bin ein romantisch veranlagter Mensch und zudem äußerst gefühlvoll, und das, was Cary in mein Leben gebracht hat, wird mir für immer teuer bleiben.

11. Kapitel

Meine eheliche Seligkeit war nur von kurzer Dauer. Knapp einen Monat nach unserer Heirat erschien eine überaus scharfe Stellungnahme in der Zeitschrift „L'Osservatore Romano", dem offiziellen Organ des Vatikan. Der Artikel stammte von einem Anwalt der Rota, und obwohl ich nicht namentlich genannt wurde, bezeichnete der Autor die in seinem Artikel apostrophierte Person als „bildschöne junge italienische Filmschauspielerin". Es hieß darin unter anderem:

„Ehescheidung und nachfolgende standesamtliche Heirat sind schwerwiegende gesetzwidrige Handlungen und haben keine wie immer geartete rechtliche Gültigkeit vor Gott und der Kirche. Die dafür Verantwortlichen sind öffentliche Sünder geworden und haben keinen Anspruch darauf, die Sakramente der Kirche zu empfangen.

Nach dem Gesetz der Kirche sind alle jene Menschen Bigamisten, die eine neuerliche Ehe eingehen – selbst wenn diese nur standesamtlich geschlossen wird –, da sie ja noch in einer gültigen Ehe verbunden sind. Das Kirchenrecht belegt beide Partner mit dem Verlust der bürgerlichen Ehrenrechte (im Kirchenrecht bedeutet dies Ehrlosigkeit). Wenn sie öffentlich als Ehepaar leben, so wird das als Konkubinat, als wilde Ehe bezeichnet und kann sogar mit Interdikt und Exkommunizierung bestraft werden."

Als ich diese Zeilen las, erstarrte ich innerlich zu Eis. Ich war als Katholikin erzogen worden, und wenn ich auch nicht mehr regelmäßig in die Kirche und zur Beichte und Kommunion ging, so war ich doch im Innersten noch immer Katholikin, und Exkommunikation bedeutete eine schreckliche Strafandrohung. Sicherlich war der Artikel vom vatikanischen Standpunkt aus gesehen völlig korrekt: was wir getan hatten, verstieß in der Tat gegen die strengen Regeln der Kirche. Aber diese öffentliche Rüge und Anklage traf uns völlig unerwartet und unvorbereitet. Viele italienische Katholiken hatten sich in Mexiko scheiden lassen, sich wiederverheiratet und leben nun in Italien mit ihrem neuen Partner, ohne von kirchlicher Seite je angegriffen worden zu sein. Carlo und ich hatten in unserem überschäumenden Glücksgefühl eine Hochzeitsreise per Schiff zurück nach Italien geplant. Nun würden wir das alles vergessen müssen. Italien kam nicht mehr in Frage. Meine Ehe, auf die ich so lange hatte warten müssen, war nun wieder ein ungelöstes Problem. Ich schleuderte die Zeitung zu Boden und brach in Tränen aus. Warum wurde ich verfolgt und angegriffen, nur weil ich den Mann geheiratet hatte, den ich liebte, mit dem ich Kinder haben wollte und ein Heim? Machte mich das zu einer öffentlichen Sünderin? Sollte ich deshalb den Zorn der Kirche auf mich laden? Und je mehr mich Wut und Hoffnungslosigkeit überfielen, desto mehr weinte ich. Es war der schwärzeste Tag meines Lebens.

Und dann griffen sehr schnell auch andere Stellen die Anklagen des Vatikan auf. Die katholische Männerbewegung Italiens forderte alle Katholiken auf, Loren-Filme zu boykottieren – mit der gleichzeitigen Bitte, für meine Seele zu beten. In ganz Italien stimmten die Zeitungen gierig in das Geschrei gegen uns mit ein. Eine Zeitschrift brachte einen Artikel, in dem es – fast bedauernd – hieß, Carlo und ich wären im Mittelalter sicherlich öffentlich auf dem Marktplatz verbrannt worden. Eine andere italienische Zeitung zitierte einen Sprecher des Vatikan, der angeblich gesagt hatte: „Diese armen Verirrten sind nicht nur Opfer ihrer fehlenden Moralbegriffe, sondern auch Opfer ihrer eigenen Unwissenheit. In den Augen der Kirche leben Ponti und Loren in wilder Ehe."

Als Carlo in unseren Bungalow heimkehrte und mich in Tränen aufgelöst vorfand, reagierte er heftig. So ist Carlo immer: wenn ich seine Stärke und Kraft brauche, dann ist er stark. „Jetzt hör mir einmal zu, Sophia", sagte er. „Wir sind verheiratet, und wir bleiben es auch. Wenn diese mexikanische Eheschließung nicht anerkannt wird, dann werden wir eben irgendeinen anderen Weg finden. Es ist jetzt sehr viel Staub aufgewirbelt worden, der sich aber wieder legen wird. Ja, wir sind die Opfer der Unwissenheit, und denen, die uns verleumden, fehlt es an Moralbegriffen! Wir sind moralisch! Was von uns verlangt wird, wir werden es tun. Du bist meine Frau, und das kann niemand ändern; das ist alles, was ich dazu zu sagen habe."

Diese Worte waren wohl ein Trost, aber es sollte noch weit schlimmer kommen.

In meinem Tagebuch steht folgende Eintragung: „Jede große Religion spricht immer nur Verbote aus und führt eine lange Liste von Dingen an, die man nicht tun darf, aber das, was man nicht tun darf, wird nicht den Wunsch in dir wecken, dich zu bessern."

Carlo und ich saßen im Flugzeug und verließen Hollywood. Ich erinnere mich nicht, was eigentlich den Vorfall auslöste – ich bemängelte das Essen an Bord oder machte irgendeine dumme Bemerkung, jedenfalls, es war völlig unwichtig. Plötzlich drehte sich Carlo zu mir und gab mir eine Ohrfeige. Einen raschen Schlag auf die rechte Wange. Es kam für mich völlig unerwartet, wie ein Blitz aus heiterem Himmel. Es brannte heftig, denn er hatte mit der linken Hand zugeschlagen, die man nicht im selben Maß unter Kontrolle hat wie die rechte. Der Schlag fiel so stark aus, daß mein Kopf zur Seite geschleudert wurde. Ich brach in Tränen aus, fühlte mich zutiefst gedemütigt und war zugleich wütend. Ich wollte um jeden Preis aus dem Flugzeug. Natürlich hatte die Ohrfeige nichts mit dem soeben Vorgefallenen zu tun. Vielleicht war es wegen Cary Grant, wegen all dieser unausgesprochenen Qualen der Eifersucht, die Carlo so lange hatte ertragen müssen.

Carlo sagte kein Wort, drehte sich einfach zur Seite und sah aus dem Fenster.

Ich vergrub meinen Kopf in den Händen und weinte. Als die Stewardess mit Getränken vorbeikam, fragte sie, ob sie irgend etwas für mich tun könne. Ich schüttelte den Kopf.

Wir haben danach niemals darüber gesprochen. Und wir redeten die ganze Reise hindurch kein Wort mehr miteinander und auch noch einige Tage nachher nicht.

Es war das einzige Mal in den siebenundzwanzig Jahren, die Carlo und ich nun zusammen leben, daß er mich geschlagen hat. Oder daß er auch nur zornig geworden ist. Doch selbst heute noch spüre ich den Schmerz und die Demütigung körperlich. Meine Wange schmerzte noch tagelang.

12. Kapitel

Ich hatte mich schon sehr auf meinen ersten Film in London gefreut – „Der Schlüssel“ mit Carol Reed am Regiepult und William Holden und Trevor Howard als meine Partner –, aber bei meiner Ankunft hatte ich das Gefühl, daß irgend etwas nicht in Ordnung sei. Dieses Gefühl bestätigte sich, als Sir Carol und der Produzent und Drehbuchautor Carl Foreman mich im Hotel aufsuchten. Sie versuchten mir so freundlich und behutsam wie möglich die unangenehme Nachricht zu unterbreiten.

Obwohl man mich für die Rolle vorgesehen habe, erklärte mir Foreman, sei man nun doch zu der Überzeugung gelangt, daß ich eigentlich viel zu jung und einfach nicht glaubwürdig genug sei als Partnerin des bedeutend älteren William Holden. Diese Rolle müßte eigentlich eine reifere Frau spielen, meinte Foreman, und Ingrid Bergman sei bereit einzuspringen. Meine Jugend sei ein Handikap, über das man nicht hinwegsehen könne. Er bat mich um Verständnis, sagte, daß er sehr viel von mir als Schauspielerin halte und daß Carol und er bei der ersten möglichen Gelegenheit einen Film mit mir machen würden, der besser zu mir passe. Ich hatte das unbestimmte Gefühl, daß Sir Carol nicht unbedingt mit der Ansicht Foremans übereinstimmte.

Im ersten Augenblick wollte ich nachgeben. Doch gerade diese Rolle wollte ich spielen. Obwohl sie nicht sehr groß war, hatte sie doch einiges zu bieten, was mich reizte. Wenn ich ein Drehbuch lese, ist der Umfang der Rolle, die Anzahl der Einstellungen und ähnliches nebensächlich für mich; das einzige, was für mich zählt, ist die Art der Rolle und die Möglichkeiten, die sich schauspielerisch bieten. Und gerade dieser Part sagte mir zu. Ich war überzeugt, daß ich damit den Durchbruch als ernst zu nehmende Schauspielerin erzielen würde. Und so überwand ich zum ersten und einzigen Mal in meinem Leben meinen Impuls, folgsam zu sein und zurückzutreten. „Es tut mir leid", sagte ich, „aber ich kann Ihnen nicht zustimmen. Ich habe mich bereits auf diese Rolle eingestellt. Ich glaube auch nicht, daß es irgendwelche Schwierigkeiten zwischen Mr. Holden und mir geben wird. Ich habe einen Vertrag unterzeichnet, und ich möchte diesen Film machen."

Meine Haltung verblüffte die beiden Herren. Sie hatten wohl keine Schwierigkeiten erwartet. Schließlich war ich eine Anfängerin, und es hätte doch wohl mein Wunsch sein müssen, mit zwei der wichtigsten Regisseure der Welt in gutem Einvernehmen zu bleiben.

Sie hatten also keine andere Wahl, als sich mit mir abzufinden, was aber mich betraf, so war mir klar, daß ich unter diesen Umständen mein Bestes geben mußte. Sie arrangierten eine Lesung des Drehbuches für die Schauspieler. Da ich mich aber inzwischen so eingeschüchtert und unbehaglich fühlte, daß ich genau wußte, keine überzeugende Leistung erbringen zu können, gab ich vor, krank zu sein, und erschien nicht zur Lesung. Auch bei den folgenden Proben kreuzte ich nicht auf und schützte weiterhin Krankheit vor. Rein psychologisch fühlte ich mich durch ihre Haltung bloßgestellt und wollte mich nicht einer, wie ich glaubte, negativen Situation aussetzen. Sozusagen einem: Nun zeig uns erst mal, was du überhaupt kannst.

Um ehrlich zu sein, kann ich bis zum heutigen Tag nicht Szenen proben, bevor sie gedreht werden. Ich gehe die Szenen wohl einmal durch, um die technischen Details kennenzulernen, wobei ich lediglich markiere, aber ich kann einfach nicht richtig spielen, wenn die Kamera nicht läuft. Wenn ich mit

Schauspielern arbeite, die Proben brauchen, um sich aufzuwärmen, tue ich, so gut ich kann, mit, aber meine Leistung ist dabei nie viel mehr als ein oberflächliches Agieren. Ich fühle mich gehemmt und entblößt, wenn die Kamera nicht läuft. Das mag vielleicht daran liegen, daß ich im Grunde ein Amateur und kein Profi bin. Eine professionelle Schauspielerin sollte in der Lage sein zu proben und, wenn nötig, voll auszuspielen, aber ich habe nie eine ordentliche Ausbildung erhalten, und meine Darstellung besteht einfach darin, daß ich meinen elementaren Instinkten gehorche. So wie in vielen anderen Situationen auch bin ich im Studio ein Doppelwesen, und die Schauspielerin in mir tritt erst in dem Augenblick in Erscheinung, wo es die Kamera verlangt. Das Wort „Aufnahme" macht mich frei, ich streife meine Befangenheit ab und fühle mich enthemmt, ja sogar verwegen. Für diese Verwandlung, die die surrende Kamera in mir bewirkt, gibt es keine Erklärung. Diese geheimnisvolle, nicht wirklich faßbare Veränderung kann man nicht mit Worten wiedergeben.

Obwohl ich weder bei den Lesungen noch bei den Proben zu dem Streifen „Der Schlüssel" erschien, arbeitete ich in meinem Hotelzimmer sehr fleißig an dem Drehbuch. Ich hatte diese Rolle nun einmal übernommen und war entschlossen, gute Arbeit zu leisten.

Und ich versagte nicht. Nach einem etwas zaghaften Start begannen Sir Carol und ich einander besser zu verstehen und zu respektieren. Er war reserviert, sehr englisch, sehr introvertiert, wortkarg, gleichzeitig aber sehr hilfsbereit. Er ließ mir völlige Freiheit in meiner Darstellung, ich durfte meine Emotionen so zeigen, wie ich sie empfand, und er versuchte nicht, mir seine eigene Auffassung von der Rolle aufzuzwingen, es sei denn, daß er da und dort kleine Änderungen für ratsam hielt. Sir Carol vertraute meinen natürlichen Instinkten, und ich selbst gewann bald vollstes Vertrauen zu ihm – meiner Meinung nach die vollkommenste und idealste Verbindung, die es zwischen Regisseur und Darsteller geben kann.

Ich verwende das Wort „vollkommen", und dennoch war es bei de Sica das genaue Gegenteil. Aber de Sica war eine Klasse für sich. Kein anderer Regisseur konnte das tun, was de Sica tat. Er spielte jede Rolle mit, kannte alle Texte auswendig. Hinter der Kamera stehend, stellte er den gesamten Streifen szenisch dar, meinen Part, den von Marcello, die Rollen der Kinder, jeden einzelnen. Er war eben selbst Vollblutschauspieler, und das war seine ganz persönliche Technik. Er wollte nicht, daß wir ihn kopierten, aber indem wir ihn beobachteten, lernten wir seine Vorstellungen kennen; dennoch sollten wir unsere eigene Auffassung zum Ausdruck bringen. Während andere Regisseure vielleicht in einer halben Stunde eine Szene genau erklärten, konkretisierte de Sica sie mit einigen wenigen geschickten mimischen Andeutungen.

Noch vor Beendigung der Dreharbeiten zu „Der Schlüssel" teilte mir Foreman mit, wie glücklich er sei, daß ich mich geweigert hatte, von der Rolle zurückzutreten.

Mein Vater war plötzlich wieder in meinem Leben aufgetaucht, hatte sich sozusagen materialisiert – und ich verwende diesen Ausdruck ganz bewußt. Eines Tages teilte mir meine Mutter mit, daß Vater sich entschlossen habe, seine Frau und seine Kinder zu verlassen und wieder mit ihr zusammen zu leben. Ich hatte meiner Mutter eine sehr schöne Wohnung in Rom gemietet. Er wollte sich offenbar nun um sie kümmern und ihr endlich der Ehemann sein, der er nie gewesen war. Und er begann auch Vorschläge für meine Geldanlagen zu machen.

Ich machte meiner Mutter unmißverständlich klar, daß sich Carlo um meine finanziellen und beruflichen Angelegenheiten kümmere, weil ich Vertrauen zu ihm, aber keineswegs zu meinem Vater hätte. Ich wollte wegen meines Vaters nicht wieder Enttäuschungen und Herzweh erleiden. Es ist natürlich möglich, daß er es wirklich ehrlich meinte und mein Geld gut angelegt hätte, aber Tatsache ist, daß mir Geld gleichgültig ist, immer gleichgültig gewesen ist. Was mich wirklich beunruhigt, das sind die Gefühle, die involviert sind, wenn Leute durch Geld verdorben werden.

Am meisten bringt es mich jedoch aus der Fassung, wenn ein Mensch, dem ich vertraue, dieses Vertrauen mißbraucht. Meine Bindung an Menschen, denen ich vertraue, ist eine hundertprozentige. Wie sollte es auch anders sein? Gibt es überhaupt etwas wie halbes Vertrauen? Vertrauen als solches schließt ja von vornherein alle Vorbehalte aus, jeden Zweifel, und die einzige mir bekannte Möglichkeit, herauszufinden, ob jemand vertrauenswürdig ist, ist, ihm zu vertrauen.

Ich bin hin und wieder auch ausgenützt worden, was seelische Wunden hinterließ, die lange nicht heilten. Anderseits habe ich vielen Menschen Vertrauen entgegengebracht, die auch mir vertrauten und mich nie enttäuschten. Daraus entstanden die wertvollsten Bindungen und Freundschaften in meinem Leben. Mit meinem Vater konnte und wollte ich dieses Risiko jedoch nicht eingehen. Ich wollte viel lieber, daß die alten Wunden heilten und die Erinnerungen an den Schmerz, den er uns bereitet hatte, allmählich verblaßten.

Nach drei mit meiner Mutter gemeinsam verlebten Jahren, in denen sie unaufhörlich miteinander stritten, verließ mein Vater sie wegen einer attraktiven jungen Deutschen. Nachdem er zu dieser Frau gezogen war, hörte ich nie wieder ein Wort von ihm über Geldanlagen.

Wenige Jahre darauf trat er jedoch wieder in mein Leben, und zwar diesmal bei einem Prozeß. Im Verlauf eines Interviews, das ich einer deutschen Zeitschrift gewährte, hatte ich eine Erwähnung etwa des Inhalts gemacht, daß ich als Kind nicht einmal soviel wie ein Paar Schuhe von meinem Vater bekommen hätte. Daraufhin reichte mein Vater eine Verleumdungsklage ein. Er erschien vor Gericht und schwor, daß meine Angaben unrichtig seien, und verlangte Schadenersatz wegen Rufschädigung. Obwohl der Fall schließlich vom Gericht eingestellt wurde, noch bevor es zur Verhandlung kam, erregte die Sache ziemliches Aufsehen, was mir sehr peinlich war. Ich nehme an, mein Vater hatte erwartet, ich würde ihm Geld zahlen, damit er die Klage zurückziehe. Genau kann ich es nicht sagen. Der Vorfall belastete mich jedenfalls enorm.

Das italienische Strafrecht gestattet es jedem Bürger, sogar anonym, einen Mitmenschen eines kriminellen Vergehens zu beschuldigen. Als daher die Staatsanwaltschaft ein Schreiben einer Mailänderin namens Luisa Brambilla erhielt, von der ich noch nie in meinem Leben etwas gesehen oder gehört hatte, die Carlo der Bigamie und mich des Ehebruchs bezichtigte, war der Staatsanwalt verpflichtet, gegen uns gerichtlich vorzugehen. Signora Brambilla schrieb in ihrem Brief, daß sie als verheiratete Frau und Mutter unsere strafrechtliche Verfolgung fordere, um die Institution der Ehe in Italien zu schützen. Die Verdammung durch die katholische Kirche hatte sich damit zu einem Strafrechtsfall ausgewachsen.

Sobald die Presse Wind von der Geschichte bekam, wurden Carlo und ich von allen Seiten angegriffen. Der Staatsanwalt erhielt zustimmende Briefe von Frauen aus ganz Italien; besonders traf mich ein Schreiben von einer Gruppe Frauen aus Pozzuoli, die mein Handeln verurteilten. Auch von Anwälten, Ärzten und Regierungsbeamten wurden wir angegriffen, und sogar die erlauchte römisch-katholische Liga für Moral beschuldigte uns der „Bigamie und des öffentlichen Ehebruchs". Ich kann mich nicht erinnern, daß auch nur in einem einzigen Brief an den Staatsanwalt für uns Partei ergriffen worden wäre.

Bei der ersten Voruntersuchung vor dem Zivilrichter erschien kein einziger dieser Ankläger vor Gericht, um seine Anzeige persönlich vorzubringen, aber das italienische Gesetz verpflichtet sie auch nicht dazu. Der Richter unterzeichnete die Vollmachten des Staatsanwaltes, welche besagten, daß wir verhaftet und eingesperrt werden könnten, sobald wir italienischen Boden betraten. Die Grundlage für diese Anklage der

Bigamie war einfach dadurch gegeben, daß die Kirche unsere mexikanische Eheschließung für ungesetzlich erklärt hatte. Was bedeutete, daß Carlo noch immer mit seiner ersten Frau rechtskräftig verheiratet gewesen war, als er und ich in Mexiko getraut worden waren. Unser Heimatland Italien hatte also die Tore vor uns geschlossen. Wir waren Verbannte.

Was mich betraf, so wollte ich allen trotzig die Stirn bieten, egal, was sie über mich sagten, egal, wie hart sie uns verurteilten. Wenn ich tief in meinem Inneren überzeugt bin, das Richtige zu tun – und wenn ich mein eigenes Gewissen zu Rate ziehe, bin ich der einzige Richter über Recht und Unrecht –, dann zerbreche ich mir nicht den Kopf darüber, was die Zeitungen schreiben, und versuche weder zu analysieren, warum man mich verfolgt, noch mich zu rechtfertigen. Ich bin im Recht, und mehr gibt es dazu nicht zu sagen. Meine felsenfeste Überzeugung hält mich aufrecht. Ich fühle keine Schuld, sosehr die Frömmler sich auch gegen mich ereifern mögen. Und zu Selbstbezichtigungen fehlt mir die Gabe.

Jene Frau Brambilla tat mir von Herzen leid. Was für ein armseliges und liebeleeres Leben mußte sie führen, daß sie die Kraft unserer Liebe und unseren sehnlichsten Wunsch nicht verstand, unser Leben gemeinsam zu leben und eben jene Ehe und Familie zu genießen und aufzubauen, deren Besudelung sie uns bezichtigte. Ich war entschlossen, mein Leben mit Carlo zu leben und durch alle Höhen und Tiefen zu gehen, die notwendig waren, um diese Ehe aufrechtzuerhalten und unsere Kinder zu gebären. Die Kraft zu dieser Entschlossenheit brauchte ich wohl, denn es sollte zehn Jahre dauern, bis wir unser Ziel erreichten, zehn ruhelose, zermürbende, manchmal gefahrvolle Jahre, bis wir endlich Mann und Frau werden konnten.

Die Ironie des Lebens! An eben jenem Tag, an dem ich in Italien zur Rechtsbrecherin gestempelt wurde, fand nach der Premiere des Films „Der Schlüssel" in London ein Empfang statt, bei dem ich der englischen Königin vorgestellt wurde. Aber selbst ein an sich so problemloses Ereignis wie dieses bekam für mich schließlich einen bitteren Nachgeschmack.

Es war meine erste Präsentation vor der englischen Königin; mit Hilfe eines Mitglieds des königlichen Haushaltes bereitete ich mich darauf vor. Ich lernte den Hofknicks, und um dem Anlaß entsprechend gekleidet zu sein, erstand ich ein wunderschönes Abendkleid. Den Nachmittag verbrachte ich mit meinem Coiffeur, der eine hinreißende Frisur für mich kreierte, in die er ein kleines Krönchen einflocht.

Als wir uns nach der Premiere versammelten, um der Königin vorgestellt zu werden, nahmen die verantwortlichen Leute mit Entsetzen zur Kenntnis, daß ich ein Krönchen in meinem Haar hatte. Man sagte mir, daß in Gegenwart der Königin niemand anderer eine Krone tragen dürfe. Ich war verzweifelt, aber es war zu spät, das Krönchen zu entfernen, ohne meine Frisur zu zerstören. In wenigen Minuten sollte die Königin erscheinen, und ich konnte nichts mehr unternehmen.

Sophias Schwester Maria

Königin Elizabeth war überaus huldvoll und freundlich. Während Sophia in einen Knicks versank, huschten die königlichen Augen für einen kurzen Augenblick zu Sophias Krönchen hin, aber das Lächeln der Königin blieb unverändert. Am nächsten Morgen jedoch hatten die englischen Zeitungen die Aufmacher ihres Lebens. „Jetzt hat England zwei Königinnen", schrieben sie, „Königin Elizabeth und Königin Sophia." Auf allen Titelseiten prangten wir mit unseren Kronen. „Gestern abend versuchte die Schauspielerin Sophia Loren die englische Königin an die Wand zu spielen."

Es war wirklich eine tolle Sache, und Sophia erhielt mehr Publicity durch diesen Zwischenfall mit der Krone als alle übrigen Mitwirkenden.

Als es zum ersten Mal mit Clark Gable passierte, war ich wirklich sehr verdutzt. Wir waren mitten in einer Liebesszene für den Streifen „Es begann in Neapel", als ein schriller Summton irgendwo aus der Gegend seines Handgelenks ertönte. Im selben Augenblick ließ Clark mich los, klopfte mir freundlich auf die Schulter, sagte „Bis morgen" und verschwand.

So war Clark Gable eben. Ein Profi durch und durch. Er kam auf die Minute pünktlich, konnte seinen Text und verschwand in dem Moment, wo seine Armbanduhr fünf Uhr zu summen begann. Für ihn war die Schauspielerei nichts anderes als ein Neun-bis-fünf-Uhr-Job, und seine Armbanduhr ersetzte ihm die Fabrikssirene.

Ich versuche stets, eine freundschaftliche Beziehung zu meinen Partnern herzustellen, weil das Publikum solche Dinge immer instinktiv fühlt. Und außerdem – wenn man um sieben Uhr früh vor die Kamera treten und jemanden küssen oder mit ihm ins Bett gehen muß, so ist es entschieden besser, ein freundschaftliches Gefühl für ihn zu hegen. Sicherlich konnte man mit manchen männlichen Hauptdarstellern schneller Freundschaften schließen als mit anderen, aber von allen Männern, mit denen ich je vor der Kamera gestanden habe (von Cary Grant will ich hier nicht reden), übten zwei eine besonders starke Anziehungskraft auf mich aus. Was mich bei einem Mann vor allen anderen Dingen anspricht, sind nicht seine körperlichen, sondern seine geistigen Qualitäten, und ich war absolut fasziniert von der lebhaften, intelligenten, humorvollen Art von Peter Sellers und Alec Guinness.

Ich drehte gerade „Prinzessin Olympia" mit Jean Gabin und Maurice Chevalier in Wien, als ich eine offizielle Einladung zu den Filmfestspielen in Venedig erhielt. Der Streifen „Die schwarze Orchidee" war für die Wahl vorgeschlagen worden, und ich sollte für den Filmpreis der besten Schauspielerin kandidieren. Aber Carlo und ich dachten an die möglichen Folgen, wenn wir nach Italien reisten, solange wir strafrechtlich verfolgt wurden. Die Festspieleinladung konnte auch eine Falle sein, um uns zu verhaften, unsere Pässe zu konfiszieren und uns einzusperren. Italien kennt keinen Vorführungsbefehl mit Anordnung der Prüfung der Haftgründe. Das heißt, daß jemand auf unbestimmte Zeit festgehalten werden kann, ohne Verhör und Verhandlung.

Carlo setzte sich also mit den Festspielleuten in Verbindung und traf folgende Abmachung mit ihnen: Carlo, als der angebliche Bigamist, war der Hauptschuldige, und ich, die angebliche Ehebrecherin, die geringere Straftäterin; daher würde ich, als die geringer Schuldige, dem Festival beiwohnen, allerdings nur unter der Zusicherung, daß die Polizei mir freie Fahrt nach und aus Italien garantierte. Die Festspielleitung gab uns diese Zusicherung, aber ich muß zugeben, daß eine vor Angst schlotternde Sophia Loren in Venedig aus dem Zug stieg. Fast erwartete ich, daß die Carabinieri mich in Empfang nehmen und abführen würden.

Meine Befürchtungen waren völlig unbegründet. Nicht Carabinieri begrüßten mich, sondern eine festliche Schar lachender, winkender Italiener und eine Willkommensflotte von Gondeln und Motorbooten auf dem Canale Grande, die mich mit einem Hupkonzert feierten. Es war eine triumphale Rückkehr nach mehr als vier Jahren Abwesenheit von Italien, und daß ich als Ehebrecherin angeklagt war, schien die Begeisterung der Venezianer nicht besonders zu dämpfen.

Am Abend dann erschauerte ich förmlich, als ich meinen Namen als beste Schauspielerin nennen hörte. Als ich auf der Bühne stand, vor meinen applaudierenden, jubelnden Landsleuten, und die Volpi-Plakette für die beste schauspielerische

Leistung überreicht bekam, mußte ich mich sehr bemühen, meine bösen Gedanken und Gefühle zu verdrängen. Die Leute schienen mir mit dieser wirklich ehrlichen Ovation zeigen zu wollen, daß ich trotz der harten, gegen mich geäußerten Angriffe noch immer einen Platz in ihrem Herzen hatte.

Aber wie dem auch sei, als ich Italien an jenem Abend wieder verließ, waren die strafrechtlichen Anklagen gegen uns in keiner Weise fallengelassen worden, und Rom war noch genauso unerreichbar für Carlo und mich wie zuvor.

Traurige Tatsache war, daß es für Carlo und mich in Italien keinen Ort gab, wo wir leben konnten. Wir hatten kein Heim und keine Heimat, lebten in einer Mietvilla an der französischen Riviera, oder in einem gemieteten Chalet in der Schweiz, aber mit unseren Gedanken unentwegt in Italien weilend und eine unaufhörliche, ungestillte Sehnsucht nach unserer Heimat im Herzen. Wenn mein Heimweh in der Schweiz unerträglich wurde, pflegte Carlo den ganzen Weg hinauf auf den Furkapaß oder den St. Gotthard zu fahren, wo wir einen prachtvollen Rundblick auf die italienische Landschaft in der Ferne hatten. Es gab nicht sehr viel zu sehen, aber es war Italien, und schon das allein erquickte uns.

Carlo bestürmte seine Anwälte in Rom unaufhörlich, einen Weg zu finden, die gegen ihn erhobenen Anklagen – wegen der mexikanischen Heirat – außer Kraft zu setzen. Und endlich, nach fünf Jahren harter Kämpfe und zäher Verhandlungen, gelang es ihnen. Aber es war weit mehr eine Sache des Glücks als ihrer Schlauheit. Nach mexikanischem Recht muß eine Eheschließung vor einem Notar stattfinden und die Heiratsurkunde von der Braut, dem Bräutigam und zwei Zeugen unterzeichnet werden. In unserem Fall hatten es die bevollmächtigten Anwälte, die unsere Scheidungs- und Heiratsformalitäten für uns durchführten, übersehen, die zwei erforderlichen Zeugen beizustellen. Das bedeutete also, daß unsere Heirat ungültig war und Carlo und ich nicht rechtmäßig in Mexiko geheiratet hatten; Carlo war daher nach wie vor nur mit seiner ersten Frau verheiratet und kein Bigamist.

Bevor das römische Gericht diesen Einwand prüfte, forderte es die mexikanische Heiratsurkunde zur Vorlage an. Aber als der Gerichtsbeamte in Juárez in den Akten nach der Urkunde suchte, stellte er fest, daß das Ponti-Scicolone-Dokument verschwunden war. Eine detektivische Meisterleistung förderte das verlorengegangene Dokument schließlich bei einem italienischen Journalisten zutage, der es aus dem Gerichtsgebäude in Juárez entwendet hatte. Nach genauem Studium der Urkunde war aus dem Richter nicht mehr herauszubekommen, als daß er sich die Angelegenheit durch den Kopf gehen lassen wolle.

„Die Zeit ist gekommen", sagte Carlo zu mir, „Mut zu zeigen. Laß uns nach Rom zurückgehen und unser Glück versuchen. Ich glaube nicht, daß sie uns jetzt noch belästigen, solange wir nicht gemeinsam wohnen."

„Nicht gemeinsam wohnen?"

„Ich meine, offiziell zusammen wohnen. Wir müssen eben ein wenig vorsichtig sein, aber es wird herrlich sein, wenn unser Exil ein Ende hat."

13. Kapitel

Carlo Ponti

Ich hatte ursprünglich vorgehabt, den Streifen „Und dennoch leben sie“ mit der Paramount und mit George Cukor als Regisseur zu machen. Cukor hatte vorgesehen, Anna Magnani für die Rolle der Mutter und Sophia für die Tochter zu engagieren. Bevor wir jedoch alle Rollen verteilten, wollten wir ein fertiges Drehbuch haben. Wir legten also den Roman von Alberto Moravia in Hollywood einem hervorragenden Drehbuchautor nach dem anderen vor, aber einer nach dem anderen lehnte ab. Das Buch gefiel ihnen, aber sie konnten sich nicht vorstellen, wie ein Film daraus zu machen sei. Der Roman habe keine Handlung, meinten Sie, es geschehe zu wenig; er zeige bloß einzelne Charaktere in bestimmten Situationen, jedoch ohne jede Weiterentwicklung.
Dann flog Cukor nach Rom, um mit der Magnani zu sprechen. Sie hatte das Buch gelesen, wollte aber unter keinen Umständen die Mutter spielen, wenn Sophia die Rolle ihrer Tochter übernähme. „Sie ist zu groß“, erklärte sie Cukor. „Wie kann ich neben einer Tochter spielen, zu der ich aufblicken muß?“ Ich kannte Anna Magnani seit vielen Jahren, wir waren eng befreundet. Ich versuchte sie zu bewegen, ihre Meinung zu ändern, aber sie war schon immer die eigensinnigste Frau gewesen, die ich kannte. „Die Rolle der Mutter würde ich gerne übernehmen, aber

nicht mit Sophia als Tochter." Und dabei blieb sie. Ohne die Magnani war der Film für den Regisseur Cukor uninteressant, und er legte die Arbeit zurück. Und so kaufte ich die Rechte von der Paramount und engagierte de Sica als Regisseur und Zavattini als Drehbuchautor.

Ich glaube, daß Anna Magnani es nie wirklich verwunden hat, die Rolle damals abgelehnt zu haben. „Sophia Loren macht alle meine Filme", beklagte sie sich einmal bitter. Ich bewunderte und respektierte Anna, mit der mich eine jahrelange Freundschaft verband; wenn ich sie nur hätte dazu überreden können, die Rolle in „Und dennoch leben sie" zu übernehmen, wie anders mag wohl das Ende ihres Lebens verlaufen sein.

De Sica war mit meiner Film-Odyssee in den englischsprachigen Raum, vor allem mit der Hollywood-Exkursion, gar nicht einverstanden gewesen. In den sechs Jahren Abwesenheit von Italien hatte ich drüben ungefähr zehn Filme gedreht. Nun aber hatte Carlo ihm ein Projekt vorgelegt, das uns wieder zusammenführen sollte, nämlich Alberto Moravias Roman „Zwei Frauen". Der Roman spielte in Italien während des Weltkrieges und zeigte das Leben und die Zustände, wie ich sie in Pozzuoli und Neapel selbst erlebt hatte.

Obwohl es Cukor nicht gelungen war, Anna Magnani für die Rolle der fünfzigjährigen Witwe zu gewinnen, die zwar tapfer, aber erfolglos darum kämpft, ihre achtzehnjährige Tochter, mit der sie sich auf der Flucht befindet, vor den Schrecken des Krieges zu bewahren, war de Sica davon überzeugt, die Magnani dazu überreden zu können. Ich freute mich sehr auf eine eventuelle Zusammenarbeit mit der Magnani, der Doyenne unter den italienischen Schauspielerinnen. Aber als de Sica den Film mit ihr besprechen wollte, lehnte sie mich abermals als Partnerin ab.

„Bitte, Anna", sagte de Sica beschwichtigend, „vertrau mir doch, daß ich das Gleichgewicht zwischen euch halten kann."

„Du willst mich also unbedingt für die Rolle der Mutter? Fein, dann möchte ich dir jemand für die Rolle der Tochter vorschlagen: Anna Maria Pierangeli. Wir würden ausgezeichnet harmonieren."

Aber de Sica beharrte auf seinem Standpunkt und versuchte Anna Magnani dahin zu bringen, mich zu akzeptieren. Doch je mehr er darauf beharrte, desto mehr versteifte sie sich darauf, mich nicht in dieser Rolle neben sich zu haben. Schließlich sagte die Magnani, in der vollen Absicht, ihn zu ärgern: „Hör einmal, Vittorio, wenn du so versessen darauf bist, Sophia in dem Film zu haben, warum läßt du sie dann eigentlich nicht die Rolle der Mutter spielen?"

Dieser Gedanke war de Sica natürlich noch nicht gekommen, aber sobald er ihn hörte, war er von der Möglichkeit fasziniert. Als er sich von Anna Magnani verabschiedete, sagte er: „Ist das dein letztes Wort, was Sophia betrifft?"

„Ja, mein letztes!"

„Nun gut", meinte de Sica, „vielleicht werde ich deinen Vorschlag aufgreifen und sie die Mutter spielen lassen. Danke übrigens für den guten Tip."

De Sica sandte mir ein Telegramm: „Was hältst du davon, die Mutter zu spielen, mit einer ungefähr dreizehnjährigen Tochter?"

Ich stimmte sofort zu. Die Rolle der Mutter war großartig, und ich hatte absolutes Vertrauen in de Sica, daß er mich bei diesem Part bestens führen und beraten würde. Es war also Anna Magnani, der ich letztlich die Rolle meines Lebens verdanke und die meine ganze Karriere in eine andere Richtung geführt hat.

Nach all den überzuckerten Klischees, die ich bis jetzt gespielt hatte, würde ich mich natürlich sehr anstrengen und sehr hart arbeiten müssen, um diese erdgebundene, naturhafte Frau zu verkörpern. „Es wird nicht leicht sein", warnte mich de Sica. „Du bist noch nicht einmal sechsundzwanzig und mußt als zehn Jahre ältere Frau überzeugend wirken. Du hast eine dreizehnjährige Tochter. Du bist arm, hast immer hart gearbeitet, aber ein anständiges Leben geführt und dich ganz der Erziehung dieses jungen Mädchens gewidmet. Du hast stets in sehr einfachen Verhältnissen gelebt; deine ganze Lebenseinstellung ist primitiv, einfach, klar. Die Kriegsjahre waren schrecklich und haben dich weit über deine Jahre hinaus altern lassen. Wir werden diese Szenen daher ohne Make-up drehen und dich genauso kleiden, wie die Bäuerinnen hier angezogen sind. Du hast das alles ja tatsächlich erlebt, Sophia. Du weißt selbst am besten darüber Bescheid. Wenn du diese Frau wirklich so überzeugend darstellen kannst, ohne einen Gedanken auf dein Aussehen zu verschwenden, ohne deine innersten Gefühle zu unterdrücken und alles, was du empfindest, in die Rolle einfließen läßt, dann garantiere ich dir, daß das die Rolle deines Lebens ist!"

Um mich auf die Rolle vorzubereiten und einzustimmen, wanderte ich gedanklich weit in meine Kindheit und Jugend zurück, ließ die Erinnerungen an die Bombenangriffe, an die Nächte im Tunnel, an die Morde, die Vergewaltigungen, den Hunger und die Unmenschlichkeit ganz von mir Besitz ergreifen. Ich versuchte in die Gefühlswelt meiner Mutter hineinzuschlüpfen, versuchte mich an sie zu erinnern, damals, im Krieg, an ihre Ängste, ihre Opfer und besonders an die Art, wie sie uns vor den Schrecken des Krieges wild verteidigt hatte.

Der Höhepunkt des Streifens ist eine Szene in einem verlassenen, ausgebombten Kirchenschiff, wohin ich mit meiner Tochter während unserer schrecklichen Flucht vor den alliierten Bombern, die unseren Heimatort angriffen, geflohen bin. Plötzlich taucht eine Gruppe marokkanischer Soldaten aus dem Schatten der Kirche auf, stürzt sich wie wild auf uns und vergewaltigt uns. Hierauf lassen sie uns körperlich und seelisch zerschlagen zwischen den zerbombten Trümmern der Kirche liegen. Die seelische Qual, unter der ich meine vergewaltigte dreizehnjährige Tochter, um die ich so hart gekämpft habe, um sie in den vorangegangenen Monaten zu beschützen, mühsam wieder aufzurichten versuche, der Verlust des letzten in meinem Leben, das noch Wert und Bedeutung für mich gehabt hat – ich wußte, daß diese Dinge die Szene zur schwierigsten des ganzen Films machten.

In der Nacht, bevor wir die Szene drehten, versuchte ich die Erinnerung an alle meine Gefühle und Ängste wachzurufen, die die in unserem Wohnhaus in Pozzuoli im Erdgeschoß stationierten marokkanischen Soldaten damals in mir entfacht hatten: Ich erlebte noch einmal die Panik, die mich an jenen Abenden ergriff, wenn die Soldaten betrunken an unsere Tür hämmerten und ihre rauhen und unverständlichen Stimmen durch das Haus hallten.

Obwohl ich mich auf meine eigenen Erfahrungen stützen konnte, darf man nicht glauben, daß mir das alles besonders leichtfiel. Rückblickend möchte ich sogar sagen, daß dies die schwierigste Rolle meines Lebens war. Denn es war äußerst belastend und schmerzlich für mich, die Ängste und Schrekken meiner Mädchenzeit noch einmal durchleben und gleichzeitig meine echten Gefühle in die Rolle, die ich zu spielen hatte, einfließen lassen zu müssen. In der Erinnerung betrachtete ich meine Erfahrungen noch immer mit den Augen und den Gefühlsregungen des jungen Mädchens, der Rolle entsprechend sollte ich sie aber mit den Augen einer gequälten Frau sehen. Über weite Teile des Films porträtierte ich meine Mutter und verhielt mich so, wie ich glaubte, daß sie sich verhalten hätte, wenn in einer jener schrecklichen Nächte in Pozzuoli die marokkanischen Soldaten unsere Wohnungstür tatsächlich eingetreten und mich vergewaltigt hätten.

Im Verlauf der Arbeit an dem Film griff ich immer wieder auf die Erinnerungen an jene Kriegsjahre zurück und bereicherte meine Rolle damit. Hinter der Kamera stehend, verfolgte de Sica mit angespanntem Gesichtsausdruck jede meiner Bewegungen, überwachte jedes einzelne Wort, die unmerklichste Veränderung in meiner Stimmung und versuchte mich unaufhörlich in Balance zu halten: er holte mich auf die Erde herunter, wenn ich zu überspielen begann, und kurbelte meine Darstellung unmerklich an, wenn er es für notwendig hielt. Ohne de Sica hätte ich diese Rolle nie so spielen können. Er gab mir die Kraft, über mich selbst hinauszuwachsen, in Regionen zu gelangen, in die ich mich nie im Leben gewagt hätte. Dank seiner Unterstützung gelang es mir sogar, einzelne Schlüsselstellen frei und ohne jede Selbstkontrolle zu spielen, so wie ein Schirennläufer alle Selbstbeherrschung in den Wind schlägt, wenn es gilt, einer neuen Bestzeit nachzujagen.

Bis zu dem Film „Und dennoch leben sie" war ich eine Darstellerin gewesen. Nach diesem Film war ich zur Schauspielerin geworden.

Carlo und ich führten ein sehr seltsames Leben in Rom. Wir wurden andauernd überwacht und mußten die verrücktesten Winkelzüge ersinnen, um zusammen sein zu können und nicht ins Gefängnis geworfen zu werden – was die Staatsanwaltschaft liebend gern getan hätte. So gestaltete sich unser Zusammenleben zu einem Katz-und-Maus-Spiel. Ständig waren wir darauf bedacht, unsere Spuren zu verwischen und unsere Umwelt an der Nase herumzuführen. Manche Nächte verbrachten wir in der Wohnung meiner Mutter. In regelmäßigen Abständen bezogen wir andere Wohnungen, häufig mieteten wir uns auch unter falschem Namen ein. Manchmal schliefen wir auch für eine Nacht bei Freunden. Wenn wir zu einem Abendessen eingeladen waren, kamen und gingen wir stets getrennt, oder zumindest gemeinsam mit mehreren anderen Gästen.

In der Öffentlichkeit traten wir natürlich niemals gemeinsam in Erscheinung. Das war eine überaus anstrengende Art zu leben, aber ich muß gestehen, daß das Räuber-und-Gendarm-Spiel auch seine Reize hatte. Wir verhielten uns wie zwei Liebende, die vor einem tödlich eifersüchtigen Ehemann ständig auf der Flucht sein müssen. Aber was es uns auch an

Erfindungsgeist kostete, es war die Mühe wert, weil wir nun wieder in Rom lebten und nicht mehr im Exil. Ich liebte die Stadt mehr denn je und war glücklich, in meiner vertrauten Umgebung und unter meinen lieben Freunden zu sein.

Allerdings waren die Aussichten, Carlo heiraten zu können, nach wie vor äußerst düster. Wir standen weiterhin unter Anklage. Carlo war theoretisch noch immer mit seiner Frau verheiratet. Seine Anwälte kamen einfach keinen Schritt weiter. Sechs Jahre waren inzwischen vergangen, seit mir Carlo jenen schicksalhaften Diamantring während der Dreharbeiten zu „Die Frau vom Fluß“ geschenkt hatte. Es war ein Rätsel ohne Lösung.

Ich flehte meine Schwester an, Romano Mussolini nicht zu heiraten. Ich hatte nichts gegen den Namen. Meiner Meinung nach werden die Sünden der Väter sicher nicht an den Söhnen vergolten. Nein, das war es nicht. Was mich vielmehr störte, war die Tatsache, daß ich, die ich Maria so gut kannte, überzeugt war, daß sie eine stärkere Persönlichkeit als Romano an ihrer Seite brauchte. Er war ein sehr talentierter Jazzpianist, den Maria auf einem Jazzfestival kennengelernt hatte, und ich nehme an, daß es die Musik war, die die beiden zueinander führte.

In meinen Augen war Romano ein Mann voller Komplexe und Hemmungen; möglicherweise waren daran seine Vergangenheit und sein Name schuld. Ich hielt ihn absolut nicht für den richtigen Mann für Maria. Und ich sagte ihr das auch, als sie mich fragte, wie er mir gefiele.

Aber Maria schenkte meinen Vorbehalten und Warnungen keine Beachtung. Sie war auf diese Heirat versessen, und nichts konnte sie davon abhalten. Eine gute Seite allerdings hatte Marias Hartnäckigkeit: ich lernte Rachele Mussolini kennen, die Gattin von Benito Mussolini in all den Jahren seiner Herrschaft über Italien. Sie lebte zurückgezogen in einer Kleinstadt im Norden und war eine der schönsten und außergewöhnlichsten Frauen, die ich je kennengelernt hatte. Die zarte Dame mit dem weißen Haar und den strahlend blauen Augen war anfangs etwas zurückhaltend mir gegenüber – wahrscheinlich weil ich ein Filmstar war und in einem teuren Auto ankam –, aber bis zum Zeitpunkt des Abschieds hatte sie mich voll akzeptiert. Sie lud mich sogar zum Mittagessen ein, und wir verbrachten eine herrliche Zeit in ihrer Küche, wo wir Spaghetti mit Kalbfleisch-*sugo* kochten.

Trotz ihres Alters war sie voller Leben und Energie, überaus intelligent und einfühlsam, stets bemüht, anderen Menschen zu helfen und bereit, um das zu kämpfen, woran sie glaubte. Sie sprach von ihrem Mann immer nur als „der Duce", aber ausgenommen die Erwähnung, daß er in den Einflußbereich schlechter Menschen geraten sei, versuchte sie nie, ihn zu entschuldigen. In ihrer Privatkapelle lagen einige Überreste seines Körpers begraben. Sie liebte ihn noch immer mit großer Heftigkeit, und die Art, wie sie von ihm sprach, zeugte von ihrer unerschütterlichen Liebe. Ich fand, daß sie keine Faschistin war, sondern vielmehr immer noch Sozialistin, wie damals, als sie Mussolini kennenlernte. Meine Bewunderung für sie kannte keine Grenzen. Ihr Mann war an der Seite seiner Geliebten, Clara Petacci, getötet worden. Er hatte die letzte Nacht seines Lebens mit ihr verbracht, und die beiden waren im Morgengrauen aus ihrem Zimmer gelockt und mit Maschinenpistolen erschossen worden, wobei Clara sich noch vor Mussolini zu werfen versucht hatte, um die Kugeln von ihm abzuwehren. Und dennoch kannte Rachele keine Rachegefühle für den Mann, der seine Geliebte ihr vorgezogen hatte. Sondern nur Liebe. Sie liebte ihn noch immer für das, was er wohl in ihr Leben gebracht haben mochte. Niemand kann mehr lieben, dachte ich. Dabei blickte ich auf ihr wunderschönes weißes Haupt, das sie fast wie in Gebetshaltung über den Teller neigte. Sie lebte ganz allein, ohne jede Mittel; das einzige Vermächtnis ihres Mannes war, wie ich glaube, die drückende Last seines Namens – und dennoch verzehrte sie sich in Liebe zu ihm.

Sophia versuchte mich von meiner Heirat mit Romano Mussolini abzubringen, indem sie fragte: „Ist er eine so starke Persönlichkeit, daß er dir all das geben kann, was du brauchst? Ist er nicht egoistisch und zu sehr auf sich selbst konzentriert? Hast du dir darüber Gedanken gemacht, was du von einem Partner erwartest und ob er deine Wünsche und Erwartungen erfüllen kann?“
Es gab tatsächlich zwei Gründe, warum ich Romano heiraten wollte, und keiner hatte irgend etwas mit ihm direkt zu tun. Erstens verliebte ich mich in seine Mutter. Sie war eine der bemerkenswertesten Frauen, die ich je kennengelernt hatte, und von dem Augenblick an, da ich sie zum ersten Mal in ihrem kleinen Bauernhaus in Forli sah, wo es nach frisch gebackenem Kuchen roch und *fettucini* vor dem Feuer zum Trocknen hingen, kamen wir glänzend miteinander aus. Ich liebe Babys und alte Menschen, und Rachele Mussolini war die faszinierendste alte Dame, die ich in meinem Leben getroffen hatte. Sie war weise, mitfühlend und rücksichtsvoll. Sie sagte zu mir: „Das hier wird immer dein Haus sein. Egal, ob du mit Romano verheiratet bist oder nicht, das ist dein Heim.“
Und Romano war wirklich der schwache, egozentrische Mann, wie Sophia ihn sah. Er war sogar mit einer anderen Frau liiert, als er mich heiratete. Aber ich war sehr jung, und was zählte mehr für mich, als daß er mir seinen Namen geben wollte? Die Tatsache, daß es einen Mann auf dieser Welt gab, der mich vor den Altar führen und mir vor Gott seinen Namen geben wollte, stellte alles andere in den Schatten. Auch war Sophia gerade zu diesem Zeitpunkt in großen Schwierigkeiten mit der Kirche und der Staatsanwaltschaft. Der Name Ponti, den sie durch die mexikanische Heirat erhalten hatte, war ihr wieder abgesprochen worden. Unehelich geboren, hatten wir beide von dem Tag geträumt, an dem wir selbst heiraten und unsere eigenen

Namen führen würden. Nun aber war Sophia öffentlich gedemütigt worden, und die Freude, Frau Ponti zu sein, hatte sich durch die vatikanische Anklage, eine „öffentliche Sünderin" zu sein, ins Gegenteil verkehrt. Man kann sich vorstellen, welch schwere Prüfung das für eine Frau bedeutet, die schon als Kind die schmerzliche Erfahrung der Unehelichkeit hatte erdulden müssen. So eigenartig es auch klingen mag, aber ich glaube, ich habe Romano Mussolini nur geheiratet, um nicht nur für mich, sondern auch für Sophia etwas zu beweisen.

Marias Hochzeit mit Romano war ein Riesenspektakel. Mehr als fünftausend Menschen drängten sich in der Kirche von Predappio und auf dem Platz vor der Kirche. Es war schauerlich. Überall lauerten die *paparazzi* und versuchten sogar vor dem Hochaltar, zu ihren Schnappschüssen zu kommen. Man erzählte mir, daß Romano ohnmächtig wurde und von einem Arzt wiederbelebt werden mußte, als er sich durch die zum Bersten gefüllte Kirche den Weg zum Altar bahnen wollte. Das mag sehr wohl stimmen, obwohl ich es nicht selbst gesehen habe. Während der ganzen Zeremonie hinderten mich die vor meinem Blickfeld klickenden Kameras daran, irgend etwas zu sehen. Der Lärm der *paparazzi,* die um den besten Blickwinkel kämpften, und der ohrenbetäubende Lärm, den die Leute draußen veranstalteten, um in die Kirche hineinzukommen, machten die Hochzeitszeremonie zunichte, im wahrsten Sinn des Wortes. Hinterher konnte ich kaum durch die schreiende Menge zu meinem Auto gelangen. Zum anschließenden Empfang zu gehen, war ausgeschlossen. Ich gab meinem Chauffeur den Auftrag, sofort nach Rom zurückzufahren. Als er so schnell wie möglich vom Kirchentor abfuhr, stieß er mit einem jungen Mann auf einer Vespa zusammen. Es war ein schrecklicher Unfall. Der junge Mann war auf der Stelle tot. Ich brauchte lange, um über die schrecklichen Nachwirkungen dieses Tages hinwegzukommen.

Marias Ehe mit Romano Mussolini dauerte gerade lange genug, daß zwei Kinder zur Welt kamen. Leider hatten mich meine Gefühle in bezug auf Romano nicht getäuscht. Er lebte sein Leben so weiter wie vor seiner Heirat – eben als verheirateter Junggeselle. So tun es übrigens die meisten italienischen Männer. Im allgemeinen kann man sagen, daß italienische Frauen voll und ganz heiraten, italienische Männer aber nur so weit, als es ihnen genehm ist. Er spielte mit seiner Jazzband und zog mit seinen Fans herum, und nach einigen Jahren hatte sich die Ehe totgelaufen.

Als ich erfuhr, daß ich für die Rolle in „Und dennoch leben sie" für den Oscar in Aussicht genommen war, verkündete ich in meiner ersten Begeisterung, daß ich der Preisverleihung in Hollywood beiwohnen würde. Ich hatte das Gefühl, daß schon allein die Nominierung eine Ehre für sich sei, darüber hinaus aber auch eine besonders selten gewährte für eine italienisch sprechende Schauspielerin in einem italienischen Film. Aber als ich dann etwas länger über die Sache nachdachte, änderte ich meine Meinung. Meine Konkurrenz war beängstigend: Audrey Hepburn in „Frühstück bei Tiffany"; Piper Laurie in „Haie der Großstadt"; Geraldine Page in „Sommer und Rauch"; Natalie Wood in „Fieber im Blut". Neben dieser gewaltigen Konkurrenz war auch noch die Tatsache zu bedenken, daß in der langen Geschichte der Academy Awards bisher noch nie ein Oscar an einen Schauspieler oder eine Schauspielerin in einem fremdsprachigen Film verliehen worden war. Anna Magnani hatte ihn zwar einmal gewonnen, für ihre Rolle in dem Streifen „Die tätowierte Rose", aber das war eine amerikanische Produktion in englischer Sprache gewesen.

Ich hatte das Gefühl, daß ich es nicht würde ertragen können, vor Millionen von Fernsehzuschauern dazusitzen, während über mein Schicksal entschieden wurde. Falls ich verlor, würde ich vielleicht vor Enttäuschung ohnmächtig werden; falls ich gewann, möglicherweise aus Freude in Ohnmacht fallen. Und anstatt die ganze Welt mit meinen Ohnmachten zu belästigen, beschloß ich, lieber daheim unter Ausschluß der Öffentlichkeit in Ohnmacht zu fallen.

Ich hatte mir wirklich keine reellen Chancen ausgerechnet. Aber die Hoffnung, dieser Schelm, ließ mich am Abend der Preisverleihung vor Nervosität nicht einschlafen. Der Fotograf Pier Luigi kam zu Besuch in meine Wohnung in Rom, um die Nacht mit mir vor dem Fernseher auszuharren. Um drei Uhr früh – es war 18 Uhr in Hollywood – entschloß ich mich endlich doch, zu Bett zu gehen, aber an Schlaf war nicht zu denken, und mein Herz klopfte wie verrückt; daher stand ich wieder auf und ging in den Salon zurück, um mit Pier zu plaudern. Das italienische Fernsehen und der Rundfunk brachten keine Meldung über die Preisverteilung in Hollywood. Um sechs Uhr früh wußte ich, daß die Zeremonie vorüber war und ich nicht gewonnen hatte. Pier Luigi bemühte sich, mich zu trösten, und schließlich ging ich zu Bett. Knapp vor sieben Uhr früh läutete das Telefon. Cary Grant war am Apparat.

„Liebling", sagte er, „weißt du's schon?"

„Was soll ich wissen?"

„Du hast gewonnen! Du hast den Oscar für die beste darstellerische Leistung bekommen! Ich bin ungeheuer froh, daß ich dir als erster diese Nachricht bringen kann."

Ich fiel zwar nicht in Ohnmacht, aber alles begann sich um mich zu drehen. Es war unbestreitbar der größte Freudenschock in meinem Leben.

Ich weiß, daß in jüngster Zeit mehrere Schauspieler sich gegen Wert und Sinn des Oscar ausgesprochen haben. Ich gehöre sicherlich nicht zu ihnen. Meiner persönlichen Meinung nach sollte einem Vollblutschauspieler, der stolz auf seine Leistung ist, das Urteil seiner Kollegen wichtig sein. Ich bin stolz auf jeden einzelnen Preis, den ich je erhalten habe – und meinen Oscar halte ich ganz besonders in Ehren. Vor einigen Jahren wurde er mir aus unserer Villa Marino gestohlen; die Diebe haben wohl geglaubt, er sei aus purem Gold. Ich überwies der Akademie sechzig Dollar, und sie sandten mir einen Ersatz-Oscar.

Sophias Mutter

In unserer Beziehung ist Sophia die Mutter, und ich bin die Tochter. Sie ruft mich regelmäßig an, um die Verbindung zwischen uns nicht abreißen zu lassen. Wenn ich seelisch etwas aus dem Gleichgewicht bin, versucht sie mich aufzurichten. Wenn mich die Einsamkeit bedrückt, muntert sie mich auf. Sie ist eine großartige Tochter. Soviel Menschlichkeit. Sie besitzt Liebenswürdigkeit und Sanftmut, die mir fehlen. Auch viel mehr Verständnis für andere als ich. Sie strahlt Ruhe aus, Gelassenheit. Eine gelassene Heiterkeit. Ich selbst habe viele Fehler; ich bin zu freimütig, zu unverblümt, zu schnell böse, nicht überlegt genug. Aber nur so konnte ich überhaupt überleben, und Sophia versteht das auch. Ich habe keine Freunde. Ich bin ein eigenartiger Charakter. Alles, was ich für mich vom Leben erhoffte und erträumte, hat Sophia erreicht. Ich lebe in ihrem Bild weiter.

Als wir damals nach Rom gingen, um ihre Karriere aufzubauen, kannte ich keine Menschenseele in Rom, aber ich zwang sie, durchzuhalten. Ich führte sie überall hin. Ich widmete mein ganzes Leben ihrer Karriere. Die Filmleute pflegten mich „der Marschall" zu nennen, weil ich Sophia immer im Schlepptau hatte. Es war mir leider nicht möglich, Maria bei ihrer Gesangskarriere zu unterstützen, weil ich meine ganze Kraft für Sophia brauchte und keine Energien mehr übrig hatte, um Maria weiterzuhelfen.

Aber ich bin reich entschädigt worden für alles, was ich für Sophia getan habe, denn was Sophia geschieht, geschieht auch mir. Ich bin Sophia. Als ihr der Oscar für den Streifen „Und dennoch leben sie" verliehen wurde, wurde er mir verliehen. Der Applaus galt mir. Ich hatte Erfüllung gefunden. Am Abend der Preisverleihung hieß mich Sophia neben dem Telefon ausharren. Was ich auch tat. Am frühen Morgen überbrachte sie mir die Nachricht, daß sie gewonnen hatte. Ich lief zu ihrem Haus hinüber. Der Salon erstrahlte im Lichterglanz, alles war da, Scheinwerfer, Fernsehkameras, Mikrophone, Reporter, und ich hatte das Gefühl, daß sie alle meinetwegen gekommen waren. Wohl deshalb, weil Sophia mich so sehr ihre Karriere hatte miterleben lassen. Alles, was ich je für mich selbst erträumte, hat Sophia erreicht. Ich lebe in ihrem Spiegelbild, und das macht mich glücklich.

Meine Mutter wird noch immer von dem Gedanken gequält, daß sie eine Filmkarriere versäumt hat, weil sie damals nicht nach Hollywood gehen durfte, als sie den Greta-Garbo-Bewerb gewann. Ich hege allerdings Zweifel, ob sie die Geduld, die Konzentration und die Begeisterungsfähigkeit aufgebracht hätte, die man haben muß, um erfolgreich zu sein. Auch hätte sie die Schauspielerei kaum so geliebt, wie ich es tue. So aber hat sie ihre Filmkarriere durch mich gelebt und erlebt, und ich verdanke ihr sehr viel, denn am Anfang gab sie mir die Kraft, die ich selbst nicht hatte. Sie war mein Mund, wenn ich zu schüchtern zum Sprechen war, meine Beine, wenn ich zu gehemmt war, mich einen Schritt weiter vorzuwagen, und mein Mut, wenn ich immer wieder ohne Hoffnung abgelehnt wurde.

Ich habe einige ihrer Charaktereigenschaften geerbt – vor allem die Tendenz zu häufigen Sinnesänderungen und Stimmungsschwankungen –, aber der Unterschied zwischen uns liegt darin, daß sie ihren Stimmungen immer wieder Luft macht und jeden genau wissen läßt, wie sie sich gerade fühlt (wobei sie sogar so weit geht, Leuten, die sie nicht mag, zu sagen, warum sie sie nicht mag!), während ich allmählich gelernt habe, daß die Leute, mit denen ich arbeiten und leben muß, verrückt werden würden, wenn ich alle meine Gefühle und Stimmungen so zeigen würde wie meine Mutter. Ich habe mir daher angewöhnt, mich hinter einer Maske zu verbergen, um nicht zu zeigen, was in mir vorgeht. Das mußte ich mir erst erarbeiten, aber nun ist es mir zur zweiten Natur geworden und hat mir mein Leben um vieles leichter gemacht.

Meine Mutter und Carlo sind ungefähr gleich alt, was mich immer ein wenig eigenartig berührt, wenn ich daran denke. Ich weiß eigentlich nicht wirklich, was sie voneinander halten, weil sie keine zwei Worte miteinander reden, wenn sie einander sehen; sie scheinen sich in der Gegenwart des anderen unbehaglich zu fühlen. Vielleicht kommt das daher, weil meine Mutter nie mit Carlo und mir gelebt hat oder weil Carlo im Grunde genommen sehr introvertiert ist. Aber ich weiß aus ihren Kommentaren und Bemerkungen mir gegenüber, daß sie einander respektieren, und das ist schließlich das, was zählt.

Sophias Schwester Maria

Ich singe für mein Leben gern. Seit meinem fünften Lebensjahr waren die Menschen für meine Stimme und meine Persönlichkeit empfänglich, aber es war mir einfach nicht bestimmt, Karriere als Sängerin zu machen. Ich versuchte es in Italien mit amerikanischen und neapolitanischen Liedern, welch letztere ich besonders liebe, weil sie so voll Gefühl und ihre Texte schön sind.
In Amerika gab man mir eine Chance, Karriere zu machen, aber ich war einfach nicht imstande, die Gelegenheit beim Schopf zu packen. Als ich mit Sophia in Hollywood war, nahm sie mich eines Abends zu einer Party mit, zu der auch Frank Sinatra geladen war. Ich hatte ihn in Spanien während der Dreharbeiten zu „Stolz und Leidenschaft“ kennengelernt, und er war damals sehr nett und freundlich

zu mir gewesen. Bei dieser Party trank ich Champagner. Ich trinke nur sehr selten, und wenn, dann verliere ich alle meine sonstigen Hemmungen. Sinatra wurde gebeten zu singen, was er auch tat, und wissen Sie, wer sich zu ihm gesellte und mit ihm sang? Richtig erraten – ich! Nachher konnte ich es nicht glauben, daß ich mich in Sinatras Vortrag gedrängt hatte. Aber Frank war gar nicht böse darüber und ermunterte mich sogar, mehrere Lieder mit ihm gemeinsam für die Gäste zu singen. Am nächsten Tag meinte er zu Sophia, daß ich die Anlagen zur erstklassigen Sängerin in mir hätte und daß er mir gerne weiterhelfen würde. Er fand einen ausgezeichneten Stimmbildner für mich und hätte mich sicher unter seine Fittiche genommen, aber leider hatte ich schreckliches Heimweh. Italiener, vor allem Neapolitaner, bekommen sehr schnell Heimweh. Meine Mutter schrieb mir aus Rom und drängte mich, nach Hause zu kommen. Das war einer der Gründe. Aber um ganz ehrlich zu sein, ich bin ein Mensch, der immer verliebt ist, der verliebt sein *muß,* und in Hollywood gab es niemanden, in den ich mich verlieben konnte. Und das machte mich unglücklich.

Und so gab ich meine von Sinatra geförderte Karriere auf und kehrte nach Rom zurück, wo ich mich prompt verliebte und heiratete.

Doch wenn ich jetzt zurückblicke, so glaube ich eigentlich nicht, daß ich genügend Entschlossenheit und Charakterfestigkeit aufgebracht hätte, um einen derartigen Beruf auszuhalten. Ich habe gesehen, was Sophia durchzustehen hatte, welche Rückschläge und welche Opfer, welch starken Glauben an sich selbst sie haben mußte, welche Entschlossenheit und Konzentration, wie sehr sie gekämpft hat, an die Spitze zu gelangen und daneben ihr Privatleben abzuschirmen, und ich muß ehrlich zugeben, daß ich diese Kraft, dieses Feuer nicht in mir spüre. Ein Künstler ist ein ganz besonderer Mensch, der sich voll und ganz seiner Aufgabe weiht. Talent ist nicht genug. Talent ist nur ein ungeschliffener Diamant. Der Künstler erst schneidet und poliert ihn, faßt ihn und prüft ihn auf Reinheit, und das setzt enormes Selbstvertrauen und Entschlossenheit und Hingabe voraus.

Aber auf ihrem Weg zum Erfolg verlor Sophia nie die Tatsache aus den Augen, daß sowohl ihre Mutter wie auch ihre Schwester ihr zuliebe ihre möglichen Karrieren aufgegeben hatten; dafür entschädigte sie uns damit, daß sie meine Mutter wie auch mich an allem teilhaben ließ, was sie erlebte. Sie nahm mich immer wieder zu Außenaufnahmen mit, vertraute mir ihre Geheimnisse und Träume und Enttäuschungen an – mit einem Wort, sie ließ mich so sehr an ihrem Leben teilhaben, daß ich mich schließlich ganz mit ihrer Karriere identifizierte und an dem Abend, als sie den Oscar gewann, sogar das Gefühl hatte, er sei mir verliehen worden.

Das Telefon läutete. Es war Carlo. „Hast du von Marylin Monroe gehört?“ sagte er.

„Nein“, antwortete ich.

Pause. Dann: „Sie ist sehr krank.“ Carlo wußte, daß ich große Bewunderung für Marylin hegte, daß ich sie wie eine Schwester liebte, obwohl wir einander nie persönlich begegnet waren. Ich identifizierte mich mit ihr. Vielleicht weil wir beide wie Phoenix aus der Asche zum Erfolg aufgestiegen waren. „Es kann tödlich sein“, meinte Carlo.

„Warum rufst du an, nur um mir das mitzuteilen? Was ist wirklich los, Carlo?“

Carlo haßt es, mir schlechte Nachrichten zu überbringen, und wenn er es tun muß, dann versucht er, so vorsichtig wie möglich vorzugehen. „Nun, um dir die Wahrheit zu gestehen“, sagte er, „Marylin ist tot.“

„O Gott!“

Marylin tot. Ich kannte sie von dem, was ich über sie gelesen hatte, aus ihren Filmen, von den Standfotos und den

Pin-ups. Joe di Maggio, der Sportler, Arthur Miller, der Intellektuelle, und die vielen Gerüchte über all die anderen Männer. Aber sie war zu lange allein gewesen, und ich glaube, daß diese Einsamkeit sie zum Selbstmord getrieben hat. Vielleicht das Warten auf einen Liebhaber, der nie kam. Vielleicht verzweifelt nach Liebe suchend, aber kein Mensch weit und breit, der sie liebte. Ich sah sie in Gedanken vor mir, wie sie bleich und tot in ihrem einsamen Bett lag, und ich weinte um sie. Sie war ganz und gar nicht das gewesen, was sie zu sein vorgab.

Und der Sex-appeal der Standfotos war zum größten Teil nur vorgetäuscht. Aber es existierte eine Serie von Fotos von ihr, die an einem Strand in Kalifornien aufgenommen worden waren. Kein Make-up, kein Versuch, ein Sexualobjekt zu sein, nur einfache, schlichte Fotos. Sie war wirklich eine Schönheit, das zeigen diese Bilder, aber die Einsamkeit spiegelt sich in ihrem Gesicht. Ich glaube, Marylin war einsam vom Tag ihrer Geburt an bis zu ihrem Tod. Viele Leute sind der Ansicht, daß sie vor dem Altern panische Angst hatte und daß darin der Grund für ihren Selbstmord zu suchen sei. Ich glaube das nicht. Ich bin vielmehr überzeugt, daß sie sich das Leben nahm, weil sie es nicht länger ertragen konnte, ohne Freunde zu sein und allein. Ohne Hoffnung. Ihre Umwelt hatte das Leben aus ihr gesaugt. Die Indiskretionen der Presse, die Männer, die ihre Gefühle stahlen, ohne ihr etwas dafür zu geben, und die hartnäckige Behauptung, daß Marylin die Sexgöttin unserer Zeit sei. Um gefällig zu sein, heuchelte sie die ganze Zeit Sinnlichkeit, aber sie hätte diese Heuchelei nicht notwendig gehabt, weil sie echte Sinnlichkeit ausstrahlte; aber das wußte sie nicht.

Ich glaube, echte Sinnlichkeit kommt von innen heraus. Man hat mich immer als Sexsymbol betrachtet, aber während ich die Rollen spielte, die diesen Eindruck vermittelten, habe ich nicht ein einziges Mal zu mir gesagt: Und nun, Sophia, spiel das so richtig sexy, heiz ihnen ordentlich ein. Ich könnte nicht sagen, was ich tat, um eine Rolle besonders sinnlich zu gestalten; ich spielte die Person gerade so, wie ich sie mir vorstellte. Ich bin überzeugt, wenn man Sinnlichkeit bewußt darzustellen versuchte, würde das Publikum den faulen Zauber merken. Sinnlichkeit ist etwas, das man in sich hat, und sie hat wirklich nicht viel zu tun mit wogendem Busen, schwingenden Hüften oder einem Schmollmund. Marylin hatte sehr viel Talent und darüber hinaus eine natürliche, ansteckende Sinnlichkeit. Niemand kann eine Schauspielerin lehren, sinnlich zu sein, eine Szene sinnlich zu spielen. Jayn Mansfield war zum Beispiel so ein Fall. Sie hatte einen makellosen Körper, aber sie war bestenfalls ein Abklatsch von Marylin – und von Sinnlichkeit.

Vor der Kamera verhilft mir meine Fantasie zu den Gefühlsregungen, die eine Szene von mir verlangt. Wenn ich laut Drehbuch einen Mann in Aufregung zu versetzen habe, dann werde ich in eben jenem Augenblick wirklich versuchen, ihn zu erregen, und zwar nicht mit Tricks und erfindungsreichen Einfällen, sondern mit dem, was Gott mir gegeben hat, um einen Mann zu stimulieren. In dem Film „A Special Day“ gibt es eine entscheidende Szene, in der ich Mastroianni verführe, der einen Homosexuellen spielt. Schon viele Wochen bevor wir diese Szene drehten, bereitete ich mich in Gedanken darauf vor. Und als die Kamera schließlich auf uns zuschwenkte, war ich wirklich und wahrhaftig die Frau, die sehr aggressiv den passiven Mann – Mastroianni – in diese Liebesszene hineinmanövriert. Das war kein Schwindel, keine Imitation: in meiner Vorstellung war ich völlig in die Rolle dieser Frau geschlüpft, die in eben diesem Augenblick ein Liebesabenteuer mit diesem Mann erlebte.

Ich glaube nicht, daß Marylin diese Einsicht in ihr Tun und Handeln hatte, aber rein instinktiv spielte sie ganz ehrlich. Sie schien weder besondere Freude an ihrer Arbeit zu haben noch an sonst etwas. Wenn sie mit siebzehn Jahren einen Vater gefunden hätte, so wie ich Carlo, würde das wohl ihre Rettung bedeutet haben. Aber am Ende war sie so einsam, so verlassen, so sehr jeder Verbindung mit dem Leben beraubt, daß sie den letzten Ausweg wählte. Sie war meine Schwester, und ich wünschte, ich hätte sie persönlich gekannt und Freundschaft in ihr Leben bringen können. So aber erfuhr ich an jenem Tag in Rom von ihrem tragischen Tod. Und dann saß ich in der Dunkelheit meines Zimmers und weinte um sie, weinte Tränen der Erinnerung an diese Frau, die ich so sehr bewundert hatte.

14. Kapitel

Für die Komödie „Gestern, heute, morgen“ wollte de Sica ein Strip-tease von mir, so sexy und provokant, daß die Männer aufheulen würden.

„Aber Vittorio, ich habe noch nie im Leben Strip-tease gesehen!“

„Mach dir keine Gedanken. Du wirst ein Strip-tease hinlegen, das alles in den Schatten stellt. Als erstes werde ich dir einen Lehrer verschaffen, der dich in die Geheimnisse des Strip-tease einführt, und dann stellen wir gemeinsam eine Szene auf die Beine, die Mastroianni in einen Vulkan voll glühender Lava verwandeln wird.“

Es stellte sich heraus, daß de Sicas Professor jener Mann war, der die Nummern der exotischen Schönen im Crazy Horse Saloon einstudierte. Ich nahm drei oder vier Stunden bei ihm und lernte erst einmal die Grundbegriffe: wie man sich bewegte, sich zur Schau stellte, die Männer aufreizte. Dann mußte ich diese Routinebewegungen mit de Sicas Hilfe zu einem Strip-tease-Tanz ausbauen, der meine ganz persönliche Auslegung dessen war, wie man ein männliches Publikum – das im konkreten Fall aus einem einzigen Mann bestand – in Erregung versetzen konnte.

Am Drehtag war ich besonders nervös. Eigentlich war ich schon die ganze Woche nervös geworden, wenn ich nur an diesen Augenblick dachte. Schauplatz der Szene war mein Schlafzimmer. Mein Publikum bestand aus dem komplett angezogenen Mastroianni, der ausgestreckt auf dem Bett lag.

Ich bat de Sica, alle Leute aus dem Aufnahmeraum zu entfernen (etwas, was ich sehr selten verlange); hinter den beiden Kameras befand sich nur der Kameramann, der die Szene zu drehen hatte. Rhythmische Musik aus einem Plattenspieler durchflutete den Raum. Ich lächelte Mastroianni an. Er lächelte zurück. Und dann bekam er, was er kriegen sollte. Mit verführerisch langsamen Bewegungen entkleidete ich mich und ließ jedes Kleidungsstück provozierend vor seinen Augen baumeln, während sich mein Körper im Rhythmus der Musik wiegte. Als ich bei den Seidenstrümpfen angelangt war, die ich graziös und betont langsam von meinen Beinen streifte, begann Marcello zur Zimmerdecke hinaufzuheulen wie ein liebeskranker Kojote.

De Sica fing alles ein – das Mienenspiel zwischen uns, die sinnliche Atmosphäre, das genaue Timing und den Tumult, den mein spielerischer Tanz in Marcello entfachte. Keine andere Szene, die ich je gedreht habe, hat mir mehr Spaß gemacht wie diese. Marcello und ich hatten endlich ein Drehbuch gefunden, wo wir uns entfalten konnten. Und Carlo wartete schon mit einem weiteren Drehbuch, das uns noch mehr Gelegenheit bieten würde, uns auf unsere sehr persönliche Art zu entfalten: „Hochzeit auf italienisch". Aber ganz plötzlich, und ohne daß ich den Grund ahnte, ging mir die Euphorie verloren, in der ich mich befunden hatte. Weiß Gott, ich war nicht auf das vorbereitet, was kommen sollte.

„Gestern, heute, morgen" bestand aus drei Teilen; den ersten drehten wir in Rom, den zweiten in Neapel und den dritten Teil in Mailand. Während ich in Neapel filmte, begann ich mich immer eigenartiger zu fühlen, gar nicht wie sonst. Nachdem ich mir einige Tage lang immer mehr Sorgen gemacht hatte, kam mir plötzlich der Gedanke, daß ich vielleicht schwanger sein könnte. Ich suchte einen Arzt in der Stadt auf und ließ einen Schwangerschaftstest machen. Dieser fiel allerdings negativ aus. Aber als ich mich weiterhin nicht besser fühlte, rief ich einen Arzt in Rom an und bat ihn, zu mir nach Neapel zu kommen. Der Mann suchte mich in meiner Wohnung in Neapel auf und brachte einen Frosch mit. Er injizierte dem Tier meinen Harn, und nun warteten wir beide aufgeregt auf das Ergebnis. Wenn der Frosch tot umfiel, war ich schwanger – zumindest sagte das der Arzt –, wenn die Injektion dem Frosch aber nichts anhaben konnte, dann war ich es nicht.

Nach einer kleinen Weile begann sich der Frosch eigenartig zu benehmen. Er neigte sich auf die eine Seite, dann auf die andere, so als wäre er benommen. Wenn er hüpfte, verlor er das Gleichgewicht. Aber er starb nicht. Nachdem wir den Frosch einige Stunden hindurch beobachtet hatten und der Frosch nicht und nicht sterben wollte, verkündete mir der Arzt feierlich, daß ich vielleicht schwanger sei – vielleicht aber auch nicht.

Ich bedankte mich und verabschiedete ihn: Dann ging ich spazieren und setzte den armen Frosch in einem kleinen Teich aus.

In der folgenden Nacht betete ich darum, schwanger zu sein. Lieber Gott, bitte, laß mich schwanger sein. Bitte, lieber Gott, ich möchte ein Baby. Ich bin neunundzwanzig Jahre alt, und es ist höchste Zeit für mich, ein Kind zu bekommen.

Meine Gebete wurden erhört. Kurz vor Beendigung der Dreharbeiten in Neapel wurde mir von einem Arzt offiziell bestätigt, daß ich schwanger war. Es war ein Augenblick größter Freude für mich. Die Tatsache, daß Carlo und ich nicht verheiratet waren, störte mich nicht im geringsten. Und wenn es unsere Lage verschlechterte, so konnte man auch nichts machen. Für mich war einzig und allein wichtig, daß ich Carlos Baby unter dem Herzen trug. Jahrelang schon wartete ich sehnsüchtig auf eigene Kinder. Als die Beziehung zwischen Carlo und mir begann, hatte ich mit ihm über die Möglichkeit, ein Baby zu haben, gesprochen. Meine Karriere hatte zwar eben erst begonnen, Carlo war verheiratet, aber das spielte für mich keine Rolle; ich hätte das Kind auch allein aufgezogen. Aber mit sechzehn oder auch neunzehn Jahren hat eine Frau natürlich keine Ahnung, was es heißt, ein Kind aufzuziehen; in jungen Jahren ist es leicht, ein Kind zu empfangen und auf die Welt zu bringen. Erst Carlo konnte mir auf seine energische Art klarmachen, was es wirklich bedeutet, ein Kind großzuziehen. Es wäre sicherlich falsch gewesen, wenn wir schon in der ersten Zeit unserer Beziehung ein Kind in die Welt gesetzt hätten.

Als wir dann nach Hollywood gingen, war unsere Beziehung schon gefestigt, und ich unternahm nichts mehr, um eine Schwangerschaft zu verhindern. Ich machte vier Filme pro Jahr, arbeitete hart und hatte wenig Zeit, darüber nachzudenken, warum sich keine Schwangerschaft einstellte.

Als wir nach Italien zurückkehrten, wurde mein Wunsch nach einem Kind immer stärker. Die Schauspielerin in mir war glücklich und hatte ihre Erfüllung gefunden; mein anderes Ich aber, die Neapolitanerin, die fruchtbare Urmutter Erde, die sich in mir regte, war zutiefst unglücklich. Ich war neunundzwanzig, und der Gedanke, nun bald dreißig Jahre alt zu sein, ohne ein Kind in die Welt gesetzt zu haben, verfolgte mich wie eine Drohung. Ich glaube, das dreißigste Lebensjahr ist der große Wendepunkt im Leben einer Frau, nicht das vierzigste, wie so viele Leute glauben. Ist eine Frau einmal vierzig, dann hat sie bereits mehr oder weniger ihren Lebensplan festgelegt. Mit dreißig aber fühlt man sich plötzlich alt, obwohl man es nicht ist, es läuft einem kalt über den Rücken, wenn man daran denkt, daß man sofort und auf der Stelle damit beginnen muß, seine Träume zu verwirklichen, wenn sie nicht das bleiben sollen, was sie augenblicklich sind – Träume. Alle Frauen, die ich kennengelernt habe, hatten ein wenig Angst vor dem dreißigsten Geburtstag. Eine unverheiratete Frau muß sich mit dreißig wohl oder übel damit abfinden, eine alte Jungfer zu sein. Noch nie habe ich eine Frau kennengelernt, die diesem Festtag freudig entgegensah. Aber es hatte den Anschein, als sollte ich die große Ausnahme sein.

Seltsamerweise konnte ich selbst in den Augenblicken, da ich im Bewußtsein meiner Schwangerschaft geradezu schwelgte, das Gefühl nicht loswerden, irgend etwas sei mit mir nicht ganz in Ordnung. Etwas in meinem Befinden, einige unbedeutende körperliche Reaktionen beunruhigten mich. Carlo gegenüber, der meine Freude an der Schwangerschaft mit mir teilte, erwähnte ich nichts, aber als wir die Episode in Neapel endlich abgedreht hatten, war ich über meinen Zustand bereits zutiefst beunruhigt. Ich wußte, daß die Symptome, die sich bei mir zeigten, für eine schwangere Frau nicht normal waren. So fuhr ich mit dem Auto nach Rom und konsultierte meinen Gynäkologen. Nachdem er mich untersucht hatte, gab er mir den Rat, zwei oder drei Tage im Bett zu bleiben, dann würde es mir sicher wieder gut gehen und ich könnte nach Mailand fahren und die dritte und letzte Episode des Films abdrehen. Er empfahl mir jedoch, vorsichtig zu sein und lieber mit dem Zug nach Mailand zu fahren, anstatt eine holprige Autofahrt zu riskieren.

Ich fuhr auch wirklich mit dem Zug, aber sein Ratschlag blieb trotzdem problematisch, denn die Episode in Mailand spielte größtenteils im Inneren eines Autos, das auf einem mechanisch angetriebenen Gestell montiert war und viel heftiger auf und ab holperte als ein Auto auf der Autobahn.

Aber so weit kam es mit meiner Schwangerschaft gar nicht. Sie überstand nicht einmal den Drehbeginn. In der ersten Nacht in Mailand bekam ich heftige Schmerzen. Carlo, der meine Schwangerschaft geheimhalten wollte, weil die Presse viel Wind darum gemacht hätte, ließ einen Mailänder Arzt ins Hotel kommen. Der Arzt gab mir eine Injektion, sagte, alles würde wieder in Ordnung kommen, ich müsse aber im Bett bleiben und dürfe im Augenblick nicht arbeiten. De Sica, der Regisseur des Films, besuchte mich im Hotel. Wir standen uns viel zu nahe, als daß ich ihm nicht die Wahrheit gesagt hätte. Er wußte, wie sehr ich mich nach einem Kind sehnte. Meine Angst, das Kind vielleicht verlieren zu müssen, ging ihm so nahe, daß er Tränen in den Augen hatte.

In der Nacht wurden die Schmerzen plötzlich stärker, und ich erklärte der Krankenschwester, die Carlo zu meiner

Betreuung aufgenommen hatte, ich müsse sofort ins Krankenhaus fahren. Sie wollte einen Krankenwagen rufen, aber weil ich kein Aufsehen erregen wollte, bestand ich darauf, mit dem Auto zu fahren. Nur mit Mühe gelang es mir, mit dem Aufzug in die Garage hinunterzufahren, und auf dem Weg zum Auto wurde ich fast ohnmächtig. Im Krankenhaus angelangt, wurde ich sofort auf die Intensivstation gebracht, aber in mir war bereits die Überzeugung fest und unverrückbar, daß alles hoffnungslos sei, mein Baby verloren und jeder Versuch, es zu verhindern, sinnlos.

Sophias Schwester Maria

Ich fuhr sofort zu Sophia, als sie mich aus Mailand anrief. Geradewegs eilte ich in die Entbindungsabteilung des Krankenhauses. Babygeschrei erfüllte den Korridor. An jeder Tür war ein rosa oder ein blaues Band angebracht – nur auf ihrer nicht. Ich ging in ihr Zimmer. Sie lag im Bett und weinte. Ich schloß schnell die Tür, damit das Geschrei der Babys nicht zu ihr hereindränge, aber man hörte es auch durch die geschlossene Tür.

Sophia sprach von Adoption. Sie war schrecklich deprimiert. So ganz ohne Hoffnung. Ich bat sie, Geduld zu haben und auf die Zukunft zu vertrauen. Und kein Kind zu adoptieren, bevor sie nicht hundertprozentig sicher wisse, daß sie selbst keines mehr bekommen könne. Ich weiß nicht, ob sie mir überhaupt zuhörte. Sie war ganz gefangen in ihrem Schmerz. Aber ich war überzeugt, daß sie noch immer durchdrungen war von dem Wunsch, Mutter zu werden.

Am nächsten Tag kam der Arzt und machte eine Kürettage, und am übernächsten Tag begann ich wieder zu arbeiten. Carlo, der genauso unglücklich und deprimiert war wie ich, bat mich, die ganze Angelegenheit geheimzuhalten; ich fühlte mich wie erschlagen, körperlich und seelisch. Als ich beim Drehort anlangte, kam Mastroianni auf mich zu und fragte: „Was ist los mit dir? Du siehst so seltsam aus." Ich versuchte ein Lächeln und antwortete mit einem typisch neapolitanischen Achselzucken.

„Komm, mich kannst du nicht täuschen", meinte er. „Sag mir lieber, was passiert ist."

Marcello konnte ich nichts vormachen. Dafür kannten wir einander viel zu gut. So sagte ich nur: „Ich erwartete ein Kind und habe es leider verloren." Ich fühlte mich direkt erleichtert, daß ich es jemandem gesagt hatte. Marcello erwiderte kein Wort. Er blickte mich an, dann drehte er sich um und ging davon. Und er sprach nie wieder darüber.

Ich arbeitete täglich von früh bis abends, und wir beendeten den Film plangemäß. Ich hatte ständig Schmerzen, aber meine körperlichen Schmerzen waren nichts, verglichen mit meinen seelischen Qualen. In all den Jahren hatte ich nie an mir selbst gezweifelt. Ich hatte mit Schwierigkeiten kämpfen müssen, aber immer den Willen und auch den Glauben gehabt, damit fertigzuwerden. Nun aber, da ich mich mit der Tatsache abfinden mußte, daß ich aus keinem ersichtlichen Grund ein Baby verloren hatte, das dreieinhalb Monate in mir gewesen war, packten mich zum ersten Mal Zweifel an mir selbst. Wenn ich keine Kinder bekommen konnte – was dann?

15. Kapitel

Es gibt Augenblicke, die aus der Erinnerung aufleuchten.

„Sie werden am Telefon verlangt, Miss Loren, Mr. Charles Chaplin möchte Sie sprechen."

Charlie Chaplin? Mich? Der Schutzheilige des Lachens aus meiner Mädchenzeit. So weit entfernt wie ein winziger Stern am schwarzen Himmel über dem Teatro Sacchino. Jene dunklen, freudlosen Tage standen wieder vor meinem geistigen Auge, die mir Charlie erhellte, wenn er auf Rollschuhen lief, vor Polizisten flüchtete, mit seinem Schnurrbart wackelte, sein Stöckchen durch die Luft wirbelte, Schuhbänder wie Spaghetti aß und damit die zerlumpten Kinder von Pozzuoli zum Lachen brachte. Für mich war er so etwas wie ein Halbgott.

Und jetzt steht er auf der Schwelle des Landhauses, das ich in der Nähe von Ascot gemietet habe, und läutet. Ich bin schrecklich nervös, meine Kehle ist trocken, und meine Gesichtsmuskeln sind wie eingefroren. In der einen Hand hält er Blumen, in der anderen ein Drehbuch. Er ist genauso schüchtern wie ich. Und ganz genauso nervös. Er liest mir das Drehbuch vor und spielt dabei selbst alle Rollen. Es ist zwar nur eine Rohfassung, aber er möchte, daß ich weiß, worum es geht. Ich nehme den Text gar nicht auf, denn ich bin von seiner Darstellung gefesselt. Ich war entschlossen, diesen Film zu machen, selbst wenn es sich bei dem Text, den er vorlas, um das Telefonbuch von London gehandelt hätte.

Das Drehbuch für „Die Gräfin von Hongkong" lag seit zwanzig Jahren in seiner Schreibtischlade. Man hatte mir erzählt, daß er es ursprünglich für Paulette Goddard geschrieben habe. Nachdem er mich in „Gestern, heute, morgen" gesehen hatte, nahm er es wieder zur Hand und begann es zu überarbeiten. Mit Charlie Chaplin als Regisseur zu drehen – das hätte ich mir in meinen kühnsten Träumen nicht zu erhoffen gewagt.

Als Charlie das Drehbuch fertig hatte, lud er mich und Marlon Brando, den er für die männliche Hauptrolle ausgewählt hatte, in sein Haus in Vevey in der Schweiz zu einer Leseprobe ein. Oona, seine Frau, eine Tochter von Eugene O'Neill, bezaubernd und von großem Liebreiz, war da und sein Sohn Sydney, der ebenfalls eine Rolle übernehmen sollte. Charlie ließ uns bequem Platz nehmen und las dann das ganze Drehbuch vor. Er spielte wieder sämtliche Rollen, wobei er zuerst kokett meinen Part mimte, um dann plötzlich auf den schwerfälligen, von mir in Verwirrung gebrachten amerikanischen Konsul umzuschalten, den Brando darstellen sollte. Charlie setzte sich sogar ans Klavier und spielte ein Lied, das er für diesen Film komponiert hatte.

Die ganze Zeit über saß Brando vor sich hindösend da –, zumindest sah es so aus; sein Kopf war auf die Brust gesunken, die Augen hielt er geschlossen. Charlie beachtete ihn nicht, es schien ihn überhaupt nicht zu stören. Ich aber fand Marlons Benehmen schrecklich peinlich. Schließlich würde das Charlies erster Film nach beinahe zehn Jahren werden, sicherlich ein äußerst wichtiger Einschnitt in seinem Leben, und Brando saß da und schlief.

Marlons Verhalten an diesem Abend war ein Vorzeichen seiner darstellerischen Leistung in dem Film. Ich mochte Marlon – und mag ihn immer noch –, und ich hielt ihn für einen der Größten des Films, aber es war offensichtlich, daß ihm dramatische Rollen besser lagen als Komödien. Bei aller Fairneß muß ich doch sagen, daß er sich nicht für den Part eignete, den er in der „Gräfin" spielen sollte. Da er sich in der Rolle nicht wohl fühlte, warf er schon kurz nach Drehbeginn die Flinte ins Korn. So etwas kann vorkommen, aber was die

Sache noch schlimmer machte, war, daß er und Charlie nicht miteinander auskamen. Der Funke sprang nicht über zwischen ihnen, und es konnte sich nicht jene schöpferische, unbeschwerte Atmosphäre entwickeln, die für das Gelingen einer Komödie so wichtig ist. Immer wieder gerieten sie einander in die Haare, und die Atmosphäre wurde von Tag zu Tag unbehaglicher. In einem Interview sagte Marlon: „Charlie ist kein sehr gesprächiger Mann, Worte sind manchmal seine schlimmsten Feinde.“ Charlies Art, Regie zu führen, bestand weniger darin, etwas zu erklären, sondern es vorzuspielen. De Sica machte es ebenso. Als hervorragender Schauspieler konnte Charlie seine Ideen am besten dadurch vermitteln, daß er vorspielte, und erreichte damit in wenigen Augenblicken mehr, als ein anderer Regisseur mit einem ganzen Sturzbach an Worten vermocht hätte.

Was mich betraf, so bewunderte ich Charlie grenzenlos. Ja, ich liebte ihn. Wir trafen einander auch nach Abschluß der Dreharbeiten sehr häufig. Er konnte ganze Abende lang wundervoll in Erinnerungen schwelgen und besonders von seiner Kindheit in London erzählen. Er wußte, wo ich herkam und wie ich begonnen hatte: die Slums von London und die von Pozzuoli hatten vieles gemeinsam. Einmal sagte er zu mir: „Ich möchte all dieses Leid und dieses Unglücklichsein nicht noch einmal durchmachen. Trotzdem aber möchte ich die Erinnerung daran nicht missen. Manchmal steigt mir der Geruch von Kohl und Bohnen in die Nase, und dann werde ich ganz wehmütig und möchte am liebsten weinen.“ Und als er das sagte, mußte ich an den Geruch von weißen Bohnen und Pasta denken, der meine Kindheit begleitet hatte, und ich teilte seine Wehmut.

Er erzählte mir von seinen Jugendjahren, die er in einem Londoner Armenhaus verbracht hatte, wo man ihm wegen einer Flechte den Kopf kahlschor, von seiner Mutter, die im Irrenhaus endete, von den Träumen seiner Kindheit. „Seien Sie vorsichtig mit dem, was Sie sich wünschen“, meinte er. „Denn Sie können sicher sein, daß Sie es bekommen.“ Und später, als er von seinem Ehrgeiz sprach: „Es ist die Begierde, die etwas Begehrenswertes schafft. Aber wenn die Welt und ich nicht miteinander auskommen, dann muß die Welt sich ändern."

Ich glaube nicht, daß er ein Egoist war, sondern daß er vielmehr meinte, daß zuviel Anpassung für einen Künstler nicht wünschenswert sei. Der Künstler muß sich selber treu bleiben und niemandem sonst. „Jede Kunstform", sagte er, „leistet ihren Beitrag zu der Kunst, die die größte von allen ist – der Kunst zu leben."

Seine schlichte Weisheit lieferte mir oft Stoff zum Nachdenken. „Fürchten Sie sich vor keiner Konfrontation", erklärte er mir eines Abends beim Dinner. „Selbst wenn Planeten aufeinanderprallen, wird aus dem Chaos ein neuer Stern geboren."

Und er machte mich mit einer der größten Delikatessen bekannt, die ich je gegessen habe: einer in Aluminiumfolie gebackenen Kartoffel, die mit Butter bestrichen und mit Kaviar serviert wird; dazu trinkt man eisgekühlten Wodka.

Im Laufe unserer Unterhaltungen gestand ich ihm, daß ich die Einsamkeit liebte. „Nun, wenn Sie allein sind, dann befinden Sie sich in guter Gesellschaft", meinte er. Ich sagte ihm, wie sehr ich die Zuneigung, die er und Oona für einander empfänden, bewunderte. „Eines der Dinge, die ich herausgefunden habe, Sophia", erwiderte er, „ist, daß man etwas erlebt haben muß, bevor man wirklich lieben kann." Aber er sagte auch: „Je älter ich werde und je mehr ich sehe, desto weniger möchte ich sehen."

Als ihn einmal bei einer Party mehrere Gäste baten, etwas am Klavier zu spielen, lehnte er ab; später fragte ich ihn, weshalb er in Gegenwart so weniger Menschen plötzlich so schüchtern sei, wies aber darauf hin, daß es mir persönlich nicht viel anders ergehe. Aber warum wolle er nicht vor Freunden spielen? Zunächst antwortete er mir nicht, dann aber meinte er: „Ich werde gehemmt, wenn ich nicht sicher bin, daß ich eine Sache gut machen kann."

Als ich ihn das letzte Mal sah, gab er mir einen sehr liebevollen Rat. „Sie haben eine Schwäche, die Sie überwinden müssen, etwas, das Sie lernen müssen, um eine wahrhaft glückliche Frau zu werden, vielleicht überhaupt das wichtigste im Leben: Sie müssen lernen, nein zu sagen. Sie wissen nicht, wie man nein sagt, Sophia, und das ist ein schwerer Fehler. Es war auch für mich sehr schwierig, aber sobald ich es einmal gelernt hatte, wurde das Leben für mich viel einfacher."

Er hatte natürlich recht. Es ist sicherlich eine große Schwäche von mir. Aber ich bringe es einfach nicht übers Herz, die Leute zu kränken. Ich möchte niemand enttäuschen. Wenn ich mich dazu zwänge, nein zu sagen, dann würde es scharf und unnatürlich klingen. So wie die Dinge liegen, sage ich nur dann nein, wenn ich mir die Sache hundertmal überlegt habe und meine Überzeugung alle Zweifel weggeräumt hat. Dann aber kann mich nichts mehr von meiner Meinung abbringen. Bevor es aber soweit ist, bin ich sehr kompromißbereit. Habe ich mich endlich zu einem Entschluß durchgerungen, kann ich sehr gefährlich werden. Wenn ich meine Entschlüsse nur schneller fassen könnte. Wenn mir ein Nein nur leichter fiele. Das war es, was Charlie meinte.

Der Film war kein Erfolg; die Kritiker bezeichneten ihn als altmodisch, die Einspielergebnisse waren mager. Der Durchfall brach Charlie fast das Herz. Es war sein letzter Film. Wenn er ein Erfolg geworden wäre, dann hätte er vielleicht noch weitere gemacht. Für mich persönlich aber wurde diese Erfahrung, durch das, was ich von Charlie als Regisseur und auch als Mensch lernte, zu einem Triumph.

Und nun ist er abgetreten. Es wird nie wieder jemand wie ihn geben. Ich habe seine weisen Worte in mir bewahrt und horche oft in mich hinein, wie ein Geizhals, der seine Goldstücke herausnimmt und sie zählt. Wenn ich in melancholischen Momenten die Augen schließe, dann sehe ich Charlie davongehen, den Charlie jener alten Filme, sein Stöckchen durch die Luft wirbelnd, mit gespreizten Beinen, die Melone auf dem Kopf, und wie sich dieses Bild langsam in der Entfernung auflöst.

16. Kapitel

Es war eigenartigerweise Carlos erste Frau, die schließlich die Lösung für unsere mexikanichen Scheidungs- und Heiratsprobleme fand. Die Klage wegen Bigamie lief nach wie vor, aber trotz des damit verbundenen Risikos hatten Carlo und ich unser Zusammenleben in Rom wieder aufgenommen; es gab ja angesichts des vatikanischen Schuldspruches sowieso keine Hoffnung, daß wir in Italien jemals zu einer Lösung kommen würden. Seit acht Jahren lebten wir nun schon als Bigamist und Ehebrecherin, und es sah so aus, als sollten wir bis in alle Ewigkeit mit diesem Makel behaftet bleiben.

Carlos Frau Giuliana entpuppte sich als besserer Anwalt als sämtliche einflußreichen Bevollmächtigten Carlos. Ihre Lösung war einfach: Übersiedelt nach Frankreich und bemüht euch um die französische Staatsbürgerschaft. Wäre das einmal erreicht, könnten sie und Carlo sich scheiden lassen und Carlo könnte mich – eine Französin – ohne Angst vor politischer oder religiöser Verfolgung heiraten.

Und genau das taten wir. Und zwar mit Aplomb. Auf Grund einer Regierungsentscheidung wurde uns die französische Staatsbürgerschaft zuerkannt, als Dank für unseren Beitrag zur französischen Filmkunst. Giuliana Fiastri, die durch die Noch-Ehe mit Carlo automatisch ebenfalls Französin geworden war, konnte wegen Ehebruch ihres Mannes geschieden werden, hierauf setzten Carlo und ich unseren Hochzeitstermin für April 1966 fest. Wir wollten die Hochzeitsfeier so still wie möglich über die Bühne bringen.

Obwohl wir eine Wohnung in der Avenue George V. hatten, mietete Carlo eine riesige Suite im Hotel Lancaster und wohnte dort in der Nacht vor der Hochzeit. Auf seinen Wunsch hin sollte die Zeremonie vom Bürgermeister von Sèvres, einem Pariser Vorort, vollzogen werden. Der Bürgermeister hatte uns strengste Diskretion zugesichert. Wir riefen meine Schwester in Rom und Basilio in Cannes an und baten sie, so unauffällig wie möglich nach Paris zu kommen.

Ich steckte damals in London mitten in den Dreharbeiten zu „Die Gräfin von Hongkong“. Oona war die einzige, der ich sagte, daß ich nach Paris müsse, um zu heiraten. Ich hatte vollstes Vertrauen zu ihr und wollte mein Glück mit ihr teilen. Den Vorabend meiner Hochzeit verbrachte ich bei Freunden in Paris. Wir waren fest davon überzeugt, daß unser Versteckspiel gelingen würde. Aber am nächsten Morgen, als es Zeit wurde zu gehen, blickte ich aus dem Fenster und sah einen Fotografen vor dem Eingang stehen. Ich wußte, daß wir schnell handeln mußten, wenn wir uns unsere Ungestörtheit bewahren wollten. Meine Freundin war ebenso groß wie ich, also schlug ich vor, sie solle meinen Mantel anziehen, ein Kopftuch und eine Sonnenbrille aufsetzen und zum Wagen hinauslaufen, wo der Chauffeur schon wartete. Fünf Minuten später würde ich mit ihrem Mann das Haus verlassen, der mich in seinem Wagen nach Sèvres bringen würde.

Der Trick gelang. Der Fotograf stürzte hinter meiner Freundin her, und der einzige Outsider auf unserer Hochzeit war ein befreundeter Fotograf, den ich gebeten hatte, Bilder für unser Familienalbum zu knipsen. Es war nicht die Hochzeit meiner Träume, mit weißem Spitzenkleid und langer Schleppe, wie Edith Head es für „Hausboot“ entworfen hatte, aber ich fühlte mich in meinem gelben Kleid mit dem dazu passenden Mantel, der mit einem kleinen Maiglöckchenstrauß geschmückt war, recht wohl.

Die Zeremonie war einfach und kurz. Seltsamerweise war sie bedeutungsvoll und bedeutungslos zugleich. Nach acht Jahren des Kampfes und der Kränkungen endlich verheiratet zu sein war natürlich wichtig. Aber als ich jetzt hier als Braut stand, empfand ich ganz stark, daß Carlo und ich nun schon lange verheiratet waren. Unsere Hochzeit war wie der Zeitungsbericht über ein Ereignis, das in ferner Vergangenheit stattgefunden hatte.

Ich rief meine Mutter in Rom an, um ihr die gute Nachricht mitzuteilen (sie war nicht gekommen, weil sie sich stets weigert, in ein Flugzeug zu steigen).

„Siehst du, Mammina, du hast es nie geglaubt, aber jetzt ist es geschehen. Wir sind Mr. und Mrs. Carlo Ponti."

„Ja ja", antwortete sie, „aber nicht in Weiß und nicht in der Kirche."

Meine Mutter sieht immer nur die Schattenseite des Mondes.

Moskauer Filmfestival. Preisverleihung für die beste weibliche Rolle in „Hochzeit auf italienisch". Die Premiere fand in einem Theater statt, das sechstausend Menschen faßte, das zahlenmäßig größte Filmpublikum, das ich jemals irgendwo gesehen hatte. Der Film lief in italienisch, jedoch ohne Untertitel. Der Ton war ganz leise, und ein Dolmetscher, der neben der Leinwand stand, sprach alle Dialoge auf russisch. Das ist die russische Methode; sie arbeiten kaum mit Untertiteln.

Ich hatte erwartet, auf den Moskauer Straßen kaum oder gar nicht erkannt zu werden. Filmstars würden hier, so hatte ich gedacht, als Produkte einer morbiden westlichen Kultur entweder abgelehnt oder verspottet. Zu meiner Überraschung fand ich jedoch die Moskauer Fans ebenso begeistert und ebenso filmorientiert wie überall anderswo auch. Ich war dann noch ein zweites Mal in Rußland, um mit Mastroianni den Film „Sonnenblumen" zu machen, und auch diesmal grüßten mich die Leute auf der Straße, reagierten mit jener typischen Überraschung und Freude, die Menschen immer zeigen, wenn sie jemanden, den sie sonst nur von der Leinwand kennen, plötzlich leibhaftig vor sich sehen. Die Russen verlangen nicht sehr oft Autogramme. Sie neigen viel eher dazu, einem Blumen zu schenken oder Obst und Konfekt anzubieten, aus Dankbarkeit für das, was man ihnen gegeben hat. Sie stellen einen auf ein Piedestal und blicken zu einem auf wie zu einem Halbgott.

Es will mir scheinen, daß die Anbetung einer Heldenfigur ein ebenso fundamentales menschliches Bedürfnis ist wie der Hunger. Die Moskauer haben keinen Zugang zu Filmmagazinen, und sie werden auch nicht von den Hollywooder Publicitymühlen erreicht. Aber sie sind trotzdem vom Virus des Persönlichkeitskults befallen. Damit teilen sie mit den Menschen der übrigen Welt das Bedürfnis, der Eintönigkeit des Alltags zu entrinnen.

Wie immer versuchte ich auch hier, mit beiden Beinen auf dem Boden zu bleiben. Auf einem Podest fühle ich mich nicht wohl, leide sozusagen unter „Höhenangst". Ich glaube, die Menschen, die mir begegnen, fühlen das auch, spüren, daß ich eine von ihnen sein will, ein Familienmitglied, das nach langer Abwesenheit heimgekehrt ist. Ich beantworte meine ganze Fanpost persönlich und nicht etwa mittels vorgedrucktem Schreiben. Ich hätte sonst das Gefühl, die Menschen zu betrügen, denen ich soviel bedeute, daß sie sich hinsetzen und an mich schreiben. Jede Woche bekomme ich Hunderte von Briefen und brauche oft ein ganzes Wochenende, um nur alle Autogrammwünsche zu erfüllen und die erbetenen Fotos zu verschicken. Aber das ist eben auch ein Teil meines Lebens, und ich akzeptiere das genauso wie die Tatsache, daß ich eine Gefangene der Pressefotografen bin.

Jedenfalls teile ich die Ansichten jener Berühmtheiten nicht, die verkünden, der Preis für den Ruhm sei ihnen zu hoch, und in aller Öffentlichkeit behaupten, sie sehnten den Tag herbei, an dem endlich niemand mehr sie erkenne. Entweder lügen sie, oder sie heucheln Bescheidenheit. Denn sind nicht Anerkennung, Ruhm, Erfolg – wie immer man es nennen will – die Dinge, die wir anstreben, wenn wir am

Beginn einer Filmkarriere stehen? Auch wenn uns das Eindringen Fremder in unser Privatleben oft stört, schulden wir es einfach dem Publikum, das in unsere Filme geht, uns auf ein Podest hebt und uns unserer Geheimnisse beraubt. Es stimmt zwar, daß der Verlust des Privatlebens ein schmerzlicher Preis für den Erfolg ist. Aber es wäre weit schmerzlicher, wenn unser Auftreten in der Öffentlichkeit kein Echo bei den Menschen hervorriefe.

Manchmal kann Popularität erschreckende Auswirkungen haben. Vor ein paar Jahren, als wir noch in der Villa Marino außerhalb Roms lebten, tauchte plötzlich auf unserem Grundstück ein Verrückter auf, schwang eine Axt über seinem Kopf und rief laut nach meinem Sohn Carlo. Er bearbeitete die Eingangstür mit seiner Axt, zertrümmerte sie und kam ins Haus gestürmt. Es war einer der schrecklichsten Augenblicke in meinem Leben. Der Mann war aus einer Irrenanstalt ausgebrochen. Anscheinend hatte ich ihm einmal ein Autogramm gegeben, und jetzt verkündete er lauthals, daß er mit mir geschlafen habe und daß Carlo junior von ihm sei und nicht von Carlo. Er verlangte, daß wir ihm unseren Sohn auslieferten. Schließlich konnte er beruhigt werden und gab seine Axt ohne viel Widerstand heraus. Er war schon durch Dutzende von Irrenanstalten gegangen. Ich bekomme andauernd Briefe von ihm, und während wir in Rom lebten, wußten wir immer ganz genau, wo er sich gerade aufhielt.

Ein Vorfall wie dieser ist für Filmleute nicht so ungewöhnlich, wie es aussehen mag. Ich bekomme doch hin und wieder ziemlich scheußliche Post, Drohbriefe, unsittliche Anträge und eine ganze Reihe von verrückten Anrufen, oft um drei oder vier Uhr morgens. Inzwischen habe ich mir angewöhnt, anonyme Briefe wegzuwerfen, ohne sie zu lesen, und das Telefonkabel herauszuziehen, sobald solche Anrufe kommen.

Publicity ist, wie man so sagt, ein Tiger: relativ leicht, auf ihm aufzusitzen, aber schwer, oben sitzen zu bleiben. Der Verlust des Privatlebens ist der Preis für den Ritt auf dem Tiger. Wenn man jedoch eine Gebernatur ist wie ich, findet man ungewöhnliche Entschädigungen dafür, immer im Licht der Öffentlichkeit zu stehen. Es war mir möglich, Menschen zu helfen, indem ich ihnen jene besondere Aufmerksamkeit schenkte, die das Vorrecht von uns ist, die wir von eben jenen auf das Podest gestellt wurden.

So kam zum Beispiel einmal ein mir bekannter Priester zu mir und erzählte mir von einem kleinen neunjährigen Jungen namens Paolo, der an einem schweren Herzfehler litte. Die Ärzte meinten, daß er nicht mehr lange zu leben habe. „Ich weiß, daß Sie Dr. Christian Barnard kennen", sagte der Priester. „Vielleicht könnte er das Leben des Jungen retten."

Ich war Dr. Barnard während eines seiner Aufenthalte in Rom vorgestellt worden. Natürlich war ich entzückt, seine Bekanntschaft zu machen. Nachdem der Priester gegangen war, rief ich Dr. Barnard in Südafrika an und vereinbarte einen Termin für Paolo. Sodann organisierte ich den sofortigen Abflug des Jungen. Das Atmen fiel Paolo furchtbar schwer – er war ein todkranker kleiner Junge, nur halb so groß, wie er eigentlich hätte sein sollen. Ich veranlaßte, daß für ihn ein Bett im Flugzeug aufgestellt wurde und daß eine Krankenschwester mit ihm flog. Und das alles konnte nur ermöglicht werden, weil ich Sophia Loren war. Dem Priester aber hatte ich das Versprechen abgenommen, daß mein Name im Zusammenhang mit dieser Geschichte nicht erwähnt werden dürfe.

Der Junge wurde also nach Südafrika geflogen, und nachdem Dr. Barnard ihn untersucht hatte, beschloß er, eine Herzoperation zu wagen, die er noch nie vorher ausgeführt hatte. Er hat sie mir später einmal erklärt, aber ich habe mir natürlich die medizinischen Details nicht gemerkt. Das einzige, was ich noch weiß, ist, daß man die Hauptschlagader zum Herzen durch eine Plastik ersetzen mußte, weil die Blutzufuhr zum Herzen zu schwach war. Nach der Operation rief ich Paolo, solange er im Krankenhaus war, noch oft an, und jedes Mal klang seine Stimme ein bißchen kräftiger. Doch dann kam das Unerfreuliche: Der Priester, der mir sein

Wort gegeben hatte, meine Identität nicht zu lüften, plauderte in einem Zeitungsinterview aus, daß ich die geheimnisvolle Wohltäterin sei, die die Operation ermöglicht habe. Ich nehme an, daß er es gut meinte, aber ich war wütend.

Ich sah Paolo, als er zurückkam. Die Totenblässe war aus seinem Gesicht gewichen, und seine Augen leuchteten wie nie zuvor. Seit damals bekomme ich nun schon viele Jahre hindurch von ihm und seiner Familie regelmäßig Briefe und Fotos, und kürzlich hörte ich von seiner Mutter, daß Paolo, der inzwischen ein großer kräftiger Bursche von zwanzig Jahren ist, sich verlobt habe und bald heiraten werde. Der Preis für den Ritt auf dem Tiger mag unverschämt hoch sein, aber es macht mir nichts aus, wenn ich ihn für das Leben und das Glück eines Paolo zu bezahlen habe.

Doch zurück zu Rußland. Was ich am wenigsten erwartet hatte, das war die starke Religiosität der Menschen in der Ukraine, wo wir Außenaufnahmen machten. Praktisch in jedem Haus, das ich besuchte, stand auf einem weißgedeckten Tischchen eine Heiligenfigur mit einer brennenden Kerze daneben. Wahrscheinlich inspirieren sowohl der Film wie auch die Religion, auf ihre ganz unterschiedliche Weise, die Fantasie und den Glauben und sind daher für den Menschen genauso lebenswichtig wie Brot, Wein und politisches Denken.

Als ich an meinem letzten Tag in Moskau aus dem Hotel trat, kam eine ältere Frau ganz schüchtern auf mich zu. Sie sprach mich auf russisch an, das ich ein wenig verstand, und sagte mir Worte der Bewunderung und der Dankbarkeit. Dann überreichte sie mir eine kleine Radierung: Wiesenblumen, die Farben durch das Alter bereits etwas verblaßt – wahrscheinlich war das Bild schon seit Generationen im Besitz ihrer Familie. Ich war unendlich gerührt. Ich habe schon viele Preise und Anerkennungen erhalten, aber ich glaube nicht, daß ich jemals glücklicher war als in diesem Augenblick, da ich dies köstliche kleine Geschenk von einer mir unbekannten Russin in Händen hielt.

17. Kapitel

Wir drehten gerade das Filmmärchen „Schöne Isabella“ – der Titel hätte doch eigentlich ein gutes Omen für mich sein sollen –, als ich entdeckte, daß ich zum zweiten Mal schwanger war. Ich hatte mich schon ein paar Wochen lang etwas merkwürdig gefühlt, aber erst gegen Ende der Dreharbeiten ließ ich einen Schwangerschaftstest machen. Da wir schon seit längerer Zeit mit Außenaufnahmen beschäftigt waren, hatte ich Carlo wochenlang nicht gesehen, und da ich ohnehin nicht leicht schwanger wurde, kam mir das Ganze fast wie ein Wunder vor.

Nach meiner ersten Fehlgeburt hatte mir mein Arzt erklärt, daß ich wohl zu hart gearbeitet hätte, zu erschöpft, zu sehr ausgelaugt gewesen wäre von den enormen Belastungen, die so ein Film nun einmal mit sich bringt, und daß dies der Grund für meine Fehlgeburt gewesen sei. „Manche Frauen können auch während der Schwangerschaft arbeiten“, hatte der Arzt gemeint, „aber bei Ihnen ist das eben nicht der Fall. Sie haben das Kind verloren, weil Sie zu sehr tätig waren.“

Diesmal ging ich zu einem anderen Arzt, dem Gynäkologen meiner Schwester, die gerade ihr zweites Kind erwartete und auf diesen Arzt schwor.

Er sah sich meine Befunde an und sagte: „Sie gehen jetzt nach Hause, legen sich ins Bett und stehen nicht wieder auf.“

„Aber ich muß doch diesen Film fertigdrehen.“

„Wollen Sie dieses Kind oder nicht? Wenn ja, dann tun Sie, was ich Ihnen sage. Sie bleiben im Bett und rühren sich nicht. Je weniger Bewegung, desto mehr Chancen haben Sie, das Baby auszutragen."

Ich ging sofort nach Hause und legte mich ins Bett. Ich würde nicht noch einmal den gleichen Fehler machen wie bei meiner ersten Schwangerschaft. Ich rief Carlo an – er war der Produzent des Streifens, an dem ich gerade arbeitete.

„Carlo, rate, was passiert ist: Ich bin schwanger."

„O mein Gott! Das darf nicht wahr sein!"

„Ich fühle mich recht merkwürdig, ziemlich ähnlich wie beim ersten Mal, aber der Arzt meint, wenn ich im Bett liegen bleibe, habe ich gute Chancen. Das heißt also, daß ich den Film nicht fertigmachen kann, obwohl wir nur noch drei Drehtage haben. Sieh zu, daß du einen Ersatz für mich bekommst, und drehe die Szenen so, daß ich sie dann später nachsynchronisieren kann – mir ist das ganz egal. Aus dem Bett kriegt mich jedenfalls keiner mehr raus. *Ich will dieses Baby haben.*"

Daß der Film nicht fertig war, störte Carlo wenig, aber er meinte, er habe kein Vertrauen zu meinem Arzt und ich solle mir einen anderen suchen. Ich fühlte mich jedoch sicher, solange ich nur genau seine Anweisungen befolgte, und sagte Carlo daher, daß ich den Arzt nicht wechseln wolle.

Drei volle Monate blieb ich bewegungslos im Bett. Nicht einmal zum Essen setzte ich mich auf, sondern entwickelte eine Methode, wie ich flach auf dem Rücken liegend mein Essen zu mir nehmen konnte.

Ich konzentrierte mich auf einen einzigen Gegenstand: auf mein Kind. Ich las nicht, ich hörte nicht Radio, ich sah mir kein Fernsehen an, ich redete nur das Nötigste, ich verstopfte meine Ohren mit Ohropax, damit ich nicht von Lärm gestört würde, beantwortete weder Telefonanrufe noch Briefe. Ich hielt meinen Kopf von allem frei und dachte nur an das Baby. Meine Gedanken beschäftigten sich ausnahmslos mit meinem Körper. Aus Angst vor körperlicher Erschütterung wagte ich es nicht einmal, meinen Bauch auch nur zu berühren. Ich bin noch nie im Gefängnis gewesen, aber ich kann mir nicht vorstellen, daß es dort ärger sein sollte als diese drei Monate, die ich im Bett verbrachte. Dabei lebte ich in ständiger Angst und Sorge, sosehr ich mich auch bemühte, ruhig zu sein. Der Arzt gab mir Hormoninjektionen und versicherte mir, alles wäre bestens, aber meine innere Stimme flüsterte unentwegt: Täusche dich nicht, Sophia, die Sache geht nicht gut."

Charlie Chaplin rief an und bat mich inständig, nach London zur Galapremiere des Streifens „Die Gräfin von Hongkong" zu kommen, aber ich lehnte ab. Am Morgen nach der Premiere rief Brando an und meinte, ich hätte recht getan, nicht zur Premiere zu kommen. „Die Kritiker haben uns in der Luft zerrissen", erklärte er, wünschte mir alles Gute für mein Baby und riet mir, auf mich aufzupassen.

In jener Nacht, als es passierte, war Carlo in London und ich in unserem Haus in der Nähe von Rom. Draußen schneite es. Basilio leistete mir Gesellschaft, wir unterhielten uns gerade, als ich plötzlich heftige Schmerzen im Magen verspürte. Basilio rief den Arzt an und bat ihn, so schnell wie möglich zu kommen. Der Arzt meinte, wir sollten uns nicht unnötig aufregen, solche Schmerzen könnten schon einmal vorkommen, das wäre nicht beunruhigend – aber ich wußte es besser. In diesem Zustand wollte ich nicht in unserer etwas abgelegenen Villa bleiben. Basilio schlug vor, die Rettung zu holen, aber ich wollte kein Aufsehen erregen. Also richtete er auf dem Rücksitz unseres Autos eine Art Notbett her, und irgendwie gelang es mir, die Stiegen hinunter und ins Krankenhaus zu kommen. Die Schmerzen waren fast unerträglich; alle zehn Minuten überfielen mich heftige Krämpfe, so als hätte ich Wehen. Meine treue Ines stand mir zur Seite; sie ist meine Sekretärin, aber wie eine Schwester zu mir.

Im Krankenhaus wurde ich sofort auf die Intensivstation gelegt, da ich bereits aschfahl im Gesicht war. Meine Mutter und mein Arzt waren schon da, und auch Carlo war auf dem Weg zu mir. Der Arzt untersuchte mich und sagte dann: „Eine leichte Krise, nichts weiter, das geht vorbei, machen Sie sich nur keine Sorgen."

Meine Mutter war wütend. „Sagen Sie doch nicht, das geht vorbei – ich weiß, daß Sophia in Gefahr ist, und Sie müssen sofort etwas unternehmen."

Der Arzt versuchte sie zu beruhigen, aber wenn meine Mutter einmal in Fahrt ist, dann kann niemand sie so leicht aufhalten. „Wollen Sie denn, daß Sie stirbt? Sehen Sie doch, wie sie leidet. Sehen Sie sich doch ihre Gesichtsfarbe an! Sophia verblutet, und Sie sagen, das wird schon vorbeigehen! Sie müssen etwas tun – und zwar sofort!"

„Aber meine Liebe, ich bitte Sie, regen Sie sich doch nicht so auf", antwortete der Arzt. „Ich habe ihr eine Schmerztablette gegeben, außerdem ein starkes Schlafpulver, und jetzt müssen wir abwarten, was weiter geschieht. Ich gehe jetzt zu einem Abendessen, aber ich gebe der Schwester meine Telefonnummer, und nachher komme ich auf jeden Fall vorbei und sehe mir Sophia an."

„Aber sie hat Krämpfe, das sind doch falsche Wehen. Sie wird wieder eine Fehlgeburt haben. Können Sie ihr nichts geben, damit sie die Sache schnell hinter sich bringt und nicht so viel leiden muß?"

Der Arzt wurde ganz steif und formell. „Das kommt überhaupt nicht in Frage. Wir müssen der Natur ihren Lauf lassen, etwas anderes wäre gegen das Gesetz. Wenn es zu einer Fehlgeburt kommen sollte, dann muß das auf natürliche Weise geschehen, gleichgültig, wie lange das dauert und wie schmerzhaft es auch sein mag. Ich komme später wieder."

Und das war es. Die Stunden vergingen, die Schmerzen wurden immer ärger – aber gegen 4 Uhr früh hörten sie plötzlich ganz auf, und ich spürte, wie das Leben aus mir entwich. Ines rief den Arzt an, bat ihn, sofort zu kommen und nicht wieder zu behaupten, daß ohnehin alles in Ordnung wäre, denn ich hätte schon eine Fehlgeburt gehabt und litte jetzt an schweren Blutungen. Endlich kam der Arzt, und gegen sechs Uhr früh wurde ich in den Operationssaal gebracht, wo nun zum zweiten Mal eine Kürettage an mir vorgenommen wurde.

Carlo war jetzt bei mir. Dreieinhalb Monate untätigen Liegens hatten meine Beine so geschwächt, daß ich kaum stehen konnte. Das war sicher der tiefste Punkt meines Lebens. Und als hätte ich noch nicht genügend Unglück auf meinen Schultern zu tragen, brachte eine römische Zeitung auf der ersten Seite einen detaillierten Bericht darüber, wie ich mein Baby verloren hatte, und das zu einem Zeitpunkt, da ich noch auf dem Operationstisch lag. Der fürchterlichste Augenblick meines ganz privaten Schmerzes wurde nun schamlos vor den Augen der ganzen Welt breitgetreten.

„Immerhin", sagte ich zu Carlo und bemühte mich, gefaßt zu klingen, „kann ich jetzt wenigstens die drei Szenen für ‚Schöne Isabella' fertigdrehen." Aber dann brach ich zusammen und weinte so verzweifelt wie noch nie zuvor in meinem Leben. Und Carlo weinte mit mir. Wir hatten etwas Kostbares verloren, der Verlust war schicksalhaft und unersetzlich, und wir waren beide dadurch um vieles ärmer geworden.

Carlo Ponti

Sophias Fehlgeburten waren die ärgsten Schicksalsschläge in meinem Leben. Die erste Fehlgeburt war überhaupt der größte Schock für mich. Sie war über ihre Schwangerschaft so glücklich gewesen, daß auch ich ganz euphorisch geworden war, und dann dieser plötzliche, unerwartete Sturz in tiefste Verzweiflung. Zum ersten Mal kamen mir Zweifel an Sophias unerschütterlichem Glauben, ihr eigenes Schicksal fest in der Hand zu haben.

Doch das zweite Mal war es noch schlimmer – nicht so ein Schock vielleicht wie beim ersten Mal, dafür schien jetzt alles so endgültig zu sein, so daß ich mir völlig hilflos vorkam und keine Worte des Trostes mehr finden konnte. Sophia litt unendlich darunter – ich hatte sie nie so bedrückt gesehen. Nach der ersten Fehlgeburt hatte ich sie angefleht, doch zu einem anderen Arzt zu gehen – ihr Arzt war zwar eine Kapazität, aber ich hatte kein Vertrauen zu ihm. Sophia jedoch ist ein überaus loyaler Mensch, und sie wollte ihm einfach noch einmal eine Chance geben. Ich konnte jetzt nichts tun, als an ihrem Bett im Krankenhaus zu sitzen, ihre Hand zu halten und mit ihrem herzzerreißenden Schluchzen mitzufühlen.

Ines Bruscia, Sophias Sekretärin

Ich arbeite nun schon seit achtundzwanzig Jahren für Carlo Ponti. Zuerst war ich Skriptgirl bei den Filmen, die er in Rom machte; ich war dabei, als Sophia mit vierzehn oder fünfzehn Jahren zu ihren ersten Probeaufnahmen kam. Sie war ernst, sehr erwachsen, eigentlich gar nicht viel anders als heute. Sie war zwar noch nie vor einer Kamera gestanden, hatte aber einen guten Instinkt dafür, was sie zu tun und wie sie sich zu bewegen hatte. Sie machte großen Eindruck auf mich.

Im Jahr 1958, als Sophia den Film „So etwas von Frau“ in New York drehte – ich arbeitete damals gerade nicht bei Ponti, sondern lebte seit kurzer Zeit in New York –, fragte mich Ponti, ob ich nicht Sophias Sekretärin werden wolle. Das war vor zwanzig Jahren. Und seit damals widme ich mein Leben Sophia und ihrer Familie, und auch sie hat mir Liebe und Fürsorge entgegengebracht – ich glaube, wir sind quitt, sozusagen. Wir hatten stets ein sehr nahes Verhältnis zueinander. Wenn sie litt, litt ich mit ihr, wenn sie glücklich war, dann freute ich mich auch. Die Fehlgeburten waren mit Abstand das Schwerste, das sie in ihrem Leben zu ertragen hatte. Ihre Lebensfreude und ihre Vitalität waren wie weggeblasen, ihre ganze Lebensphilosophie wurde davon beeinträchtigt. Nach der zweiten Fehlgeburt erlosch das Licht in ihren Augen, und ich begann mir ernstlich Sorgen um sie zu machen. Ich glaube, Ponti traf es nicht weniger hart, er wollte dieses Kind genauso brennend wie sie, das wurde mir nach den beiden Fehlgeburten klar. Es ist das einzige Mal in achtundzwanzig Jahren gewesen, daß ich ihn wirklich deprimiert erlebte – und es war eine echte Depression, die so arg wurde, daß er längere Zeit nicht arbeiten und kaum essen konnte. Wir Italiener haben eben eine alles verzehrende Leidenschaft für *bambini.*

Nach der zweiten Fehlgeburt war Sophia extrem nervös und erregbar und konnte ihre Emotionen kaum unter Kontrolle halten. So brach sie zum Beispiel manchmal während des Essens in heftiges Schluchzen aus und zog sich auf ihr Zimmer zurück. Ponti hatte sich nach einer Weile so weit erholt, daß er mit Sophia über das Baby sprechen konnte. In seinem Innersten war er noch genauso verstört wie sie, aber er hatte sich besser in der Hand, und er bemühte sich, ihr wieder etwas Lebensmut einzuflößen. Ich bin der Ansicht, daß Sophia wahrscheinlich daran zerbrochen wäre, wenn sie nicht doch noch einmal schwanger geworden wäre. Zum ersten Mal in ihrem Leben hatte sie einen Mißerfolg erlitten und wußte nicht, wie sie damit fertigwerden sollte – noch dazu mit einem derart tragischen und scheinbar endgültigen wie dem Verlust zweier Babys.

Ich stürzte mich wieder in meine Arbeit und bemühte mich, das Geschehene zu vergessen. Selbst angesichts größter Hindernisse hatten mich mein starker Wille und der unerschütterliche Glaube an mich selbst bisher noch nie in meinem Leben verlassen. Der Umstand, daß ich ein Baby anscheinend nicht länger als drei Monate tragen konnte, erzeugte aber nun in mir eine Art manischer Besessenheit.

„Sophia, du solltest dir wirklich wegen des Babys nicht solche Sorgen machen", sagte Carlo. „Was macht es schon aus? Wenn wir eines bekommen, herrlich, und wenn wir keines bekommen, dann eben nicht. Wir können immer noch eines adoptieren, wenn du wirklich unbedingt ein Kind haben willst. Aber Tag und Nacht an nichts anderes denken –"

„Wie kannst du nur so reden?" schrie ich ihn wütend an. „Dir ist es gleich, du hast ja schon zwei Kinder mit einer anderen Frau. Aber ich habe keine. Nein, ich will kein Adoptivkind! Ich will ein Baby aus meinem eigenen Bauch. Ich habe noch nicht aufgegeben. Und ich will auch nicht, daß du aufgibst."

Doch es dauerte immerhin fünf oder sechs Monate, bis mein Schmerz und meine Enttäuschung über die Fehlgeburt so weit verblaßt waren, daß meine mütterlichen Gefühle wieder in voller Stärke zurückkehrten. Eine meiner Freundinnen, die ähnliche Probleme mit ihren Schwangerschaften gehabt hatte, erzählte mir von einem Schweizer Wunderdoktor, der ihr schließlich doch noch zu einem Kind verholfen hatte. Es handelte sich um Professor Hubert de Watteville. Auf seine Aufforderung hin fuhr ich zu ihm nach Genf zu einer gründlichen Untersuchung und nahm alle bisherigen Befunde mit.

Dr. de Watteville war ein dünner, großer Mann Anfang der Sechzig, dessen Gesicht mit der weit vorspringenden Nase an das eines aristokratischen Vogels erinnerte. Bei unserem ersten Gespräch verhielt er sich eher kühl und zurückhaltend. Ich war enttäuscht und hatte das Gefühl, daß ich nicht wirklich offen und wie mit einem Freund mit ihm reden konnte. Aber als wir einander allmählich besser kennenlernten, entpuppte er sich als einer der verständnisvollsten, großzügigsten, wertvollsten Menschen, denen ich je begegnet war. Seine eigene Ehe war kinderlos geblieben, und er schien diesen Mangel dadurch ausgleichen zu wollen, daß er seinen Patienten dabei half, Kinder in die Welt zu setzen.

Dr. de Watteville betäubte mich mit einer Spritze Pentothal und untersuchte mich dann gründlich, stellte fest, daß die Eileiter frei waren, untersuchte auch die Gebärmutter, fand aber schließlich überhaupt nichts, was als Erklärung dienen konnte, warum ich meine Babys bisher immer nach dem dritten Monat verloren hatte. Er sagte, man könnte dafür die verschiedensten Ursachen in Betracht ziehen, aber im Augenblick könne er nichts anderes tun als warten, bis – beziehungsweise ob – ich wieder schwanger würde. Ich sei immerhin schon zweiunddreißig Jahre alt, und nach zwei Fehlgeburten würde eine weitere Schwangerschaft auch unter normalen Umständen bereits kompliziert sein. Allerdings erschienen mir Dr. de Wattevilles Anweisungen, wie ich wieder schwanger werden sollte, gelinde gesagt etwas merkwürdig. Er gab mir eine Packung Verhütungspillen, die für vier Monate reichte. „Wenn die hier aufgebraucht sind", meinte er, „dann werden wir sehen, was weiter geschieht."

Zunächst geschah einmal gar nichts, außer daß ich auf die „Pille", die ich nie zuvor genommen hatte, mit heftigen Depressionen reagierte. Mein Körper schien in eine Art Winterschlaf zu verfallen, und ich hatte das Gefühl, als wäre es ganz ausgeschlossen, jemals wieder ein Kind empfangen zu können.

Aus eigenen Kräften konnte ich mich nicht aus diesem Sumpf von Depressionen befreien. Ich war verzweifelt, mein Lebensmut gelähmt, und rundherum gab es nichts, was mir auch nur einen Schimmer Hoffnung gewährt hätte – nichts, bis auf meinen starken Glauben an Gott. Meine Entfremdung von der katholischen Kirche hatte meinen Glauben an den Allmächtigen nicht im geringsten erschüttert. Wunder habe ich von der Religion nie erwartet, nie abergläubisch Hilfe bei ihren Heiligen gesucht. Ich fand immer, daß der reine Glaube wenig oder nichts mit dem kirchlichen Betrieb zu tun hat – mit Kirchgang, Kommunion, dem blinden Gehorsam gegenüber den Geboten und Verboten. Meiner Ansicht nach tragen die meisten Menschen ihre Gelübde in die Kirche, als ob sie Geld in die Bank tragen würden, sie betrachten das als ihr religiöses Kapital, das ihnen im Paradies Zinsen abwerfen wird. Ich habe immer an die Existenz eines übernatürlichen Wesens geglaubt, das ich durch Gebete erreichen kann – nicht durch die normalen Gebete, wie sie im Gebetbuch stehen, nicht durch lautes Beten in der Kirche. Meine Gebete sind still und innerlich, an Gott allein gerichtet, der in mir ist. Ich bitte nicht um Wunder, nicht einmal um sichtbare Zeichen seiner Hilfe. Was ich suche, ist die Kraft des Glaubens an mich selbst und an die Menschen, mit denen ich lebe. Ich bin überzeugt, daß wir unsere eigenen Wunder schaffen können, wenn wir nur fest genug an uns selbst und an unsere eigene Sendung auf dieser Welt glauben. Also wandte ich mich aus tiefstem Herzen in meinen Gebeten an Gott, der in mir ist, und meine Lebensgeister kehrten allmählich wieder.

Ich redete auch mit meiner Großmutter, deren Geist – daran glaube ich unerschütterlich – nach ihrem Tod in meinen Körper einging. Wenn ich sie brauche, dann ist sie immer da, um mir zu helfen. Sie ist mein Schutzengel. Ich wandte mich also in Gedanken an sie und redete mit ihr, und ihre Worte waren mir eine weitere Quelle der Stärkung.

An den ganzen üblichen Zauber und Hokuspokus der Kirche glaube ich nicht. Weihrauch, Hostie, Meßwein, das alles berührt mein Innerstes nicht. Aber die stille Frömmigkeit des Kirchenraumes spricht mich an, und oft, wenn eine Kirche in der Nähe ist – besonders, wenn ich einen Film drehe –, nehme ich mir Zeit für einen Besuch und fühle mich gestärkt und getröstet durch die dort herrschende geistige Ruhe. Aber ich rutsche nicht auf den Knien herum, ich mache kein Kreuzzeichen beim Hineingehen, ich betupfe mich nicht mit Weihwasser. Ich habe meine eigene Religion gefunden, ich wende mich direkt an Gott und nicht an die Kirche und ihre Priester. Mit dieser Einstellung bin ich wohl nicht als gute Katholikin zu betrachten – aber ich weiß, daß ich ein religiöser Mensch bin, und das allein zählt für mich.

Obwohl mein Glaube an Dr. de Watteville unerschütterlich war, fühlte ich mich doch in meiner Verzweiflung versucht, auch noch von anderen Ärzten Rat zu holen. Ich hatte von einem New-Yorker Spezialisten gehört und bat ihn, nach

Rom zu kommen; aber nachdem er mich untersucht hatte, interessierte er sich offenbar weit mehr für die besten römischen Restaurants als für meinen Zustand. Ich gab ihm also eine Liste der von mir besonders geschätzten Restaurants, und er ward nicht mehr gesehen.

Als nach vier Monaten meine Pillen aufgebraucht waren, fuhr ich wieder nach Genf zu Dr. de Watteville und blieb einige Tage in seiner Klinik, während der er weitere Tests machte und mir Hormoninjektionen verabreichte, die einen Eisprung herbeiführen sollten. Ich hatte derartige Angstzustände, daß ich davon ganz krank wurde. Schließlich erklärte Dr. de Watteville: „Hören Sie, so werden Sie nie ein Kind bekommen. Fahren Sie jetzt nach Rom zurück und versuchen Sie an etwas anderes zu denken. Wir haben getan, was in unseren Kräften stand, alles weitere müssen wir der Natur überlassen – aber Ihre Chance für ein Kind wäre unendlich größer, wenn Sie sich von Ihrer Besessenheit lösen könnten."

Meine Schwester sagte das gleiche. Sie schlug vor, zwei Wochen mit mir in einen Kurort in Norditalien zu reisen, wo wir heiße Schwefel- und Schlammbäder nehmen könnten. Leider war der Ort ziemlich deprimierend, denn die meisten Kurgäste litten an Rheumatismus, Arthritis und ähnlichem. Trotzdem hielt ich es dort dreizehn Tage aus und ließ die spartanischen Rituale des Kurorts über mich ergehen. Während der Kur wurde mein Körper tatsächlich viel gelöster, die Spannung wich – aber mein Geist ließ sich nicht so leicht entspannen; erst gegen Ende des Aufenthaltes ließ der Druck, der auf mir lastete, etwas nach.

Genau einen Monat nach meiner Rückkehr nach Rom wurde ich schwanger. Sobald ich sicher war, rief ich Carlo an, der gerade in London weilte. „Ist das wirklich wahr?" rief er, und ich sah ihn vor mir, wie er sich mit der flachen Hand auf die Stirn schlug. Ich wußte, daß er große Angst davor hatte, daß eine eventuelle dritte Fehlgeburt schlimme Auswirkungen für mich haben würde. Dann rief ich Dr. de Watteville an, der mit der nächsten Maschine nach Rom kam.

Als Sophia zum dritten Mal schwanger wurde, lebte sie all die neun Monate hindurch in Angst. Ich war der einzige Mensch, der die ganze Zeit um sie war und nicht von ihrer Seite wich, und ich bewundere sie noch heute dafür, was sie alles auf sich nahm, um dieses Kind zu bekommen. Neun Monate im Bett, völlige Bewegungslosigkeit, nicht einmal telefonieren wollte sie – und dabei nie auch nur ein Wort der Klage. Nicht ein einziges Mal sagte sie zu mir, Ines, ich habe genug davon, hier herumzuliegen. Sie las und schlief und sah hin und wieder das Fernsehprogramm, aber das war auch schon alles. Nur Ponti kam auf Besuch, und ein oder zweimal auch Basilio, soviel ich mich erinnere. Nach der Art zu schließen, wie sie die klösterliche Zurückgezogenheit auf sich nahm, war ich ganz sicher, daß der Geburt von Carlo Hubert Leone Ponti Jr. nichts mehr im Wege stehen würde.

Unverzüglich fuhr ich nach Genf und mietete mich in einem kleinen Hotel am See in der Nähe von Dr. de Wattevilles Praxis ein. Er machte einen 24-Stunden-Urin-Test und fand dabei heraus, daß mein Hormonspiegel nicht in Ordnung war. Anscheinend hatte ich zu wenig Östrogen, welches er mir von jetzt an regelmäßig spritzen wollte. Um die Wirkung der Behandlung zu überprüfen, würde er jede Woche einen 24-Stunden-Test durchführen.

„Kann dieser Östrogenmangel schuld daran sein, daß ich meine ersten beiden Babys verlor?"

„Ja, das nehme ich an. Aber reden wir nicht mehr über die Vergangenheit. Konzentrieren wir uns darauf, den kleinen Burschen über die Runden zu bekommen. Nur muß ich Sie angesichts Ihrer Krankengeschichte ersuchen, im Bett liegen zu bleiben, und zwar so ruhig wie möglich."

„Die ganzen neun Monate?"

„Ja, ich glaube, das ist das beste. Wir wollen dieses Kind auf die Welt bringen, Sie und ich, und wir müssen es dabei unterstützen, so gut wir nur können."

Und das habe ich dann auch getan. Ich spann mich in den Kokon meiner Mütterlichkeit ein und begann meinen Winterschlaf. Dr. de Wattevielle gab mir Beruhigungsmittel, vor allem Valium, und da ich diese Pillen noch nie zuvor genommen hatte, wirkten sie sehr stark, und ich schlief fast die ganze Zeit. Carlo kam mich regelmäßig besuchen, aber nur Ines war ununterbrochen bei mir. Im dritten Monat überfiel mich plötzlich die panische Angst, daß sich die bereits allzu bekannte Katastrophe wiederholen würde. Ich fühlte die gleiche Leere im Kopf, die gleiche merkwürdige Erschöpfung wie vor den beiden früheren Fehlgeburten. Aber Dr. de Watteville oder einer seiner Assistenten kamen mich täglich besuchen, daher bemerkten sie diese plötzliche Veränderung. Der Gedanke, ich könnte mein Baby wieder verlieren, überschwemmte mich mit Panik.

Aber Dr. de Watteville gab mir eine spezielle Injektion, die unter anderem auch eine besonders starke Dosis Östrogen enthielt, und schon nach vierundzwanzig Stunden war die Krise überstanden, und ich spürte, daß wieder alles mit mir in Ordnung kam.

Im vierten Monat übersiedelte ich in eine etwas geräumigere Suite im achtzehnten Stockwerk des Hotel Intercontinental, aber die Monotonie meines Daseins wurde davon kaum berührt; weiterhin verbrachte ich vierundzwanzig Stunden am Tag flach auf dem Rücken liegend. Immerhin gab es im Hotel jetzt ein eigenes Schlafzimmer für Ines und auch eine kleine Küche, wo sie mir etwas kochen konnte, wenn ich vom Hotelessen genug hatte. Meine Erinnerungen an diese Zeit sind nicht allzu deutlich, aber ich weiß noch, daß die Zeitungen eines Tages berichteten, ich hätte mich nur deshalb in meinem Hotelzimmer verkrochen, weil sich eine junge schwangere Neapolitanerin bei mir aufhalte, deren Baby ich dann als mein eigenes ausgeben würde.

Der aufregendste und bewegendste Augenblick für mich kam in der dreizehnten Woche, als Dr. de Wattevielle einen Apparat mit einem Verstärker in mein Zimmer brachte, mit dem man die Herztöne eines Babys hören konnte. Ich war außer mir vor Erregung: das nun würde der erste echte Beweis dafür sein, daß ich ein lebendes Wesen in mir trug. Dr. de Watteville stellte das Gerät auf und fuhr dann mit einer Tonglocke suchend über meinen Bauch. Fünf Minuten vergingen. Zehn Minuten. Stille. Nichts zu hören. Dr. de Watteville prüfte noch einmal das Gerät. Alles in Ordnung. Aber die Glocke nahm bei ihrer langsamen Wanderung über meinen Bauch keinen Herzschlag auf. Panik stieg in mir auf und blieb mir wie ein Kloß im Hals stecken. Noch einmal vergingen fünf Minuten, ohne daß etwas geschah. Ich konnte kaum noch atmen. Ich war auf das Schlimmste gefaßt. Die Glocke hatte jetzt jeden einzelnen Quadratzentimeter meines Leibes abgetastet und nichts gefunden. Ausdrücke wie Scheinschwangerschaft und Totgeburt kamen mir in den Sinn. Und da auf einmal – das Herzgeräusch! Ein Wunder an Klang! Die regelmäßige, rhythmische, herrliche Musik der Herzschläge meines Kindes. Seufzer der Erleichterung lösten sich ganz unbewußt aus mir, ich begann vor Freude zu weinen. Ich hätte diesem wundervollen Geräusch am liebsten den ganzen Tag zugehört, und ich war enttäuscht, als der Arzt den Apparat schließlich abstellte und aus dem Zimmer schob. Das war einer der schönsten Augenblicke in meinem Leben gewesen.

Aber auch als das Baby sich zum ersten Mal bewegte, war ich zutiefst erschüttert. Ich spürte kein heftiges Treten, wie ich es mir immer vorgestellt hatte, sondern eine ganz zarte Bewegung, als würde in meinem Bauch ein kleiner Schmetterling herumflattern. Ich entdeckte, daß die Mutterschaft keineswegs ein so routinemäßiger Vorgang ist, wie einem die vielen Bücher, die darüber geschrieben worden sind, einreden wollen. Jede Stufe der Entwicklung war für mich ein einmaliges Erlebnis, das mich tiefer bewegte, als ich es mit Worten ausdrücken kann.

Um fünf Uhr früh brachte mich Dr. de Watteville heimlich in die Klinik, um den Hunderten von Journalisten zu entgehen, die aus aller Welt zusammengeströmt waren und in der Hotelhalle auf mich lauerten. Er ließ einen Wagen durch eine große Hintertür direkt in den Ballsaal des Hotels fahren. Da mein Kind durch einen Kaiserschnitt zur Welt kommen sollte, bestimmte der Arzt den Zeitpunkt der Entbindung und nicht die Natur.

Ich hatte Carlo, der an sich einer der ruhigsten und besonnensten Menschen ist, noch nie so nervös gesehen wie vor diesem Eingriff. Die Nacht zuvor war er pausenlos im Zimmer auf- und abgegangen und hatte recht zusammenhanglose Selbstgespräche geführt. Plötzlich ging er in die Halle hinunter, wo gerade eine Ausstellung primitiver Malerei zu sehen war, und schleppte bald darauf Unmengen von Bildern in mein Zimmer: er hatte sämtliche Objekte der Ausstellung aufgekauft. Carlo dachte immer nur an mich und an meinen besessenen Wunsch nach diesem Baby, aber niemand machte sich Gedanken darüber, was es für ihn bedeutete, mit dreiundfünfzig noch einmal Vater zu werden. Er hatte zwar schon zwei Kinder, aber damals war er noch jung und vollauf mit seiner Karriere befaßt gewesen. Wenn sich Männer allzusehr in ihre Arbeit stürzen, dann verlieren sie oft das Gefühl für das Maß der Dinge und merken gar nicht, daß ihr Bedürfnis nach einem Kind nicht weniger stark ist als das der Frauen. Die meisten Männer entdecken das erst nach der Geburt des Kindes, so daß die Frau durch ihren früh vorhandenen Wunsch nach einer Schwangerschaft den erst spät aufkeimenden ihres Mannes vorwegnimmt. So war es auch mit Carlo, der jetzt zum ersten Mal und mit vollem Bewußtsein tiefes Glück in der Vaterschaft finden sollte.

Ein Kaiserschnitt ist eine scheußliche Operation. Da lag ich also auf dem Operationstisch, mit Injektionsnadeln in den Armen, ausgestreckt und festgezurrt, mein Bauch mit Ausnahme der Stelle, wo geschnitten werden sollte, total verklebt, über mir die grellen Operationslampen, während die Instrumente bereitgelegt, die Sauerstoffmaske vorbereitet wurde und man Gespräche über die Operation führte, die ich klar und deutlich mithören konnte, was auch nicht gerade zu meiner Beruhigung beitrug. Des Babys wegen sollte ich erst in der allerletzten Sekunde anästhesiert werden. Dr. de Watteville beugte sich mit seinem Skalpell über mich, und ich dachte, mein Gott, werde ich denn diese Betäubung nie bekommen? Mein Körper zog sich aus Angst vor dem Schnitt zusammen, aber Gott sei Dank begann genau in diesem Augenblick die Narkose zu wirken.

Aber sie wirkte nicht lange genug. Gegen Ende der Operation, als ich schon genäht wurde, spürte ich jeden einzelnen Stich, der Schmerz war unerträglich, ich versuchte zu schreien, brachte aber keinen Ton heraus. Dann hatte ich einen Alptraum. Ich hörte eine Stimme mit vielen Echos, die immer wieder sagte: „Das Kind ist tot, das Kind ist tot.“ Es hallte wider wie in einem riesigen leeren Saal. „Es war ein Mädchen, ein süßes kleines Mädchen, aber jetzt ist dein Kind tot, Kind tot.“

Das erste, was ich sah, als ich wieder zu mir kam, war Dr. de Watteville, sein Gesicht ein einziges Lächeln, der sagte: „Sie haben einen strammen Buben zur Welt gebracht.“ Ich umarmte und küßte den Mann, der mir zu diesem kostbaren Geschenk verholfen hatte. Dann kam Carlo und küßte mich und flüsterte mir Worte der Liebe ins Ohr. Das Baby lag im Inkubator, aber schon ein paar Stunden später wurde es mir gebracht und in meine Arme gelegt. Auf dem Gesäß hatte er ein kleines Heftpflaster, denn de Watteville hatte ihn mit dem Skalpell leicht geritzt – er muß wohl genau so nervös gewesen sein wie wir alle. Das Baby hatte ein süßes rundes Gesichtchen, rosig wie ein Apfel und mit strahlend blauen Augen.

Es war ein höchst seltsames und erhebendes Erlebnis, wie ich da meinen Sohn zum ersten Mal im Arm hielt – ein kleiner Fremder, ich konnte es fast nicht glauben, daß dieses kleine Wesen aus meinem Körper gekommen sein sollte, ich war verwirrt – bis er seinen rosaroten Mund an meine Brustwarze preßte und zu saugen begann. Dann waren wir endlich Mutter und Kind, miteinander verbunden, und dieses ganz besondere und einmalige Glück, das sich mir so lange entzogen hatte, war nun für immer mein.

Nun standen wir vor dem Problem, was wir mit den Hunderten von Journalisten anfangen sollten, die von überall her gekommen waren und alle Exklusivinterviews haben wollten; wir lösten es, indem wir im großen Hörsaal der Klinik, wo sonst die Studenten den Operationen zusahen, eine riesige Pressekonferenz veranstalteten. Am Tag nach meiner Entbindung füllten vierhundertfünfzig Reporter den Raum. Ich wurde mit dem Baby im Arm in meinem Bett in den Saal gerollt und hatte dabei das unangenehme Gefühl, eine Szene in einem Film zu spielen. Daß ich die ersten glücklichen Stunden meiner Mutterschaft auf diese Weise stören lassen mußte, mit diesem Lärm, diesem Klicken und Blitzen, erfüllte mich mit Ärger. Ich war noch zu schwach, um zu sprechen, und so beantworteten Carlo und die Ärzte den Fragenschwall, ich brachte es zu nicht viel mehr als einem schwachen Lächeln für die Reporter. „Dieses Kind", bedeutete Carlo der Versammlung mit einer großartigen Geste, „ist ein Triumph für die Frauen der ganzen Welt."

Mein Sohn erhielt den Namen Carlo, dann Hubert, zu Ehren von de Watteville, und Leone, nach Carlos Vater.

Und jetzt kommt der peinliche Teil der Geschichte: mein etwas hysterisches Benehmen nach der Geburt. Als es soweit war, weigerte ich mich, die Klinik zu verlassen. Es war Januar, kalt, draußen schneite es, und ich hatte einfach Angst davor, das Baby mit hinaus in diese Welt zu nehmen. Zehn Tage waren vergangen, aber ich wollte nicht gehen. Das Baby war immer bei mir, ich wachte über jede seiner Bewegungen.

Kaum stieß es den kleinsten Schrei aus, nahm ich es schon in die Arme und trug es auf und ab, mit dem Erfolg, daß es natürlich dauernd brüllte, denn damit errang es augenblicklich Aufmerksamkeit und Mitgefühl. In der Nacht wickelte ich es pausenlos, ob es notwendig war oder nicht. Außerdem stillte ich es dauernd, obwohl mir der Arzt dringend davon abriet. Wegen des Kaiserschnitts hatte ich leider nur wenig Milch, aber ich fütterte das Baby, so oft es nur ging. Die Fenster meines Zimmers hatte ich mit einer speziellen Dichtung verkleben lassen, damit nur ja kein Luftzug das Baby treffe. Jeden, der ins Zimmer kam, zwang ich, einen Mundschutz umzunehmen, sogar die Krankenschwestern. Zugegeben, ich führte mich lächerlich auf, aber schließlich hatte ich so viel durchmachen müssen, um dieses Kind zu bekommen, daß ich jetzt keinerlei Risiko mehr eingehen wollte.

Eineinhalb Monate blieben der kleine Carlo und ich in unserem Zimmer in der Klinik. Die meiste Zeit verbrachte ich damit, die vielen Hunderte von Briefen zu beantworten, die ich von Frauen aus aller Welt bekommen hatte, die mir gratulierten, mich um Rat fragten, mich um Hilfe für ihre eigene Unfruchtbarkeit anflehten. Jetzt erst entdeckte ich, daß Tausende von Frauen genauso litten, wie ich gelitten hatte, und manche schrieben mir, wieviel Freude und Hoffnung ihnen mein Triumph gebracht hätte. Sie schrieben mir, als wäre ich ihre Schwester, ihre Tochter, oder das Kind, das sie nie geboren hatten. Ich ließ keinen Brief unbeantwortet.

Schließlich, am fünfzigsten Tag nach der Geburt, warf mich die Klinik hinaus.

Als ich vier Jahre später meinen zweiten Sohn zur Welt brachte – Edoardo –, konnte ich es kaum erwarten, endlich das Krankenhaus zu verlassen. Wieder hatte ich acht Monate lang fast nur im Bett gelegen, aber als erfahrene Mutter war ich jetzt selbstsicher und entspannt, und daher konnte ich diesmal alles viel mehr genießen. Mutterschaft und Filmen sind sich in dieser Hinsicht ähnlich: ein gesunder Instinkt ist unerläßlich, aber durch Erfahrung wird alles noch besser.

18. Kapitel

Ich habe schon gesagt, daß ich eine Hexe bin – und das ist die Wahrheit. Ich habe klare übersinnliche Wahrnehmungen, unheimliche Vorahnungen. Und ich bin abergläubisch. So habe ich immer etwas Rotes an, und sei es auch nur ein Stück Unterwäsche, etwas, das man nicht sieht. Das ist so seit meiner Kindheit – immer ein winziges Stückchen Hexenrot. Keinen einzigen Tag meines Lebens ohne Rot. Ich habe immer fest daran geglaubt, daß Rot mir Glück bringen und die Mächte des Bösen von mir ablenken würde. Das ist jedoch nicht meine einzige abergläubische Vorstellung. Als ich einmal mit Mastroianni und de Sica zusammen einen Film drehte, „Eine Frau für schwache Stunden", fiel mir der Spiegel, den mir der Maskenbildner nach der Aufnahme reichte, aus der Hand und zerbrach. Ich war so entsetzt, als wären die Kulissen auf mich gefallen. Den ganzen Tag wartete ich auf das Unglück, das unweigerlich eintreffen mußte, und abends war ich dem Zusammenbruch nahe. Zum Spielen war ich kaum imstande gewesen. Hier hatte mein Aberglaube selber das Übel herbeigeführt, das ich erwartete!

Meine Vorahnungen. Einmal war ich zu einem Gala-Wohltätigkeitsball in Brüssel eingeladen. Am Tag vor meiner geplanten Abreise hatte ich das unheimliche Vorgefühl einer bevorstehenden Katastrophe und sagte daraufhin sofort mein Erscheinen ab. Marcella Mariani sprang für mich ein, ehemals Miss Italien und eine vielversprechende junge Schauspielerin. Auf dem Rückflug nach Rom stürzte das Flugzeug – mit dem auch ich zurückgeflogen wäre – ab, und alle Passagiere, Miss Mariani mit eingeschlossen, kamen ums Leben.

Erst letztes Jahr hatte ich die unheimliche Vorahnung einer Feuersbrunst. Abends zünde ich in unserem Wohnzimmer oft eine Kerze an, die meine Sekretärin dann auslöscht, bevor sie zu Bett geht. In dieser Nacht jedoch trieb es mich plötzlich ohne ersichtlichen Grund aus dem Bett und ins Wohnzimmer: und tatsächlich, meine Sekretärin hatte zum ersten und einzigen Mal vergessen, die Kerze zu löschen. Als ich die Flamme ausblies, sah ich das gräßliche Bild eines wütenden Flammenmeeres vor meinem geistigen Auge. Ich bemühte mich, nicht mehr daran zu denken und ging schließlich wieder zu Bett. Aber am nächsten Morgen wurde ich noch vor Anbruch der Dämmerung durch laute Schreie geweckt: „Feuer! Feuer!“ Die unteren Stockwerke des Hauses, in dem wir in Paris leben, standen in Flammen, schwarzer Rauch strömte in unsere Wohnung. Es war entsetzlich. Carlo war gerade nicht in Paris. Hinuntergehen konnten wir nicht mehr, das Kindermädchen und ich wickelten die Kinder in Decken und stiegen durch das von Rauch erfüllte Treppenhaus auf den Dachboden. Ich trat mit meinen Schuhen ein Fenster ein, und irgendwie gelangten wir hinaus aufs Dach, wo wir später von Feuerwehrmännern gerettet wurden. Ich mußte einen Tag im Krankenhaus bleiben und meine Rauchgasvergiftung behandeln lassen. Das Feuer hatte ich klar und deutlich vor mir gesehen, und zwar sieben Stunden bevor es tatsächlich zum Ausbruch kam.

Ein anderes Mal speisten Carlo und ich zusammen in Rom, als ich ihn plötzlich besorgt fragte, ob unsere Villa in Rom auch versichert wäre. Carlo wunderte sich über meine Frage, denn das sind Dinge, für die ich mich sonst nicht interessiere.

„Sind wir gegen Diebstahl versichert?“

„Ja, natürlich, aber warum fragst du?“

„Ich weiß nicht – es ist mir nur plötzlich eingefallen, daß wir in Marino ausgeraubt werden könnten.“

„Mach dir keine Sorgen. Wir sind versichert und geschützt.“

Am nächsten Morgen erhielten wir die Nachricht, daß die Villa Marino tatsächlich von einer Diebsbande ausgeplündert worden sei, unter anderem hatten sie meinen Oscar gestohlen sowie eine sehr wertvolle Sammlung alter Holzkästchen, die Carlo aus der ganzen Welt zusammengetragen hatte.

Ein paar Jahre später hatte ich wieder eine derartige übersinnliche Vorwarnung, und wieder ging es um einen Raub. Auch diesmal beachtete ich die Vorahnung nicht weiter, aber die Folgen waren diesmal ärger. Das war bereits unser dritter Einbruch. Der zweite war passiert, als ich in London den Streifen „Die Millionärin" drehte. Ich lebte damals in einem gemieteten Haus in Hertfordshire und war zum Flughafen gefahren, um Carlo abzuholen, der aus Italien kam. Ich hatte Hausgäste bei mir wohnen und auch einige Angestellte. Als ich vom Flugplatz heimkam und ins Schlafzimmer hinaufging, fand ich die Lade meines Frisiertisches offen, und es fehlte das Schmuckkästchen. Das Fenster neben dem Tisch stand offen, anscheinend waren die Diebe durch dieses Fenster hinein- und hinausgelangt. Sie hatten alles mitgenommen, den gesamten Schmuck, den ich besaß. Nach jedem meiner Filme hatten Carlo und ich das Ereignis damit gefeiert, daß er mir ein Schmuckstück schenkte, und diese Juwelen bedeuteten mir sehr viel – außerdem waren sie eine unendliche Quelle der Genugtuung für mich, wenn ich zurückdachte, wie ich meine Kindheit in Pozzuoli verbracht und wie weit ich mich seither von der Armut entfernt hatte. Die Halsketten liebte ich besonders. Die eine war mit Diamanten und Saphiren besetzt, dazu hatte ich einen passenden Saphirring, die andere bestand aus antiken Diamanten mit passenden Ohrringen und einem Ring; dann gab es eine dreireihige weiße Perlenkette, eine andere mit weißen und schwarzen Perlen, ein wunderschönes Halsband aus Rubinen, dazu Broschen, Armreifen, antike Uhren, Goldketten, Gürtel – alles zusammen war etwa eine Million Dollar wert, und wir hatten nichts davon versichert.

An diesem Abend bemühte ich mich, den Verlust mit

britischem Gleichmut zu ertragen, niemand sollte mir etwas anmerken; aber am nächsten Morgen, während ich mich gerade schminkte, löste sich plötzlich meine Beherrschung, und ich bekam einen richtigen Weinkrampf. Jetzt erst, da ich ihn verloren hatte, erkannte ich, wieviel dieser Schmuck mir bedeutet hatte, jedes einzelne Stück war ein Andenken an ein wunderbares Erlebnis in meiner Gemeinschaft mit Carlo und eine Bekräftigung meines Entschlusses, nie wieder Hunger zu leiden. Der Diebstahl traf mich ebenso schwer, als wäre jemand in der Familie gestorben. De Sica, der in diesem Film mit mir vor der Kamera stand, kam in meine Garderobe und schloß die Tür hinter sich. Dann setzte er sich zu mir, reichte mir ein Taschentuch und sagte, ich solle mich schneuzen.

„Der Onkel Vittorio wird dir jetzt einen kleinen Vortrag über unnütz vergossene Tränen halten. Wer sind wir, du und ich? Wir sind zwei neapolitanische Hungerleider, die durch Zufall an das große Geld gekommen sind. Also ich, ich verdiene einen Haufen Geld, verliere alles beim Spielen, dann verdiene ich eben den nächsten Haufen. Mein Gott, wie oft habe ich beim Roulette alles verloren. Na und? Ich mache einfach ein paar Filme, dann bin ich wieder so reich wie zuvor. Und das wird bei dir genauso sein.“

„Nein, nein, darum geht es nicht! Du verstehst nicht, was dieser Schmuck für mich bedeutet hat. Er war ein Symbol für mich, ein Beweis, wie weit ich Pozzuoli hinter mir gelassen habe.“

„Sophia, hör mir gut zu. Ich bin viel älter als du, und wenn ich in meinem Leben jemals etwas gelernt habe, dann ist es das: Weine niemals über etwas, das nicht über dich weinen kann.“

Wir waren in unserem Appartement im Hampshire House in New York, als Carlo plötzlich aus Mailand die Nachricht erhielt, daß sein Vater gestorben sei. Carlo hatte immer sehr an seinem Vater gehangen, und die Nachricht von seinem

Tod erschütterte ihn zutiefst. Ich fuhr ihn zum Flughafen, und er nahm das nächste Flugzeug nach Italien.

Nach meiner Rückkehr blieb ich ein bißchen in unserem Wohnzimmer sitzen, unterhielt mich mit Ines und Carlos Sohn Alex, der auf die Nachricht vom Tod seines Großvaters hin zu uns gekommen war. Carlo, damals vier Jahre alt, war mit dem Kindermädchen in seinem Zimmer. Gegen neun Uhr sagte ich gute Nacht und ging in mein Zimmer, um mich schlafen zu legen. Als ich in mein Schlafzimmer trat, spürte ich sofort, daß ich nicht allein war – ich hatte das deutliche Gefühl, daß sich außer mir noch jemand im Zimmer befand. Plötzlich huschte ein schwarzer Schatten durch den Raum – ich schnappte entsetzt nach Luft und stürzte zurück ins Wohnzimmer.

Alex und Ines lachten mich wegen meines „geheimnisvollen schwarzen Schattens" aus, gingen aber gutmütig mit mir in mein Zimmer zurück und sahen unter dem Bett nach, im Badezimmer, in den Schränken – und fanden dabei natürlich nicht das geringste.

Zeitig am nächsten Morgen hörte ich noch halb im Schlaf erstickte Schreie. Im ersten Augenblick wußte ich nicht, ob die Schreie wirklich oder nur geträumt waren. Ich nahm die Wattepfropfen, mit denen ich immer schlafe, aus den Ohren und hörte wieder Schreie und unmittelbar darauf heftiges Klopfen an meiner Tür. Bevor ich antworten konnte, ging die Tür auf und herein stürzte ein Mann, der etwas in der Hand hielt, das wie ein Stethoskop aussah. Mein erster Gedanke war: Das ist ein Arzt, und der kleine Carlo ist krank. Aber als er ein paar Schritte näher kam, erkannte ich, daß er kein Stethoskop in der Hand hielt, sondern einen großen Messingring mit vielen Schlüsseln daran, und daß es kein Arzt war, sondern der Portier von der Hotelrezeption.

Gleich hinter dem Portier allerdings stand ein zweiter Mann, und der hatte eine Pistole in der Hand. Er kam ganz nahe an mein Bett, richtete die Pistole auf mich und sagte: „Das ist ein Überfall."

Ich stellte mich dumm. „Wie meinen Sie das?" fragte ich.

Das ärgerte den Gangster. Er drückte mir den Pistolenlauf, auf dem ein Schalldämpfer befestigt war, direkt gegen die Stirn. „Machen Sie keinen Unsinn", sagte er.

Jetzt zitterte ich bereits vor Angst. Der Gangster trug eine Perücke und einen aufgeklebten Schnurrbart, er hatte eine olivfarbene Gesichtshaut und trug dunkle Brillen. Ein wenig sah er Ringo Starr ähnlich. Sein Gesicht war jetzt dem meinen ganz nahe, und dabei bemerkte ich, daß er genauso viel Angst hatte wie ich. Ich sah auch, daß seine schönen, etwas stechenden blauen Augen genauso aussahen wie die von Paul Newman. Er befahl mir, aus dem Bett zu steigen und ihm meinen Schmuck auszuhändigen. Ich zögerte, vor allem deshalb, weil ich in einem sehr kurzen Nachthemd schlafe, das nur knapp bis zu den Oberschenkeln reicht.

Der Gangster durchsuchte jetzt meinen Frisiertisch, wühlte dann in meiner Geldtasche und nahm die 2000 Dollar heraus, die er darin fand, und versäumte auch nicht, den Rubinring einzustecken, der neben der Brieftasche lag. Aus einem anderen Zimmer konnte ich Ines weinen hören; ihre Schreie waren es also gewesen, die mich geweckt hatten.

Später erfuhr ich, daß drei bewaffnete Männer die fünf oder sechs Leute, die so früh schon in der Hotelrezeption waren, gefesselt hatten, mit Ausnahme des Managers und des Portiers. Dann verlangten sie eine Liste der Hotel-Safes, die der Manager ihnen auch prompt aushändigte. Da keiner der Safes auf meinen Namen lautete, nahmen sie an, daß das, was sie wollten, sich in meinem Appartement befinden müsse, und verlangten, sofort zu mir gebracht zu werden. Der Portier und der Manager hätten die Gangster sehr leicht zu einem unbewohnten Appartement führen können, denn die Verbrecher wußten ja nicht, wo ich wohnte, und ihnen als Ausrede sagen können, daß ich schon abgereist sei – aber nein, sie führten sie auf schnellstem Wege zu uns.

Als Ines sie mit ihren Pistolen hereinkommen sah, fing sie sofort zu schreien an, worauf einer der Männer sie mit dem

Pistolenknauf über den Hinterkopf und ins Gesicht schlug und sie anbrüllte, sie möge den Mund halten. Das Kindermädchen hatte inzwischen den Hörer aufgenommen und dem Telefonisten gesagt, man möge die Polizei holen. Aber der Telefonist antwortete nur: „Reg dich nicht auf, Süße, nur keine Panik."

„Hier bei uns sind Männer mit Pistolen, rufen Sie sofort die Polizei!" flehte sie den Telefonisten an.

„Aber, aber, Süße, reg dich nicht auf, es ist alles okay."

Soviel ich weiß, verständigte der Telefonist die Polizei nicht. Später erfuhr ich, daß das Hampshire House wie viele andere Hotels von einer ganzen Reihe von Einbrüchen heimgesucht worden war (seit damals sind übrigens die Sicherheitsmaßnahmen verstärkt worden).

Die zwei Gangster in meinem Schlafzimmer wurden von Sekunde zu Sekunde aufgeregter und nervöser. Ich war inzwischen, wie befohlen, aus dem Bett gestiegen, ohne mir länger Gedanken über mein zu kurzes Nachthemd zu machen. Wie in einem Alptraum liefen blitzschnell Szenen von Gewalttaten vor meinem geistigen Auge ab; ich sah sogar John Kennedy, wie ihn sein Mörder durch den Kopf schoß. Der Gangster mit den blauen Augen verlangte jetzt das „richtige Zeug". Ich hatte mir von der Juweliersfirma Van Cleef & Arpels Schmuck geliehen, den ich am Abend zu einer Party bei Rockefeller tragen wollte – ein hinreißendes Armband mit Diamanten und Rubinen, mit dazu passender Halskette und Ohrringen. Ich erklärte den Banditen, der Schmuck liege in einem Säckchen in der untersten Lade des Ankleidetisches – aber anstatt endlich zufrieden zu sein, wurde der Anführer nur noch wütender, während er diesen Schmuck genau untersuchte und ihn dann in seine Tasche steckte.

„Das ist wertloses Zeug", bellte er, „wir wollen den Ring, nicht diesen Talmi." (Das Wort Talmi hatte ich noch nie in meinem Leben gehört.)

„Wir wollen den Ring, den Sie im Fernsehen bei der David-Frost-Show getragen haben."

Jetzt erst begriff ich, was mir diesen Raubüberfall auf den Hals gehetzt hatte! Ich war vor kurzem in der Show von David Frost im Fernsehen aufgetreten, wo ich ein Neunzig-Minuten-Interview gab, und dabei hatte ich diesen phantastischen Diamantring getragen, den ich mir, ebenfalls von Van Cleef, eigens für diese Show geliehen hatte. Der Ring hatte einen Wert von etwa einer halben Million Dollar.

„Dieser Ring hat nicht mir gehört", erklärte ich. „Den hatte ich mir von Van Cleef ausgeliehen und ihn gleich nach der Show wieder zurückgebracht."

Das war die reine Wahrheit. Aber der Gangster packte mich an den Haaren und schleuderte mich zu Boden. „Ich habe Ihnen doch gesagt, zum Teufel, daß Sie mich nicht erst lange ansehen sollen. Und jetzt her mit dem Ring – das hier ist doch nur billiger Mist!"

Jetzt, da er mich so brutal behandelte, artete meine Furcht geradezu in Panik aus. Ich hätte ihm den Ring wirklich gegeben – wenn ich ihn nur gehabt hätte.

Dann sagte er: „Wo ist Ihr Kind?"

Das war zuviel. Der zweite Gangster, der bis jetzt Ines im Wohnzimmer bewacht hatte, kam zur Tür und rief: „Los, gehen wir!" Nun beherrschte mich nur noch der Gedanke an meinen Sohn. Ich stürzte zu einem Schrank in der Halle, riß ein Kästchen vom Regal, in dem sich der gesamte Schmuck befand, den ich noch besaß, und schleuderte es den Gangstern vor die Füße; der Anführer griff danach und schon waren sie draußen.

Ich ließ es mir zur Lehre dienen. Für seine Eitelkeit muß man unter Umständen teuer bezahlen – aber ich hoffe, daß ich nie wieder dafür zu zahlen haben werde, denn seit diesem Tag habe ich kein einziges wertvolles Schmuckstück mehr besessen, auch keinen teuren Pelz, nichts, was jemand verlocken könnte, mich oder meine Familie jemals wieder zu überfallen.

Kaum waren die Gangster verschwunden, stürzte ich zu meinem Sohn und drückte ihn an die Brust, und in diesem Augenblick wurde mir klar, daß selbst die kostbarsten

Diamanten und Smaragde nichts bedeuten, verglichen mit den liebenden Armen eines Kindes. Die Polizei ließ mich ganze Berge von Verbrecherfotos studieren, aber Ringo Starr mit den Augen von Paul Newman fand ich nicht darunter. Hätte ich nur meinem Vorgefühl Beachtung geschenkt!

Und immer wieder stellten sie sich ein, diese Ahnungen und Warnungen; nur die wenigsten habe ich hier erwähnt. Wenn ich sie mehr beachtet hätte, hätte ich Raubüberfällen, Feuersbrünsten und anderen Unglücksfällen wohl leicht aus dem Weg gehen können. Aber ich fürchte, ich werde es nicht tun – daher werde ich es wahrscheinlich auch nie sehr weit bringen als Hexe.

19. Kapitel

Im Sommer 1973 kam Richard Burton nach Rom. Carlo hatte ihn für den Streifen „Die Reise“ als meinen Partner engagiert, unter der Regie von de Sica. Richard und ich kannten uns nicht persönlich, aber er rief mich aus Hollywood an und fragte, ob er schon einen Monat vor Beginn der Dreharbeiten nach Rom kommen und bei uns in Marino wohnen könne – er wolle für die Dreharbeiten „tadellos in Form“ sein. Er erklärte, daß er nicht gern in einem Hotel wohne (was ich sehr gut verstehen konnte), denn dann wäre er ständig von *paparazzi* umgeben und käme nicht zur Ruhe. Aus der Zeitung wußte ich natürlich von seinen Schwierigkeiten mit Elizabeth Taylor, mit der er damals zwar noch verheiratet war, aber nicht mehr zusammen lebte. Die Reporter wetteiferten in Berichten über Saufgelage und öffentliche Auftritte, private Versöhnungen und öffentliche Trennungen des berühmten Paares. Ich erklärte Richard, daß wir uns über seinen Besuch sehr freuen würden und daß er in unserem Gästehaus wohnen könne.

Er traf mit einem Gefolge ein, das aus Arzt, Krankenschwester, einer Sekretärin und zwei Leibwächtern bestand. Was wir damals noch nicht wußten, war, daß Burton gerade eine Entziehungskur begonnen hatte und sich vom Alkohol lösen wollte – das hatte er damit gemeint, als er sagte, er wolle für den Film „tadellos in Form“ sein.

Wir kamen sehr gut miteinander aus. Er war noch immer sehr in Elizabeth Taylor verliebt, und wenn er sich über sie aussprechen wollte – und das kam ziemlich oft vor –, dann hörte ich ihm geduldig zu. Er schwamm viel und ging kein einziges Mal abends aus. Das Mittagessen nahm er oft am Swimming-pool ein, gemeinsam mit mir und den Kindern. Er war lebhaft und sprühte vor Witz; Zitate und geistreiche Bemerkungen schüttelte er nur so aus dem Ärmel. Allerdings war er auch ziemlich nervös, was ich dem Umstand zuschrieb, daß er diese Entgiftungspillen nahm und ganz plötzlich mit dem Trinken aufgehört hatte. Auch beim Essen hielt er sich an eine strenge Diät. An den Nachmittagen spielten wir manchmal Scrabble – eine Art Buchstabendomino –, wobei ich ihn trotz seines reichen Wortschatzes, seines großartigen Ausdrucksvermögens und seiner genauen Kenntnis der Literatur unweigerlich schlug, worauf er eine Kette von fürchterlichen und noch dazu walisischen Flüchen gen Himmel sandte – wie konnte er nur in seiner eigenen Muttersprache geschlagen werden, und noch dazu von einer analphabetischen italienischen Bäuerin? Peter O'Toole war übrigens auch immer wütend gewesen, wenn ich ihn beim Scrabble besiegte. Ich glaube, des Rätsels Lösung liegt darin, daß keiner der beiden besonders gut in Rechtschreibung war, während ich durch meine Herkunft aus dem lateinischen Raum ein besseres Gespür für die englische Orthographie hatte. Daß ich diese beiden gebildeten, unterhaltenden, literarisch interessierten Gegner beim Scrabble in englischer Sprache schlagen konnte, gab meinem Selbstgefühl beachtlichen Auftrieb.

Als wir mit den Dreharbeiten beginnen wollten, kam Carlo mit der traurigen Nachricht, daß de Sica sich einer Operation unterziehen müsse (er litt an einem Emphysem, weigerte sich jedoch, das Rauchen aufzugeben) und wir daher mit mindestens einem Monat Verspätung zu rechnen hätten. Carlo wußte, daß Richard Burton de Sica verehrte, und daher bat er mich, ihm die Nachricht schonend beizubringen. Richard regte sich sehr darüber auf, meinte aber, er würde gern in Marino bleiben und seine Kur hier bei uns fortsetzen, wenn ich nichts dagegen hätte.

Bei unseren Gesprächen nahm Richard immer alle Schuld an den Schwierigkeiten mit Elizabeth voll auf sich. Meine Rolle bei diesen Gesprächen war die eines Psychiaters, Seelentrösters und Ego-Masseurs. Das fiel mir nicht schwer. Ich hatte mich inzwischen mit Richard angefreundet und ihn wirklich schätzen gelernt, daher konnte ich ihm jetzt mit vollster Überzeugung die schönsten Komplimente machen.

Als wir endlich zu drehen beginnen konnten, erhielt Richard einen Anruf von Elizabeth – das erste Lebenszeichen von ihr seit seiner Ankunft in Rom. Sie lag in einer Klinik in Los Angeles und wollte Richard bei der Operation an ihrer Seite wissen. Sie habe Angst, und sie brauche Richard, den einzigen Richard, ihren Mann. Er müsse kommen, sofort. Das war an einem Freitag, die Dreharbeiten sollten am Montag beginnen. Carlo gab Richard die Erlaubnis, nach Los Angeles zu fliegen, aber nur unter der Bedingung, daß er nach zwei Tagen wieder in Rom wäre.

Freitag abend flog Richard über den Nordpol nach Los Angeles, der Flug dauerte zwölf Stunden; er verbrachte den Samstag mit Elizabeth, während sie operiert wurde, und kehrte wie versprochen am Sonntag abend wieder nach Rom zurück. Die Reise war nicht nur körperlich, sondern auch seelisch zermürbend gewesen. Kurz darauf quartierte er sein Gefolge in ein römisches Hotel ein, um allein sein zu können.

Auch Elizabeth Taylor sollte einen Film in Rom drehen; kurz nach ihrer Operation traf sie hier ein. Richard holte sie vom Flughafen ab, voll Hoffnung auf eine Versöhnung. Einmal kam sie zu uns nach Marino zum Mittagessen. Richard war äußerst nervös, Elizabeth jedoch charmant und zurückhaltend, aber es war eindeutig – wenn auch nicht für Richard –, daß ihre Gefühle für ihn im Abklingen waren. Ein oder zweimal kam sie noch nach Marino und blieb die Nacht über bei Richard, dessen Verhalten sich in dieser Zeit sehr zum Schlechten hin veränderte; er wurde aggressiv, ja manchmal geradezu gewalttätig.

Da klingelte einmal mitten in der Nacht plötzlich das

Telefon. Ich schreckte aus dem Schlaf hoch – es war Richard. Er hatte gerade ein langes Gespräch mit Elizabeth geführt, und sie hatte ihm klargemacht, daß es aus sei, ein für allemal, endgültig, und daß sie nie wieder zu ihm zurückkehren werde. „Sie hat von Scheidung gesprochen, Sophia", sagte er, fast lallend, „und sie meint es ernst, es ist wirklich alles vorbei. Sie kommt nie wieder zurück, und ich bin ganz allein hier und weiß nicht, was ich tun soll. Ich brauche Hilfe, Sophia, ich brauche dringend Hilfe."

Ich sagte ihm, daß ich schon im Bett wäre, allein mit den Kindern, Carlo sei nicht da – aber er solle doch ein Schlafpulver nehmen und zu schlafen versuchen, so gut es eben ginge, am Morgen könnten wir dann darüber sprechen.

Sobald ich aufgelegt hatte, rief ich Richards Sekretärin in ihrem Hotel an, und sie versprach, sofort nach Marino zu fahren und bei Richard zu bleiben. Am nächsten Morgen wollte ich zu ihm, aber er schlief den ganzen Tag und tauchte auch nicht am Swimming-pool auf. Ich zerbrach mir den Kopf, wie ich ihm helfen könnte, aber was konnte ich schon sagen oder tun?

Richard schien für die Zeit in Marino und für die Freundschaft, die sich zwischen uns entwickelt hatte, sehr dankbar zu sein. Ein Jahr später drehten wir zusammen „Brief Encounter" als Fernsehfilm.

Seither habe ich Richard Burton nicht wieder getroffen, aber es sieht so aus, als hätte er sich endlich in den Griff bekommen. Am Broadway hatte er in dem Stück „Equus – Blinde Pferde" großen Erfolg, und die neue Ehe scheint ihm wirklich sehr zu bekommen. Ich hoffe es jedenfalls für ihn. Ich schätze und bewundere ihn und betrachte mich als seine Freundin. Damals, während dieser schwierigen Zeit, war er jedoch eher eine tragische Gestalt, gleich einem der Könige aus Shakespeares Dramen, deren Größe vom Rad des vorbestimmten Schicksals gebrochen wird.

20. Kapitel

Zum letzten Mal sah ich de Sica bei Abschluß der Dreharbeiten für den Film „Die Reise“, in dem er Regie führte. Leider war er während dieses Films körperlichen und seelischen Schwankungen unterworfen, weil er sich von seiner Operation noch nicht ganz erholt hatte. All seine Energie und sein Esprit waren geschwunden, und nur gelegentlich kam etwas von seiner alten Vitalität und Phantasie zum Vorschein, die für uns beide immer so wichtig gewesen war. Am letzten Drehtag jedoch, an dem ich mit Burton eine Szene in einem Cabaret zu spielen hatte, war er bestens gelaunt und so vital wie einst. Am Vortag hatte ich etwas getan, was mir noch nie im Leben in den Sinn gekommen war: Ich hatte ihn um ein Foto mit Autogramm gebeten. Und nun überreichte er mir am letzten Tag eine Fotografie, auf der er blendend aussah und lächelte und auf die er geschrieben hatte: „Als Du fünfzehn warst, hast Du mir Dein Jawort gegeben.“

Ich freute mich sehr über diese Widmung, denn wir hatten, als ich fünfzehn war, tatsächlich in einem Film geheiratet. Nachdem Richard Burton und ich unsere Szene zu Ende gespielt hatten, ging es ans Abschiednehmen. De Sica mußte noch bleiben, um die letzten Tanzszenen auf der Bühne des Cabarets zu Ende zu drehen. Ich umarmte ihn, und er sagte: „Auf bald in Paris.“ Ich ging in meine Garderobe, hatte aber den unerklärlichen Drang, umzukehren und noch einen letzten Blick auf de Sica zu werfen. Er saß in einer für ihn typischen Haltung auf dem Bühnenvorsprung: mit gespreizten Beinen, ein Lächeln auf dem Gesicht, mit den Mädchen auf der Bühne scherzend, während er auf die nächste Einstellung wartete. Dann warf er den Kopf zurück und lachte über etwas, das eines der Mädchen gesagt hatte, lachte, wie nur de Sica lachen konnte – und so habe ich ihn noch heute in Erinnerung, wie er da auf der Bühne saß und sich vor Lachen bog.

Einen oder zwei Monate später, als ich eines Abends zu Hause saß und las, hatte ich plötzlich das Bedürfnis, das Theaterstück „Filomena Maturano", vor fünfzig Jahren von Eduardo de Filippo geschrieben, zu lesen. Man hatte mir die Hauptrolle in einer Bühnenfassung angeboten, und nun nahm ich das Buch vom Regal und wollte einige der langen Monologe auswendiglernen. Wenn es ging, und wenn de Sica die Regie übernahm, dann vielleicht . . .

Die Hexe war wieder von einer ihrer Ahnungen befallen worden; das sollte ich zwei Tage später erfahren, als Carlo mich aus Rom anrief. Am Ton seiner Stimme erkannte ich sofort, daß er mir eine schlechte Nachricht schonend beibringen wollte.

„Hast du gewußt, daß de Sica hier in Paris ist?" fragte er.

„Nein."

„Ja, er war sehr krank."

„Wo ist er jetzt?"

„Hm, noch immer in Paris. Sie haben ihn gestern in das American Hospital gebracht . . ."

„Dann muß ich sofort hin und ihn besuchen."

„– und heute morgen, weißt du, ist er . . . ist er . . . gestorben."

Ich reagierte nicht. Überhaupt nicht. Ich konnte nicht sprechen. Ich fühlte nichts. Ich war wie versteinert. Tatsächlich aber war meine Reaktion so heftig, daß ich sie nicht gleich erfassen konnte. Ich konnte nicht glauben, daß de Sica, *Vittorio de Sica,* nun tot war. Ich konnte nicht weinen. Ich hatte kein Bedürfnis nach Trost. Ich ging in mein Schlafzimmer und verschloß die Tür. Dann setzte ich mich ans Fenster und blickte über die Dächer von Paris bis hin zu den weißen, leuchtenden Türmen des Sacré Coeur. Und plötzlich begannen wie in einem Film die Bilder unserer jahrelangen Freundschaft an mir vorbeizuziehen: unsere erste Begegnung in Rom, als ich fünfzehn war, dann unser erster Film „Das Gold von Neapel“, der eigentlich meine Laufbahn begründet hatte: de Sica, wie er mir hinter der Kamera meine Rolle vorspielte . . . Und nun begannen endlich die Tränen zu fließen, und ich fing heftig zu schluchzen an, als ich unsere gemeinsamen Filmabenteuer noch einmal mit ihm durchlebte, von „Und dennoch leben sie“ bis zu „Hochzeit auf italienisch“. „Wie schnell die Jahre vergehen, und wie wenig man vergißt.“

Ich rief das American Hospital an. Ich hatte den brennenden Wunsch, de Sica noch einmal zu besuchen, bevor man seine Leiche nach Rom brachte. Aber seine Familie hatte strenge Anweisung gegeben, niemanden an den Sarg zu lassen. Den ganzen Tag lang rief ich an, vielleicht fünfzigmal insgesamt, aber niemand war bereit, mit mir zu sprechen. Selbstverständlich stand es seiner Familie frei, auf einen großen Schmerz auf ihre Weise zu reagieren, aber mein Bedürfnis, noch einmal mit de Sica zusammen zu sein, war überwältigend stark.

Am nächsten Tag rief ich wieder an. Der Sarg befand sich noch immer im American Hospital. Endlich stieß ich auf ein verständnisvolles Ohr. Ich schmeichelte, ich bat, und ich versprach, allein zu kommen und nur einige Minuten zu bleiben. Schließlich willigte man zögernd ein. In solchen Augenblicken bin ich dankbar für das, was mein Name für mich bewirken kann.

Ines begleitete mich an diesem Abend ins Krankenhaus. Man führte mich an das Ende eines langen, dunklen Korridors im Untergeschoß des Krankenhauses und schloß eine Tür für mich auf. Ich ging allein hinein. Der Raum war klein und niedrig, nur von einer Kerze beleuchtet, die neben dem schon verschlossenen Sarg brannte. Neben dem Sarg stand ein schmales Feldbett, auf dem noch der Abdruck von de Sicas

Körper zu sehen war; dort hatte er gelegen, bevor man ihn in den Sarg bettete. Das Kissen zeigte noch die Vertiefung, die sein Kopf hinterlassen hatte, und leichte Schmutzspuren von seinem Haar. Die Kerze flackerte. Irgendwo in der Ferne bellte unablässig ein Hund. Sonst war kein Laut zu hören. Der Raum war von einer unendlichen Traurigkeit erfüllt. So untypisch für de Sica! Ich legte meine Arme auf den Sarg, ließ meinen Kopf daraufsinken und dachte über ihn nach. Das Gefühl eines entsetzlichen Verlustes überkam mich: nicht nur diesen Mann, den ich liebte, hatte ich verloren, sondern auch einen Teil meiner selbst, den man mit ihm zu Grabe tragen würde. Ich dachte an so vieles, betete für seine gütige und reine Seele, und meine Tränen fielen auf das Holz des Sarges.

Ich fuhr nach Rom zum Begräbnis, das schrecklich quälend für mich war. Es fand in einer riesigen Kirche vor einer dichtgedrängten Menschenmenge statt. Überall standen Fotografen. Als de Sicas Sarg in die Kirche getragen wurde, applaudierte die Menge, genau wie sie bei meinem Eintritt applaudiert hatte. (Auch bei Anna Magnanis Beerdigung hatte es Applaus gegeben, als Ehrung für den Künstler sozusagen.) Der Beifall für mich galt vermutlich den Leistungen, die de Sica und ich gemeinsam in all den Jahren erbracht hatten.

Es gelang mir kaum, meinen Schmerz vor den Fotografen zu verbergen. Als mir während des Gottesdienstes die Tränen kamen, drückten sich die Fotografen nahe an mich heran, um mich besser ins Bild zu bekommen, aber ich versuchte, mein Gesicht hinter dem Rücken meines Vordermannes zu verstekken. In solchen Augenblicken ist es furchtbar, nicht in Ruhe gelassen zu werden. Keine Ehrfurcht vor dem Schmerz, nicht einmal vor der Kirche. Selbst vor den Toten machen sie nicht halt. Keine private Minute, um einem geliebten Freund adieu zu sagen.

Ein Polizeibeamter in Rom

In unseren Akten liegen Berichte über zwei Entführungsversuche an Carlo Ponti. Übrigens wäre ohne den ersten Versuch der zweite nicht zu vereiteln gewesen. Der erste Entführungsversuch trug sich spätabends auf der Appia Antica außerhalb von Rom zu. Herr Ponti, der an diesem Tag länger gearbeitet hatte, fuhr allein in seinem Auto nach Hause in den Vorort, in dem er wohnte. Plötzlich war er gezwungen anzuhalten, weil sich vor ihm auf der Straße ein Auto quergestellt hatte. Als er stehenblieb, sah er in den Rückspiegel und bemerkte, daß ein anderes Auto an seinen Wagen herangefahren war. Die Tür dieses Autos öffnete sich, ein maskierter Mann mit einem Gewehr in der Hand sprang heraus und lief auf Pontis Wagen, einen schnellen Alfa Romeo, zu. Sobald er den maskierten Mann im Spiegel erblickte, legte Ponti ohne einen Augenblick zu zögern den Gang ein und kurvte um das quergestellte Auto, das offensichtlich vor ihm stand, um ihm den Weg zu versperren. Der Mann mit dem Gewehr eröffnete das Feuer. Ponti duckte sich tief in seinen Sitz, schaffte es aber, seinen Fuß auf dem Gaspedal zu halten. Der Alfa Romeo schoß davon. Der Mann feuerte weiter. Eine der Gewehrkugeln zertrümmerte die Heckscheibe. Zu Hause angekommen, rief Ponti sofort die Polizei an. Der Alfa Romeo war von Gewehrschüssen durchlöchert. Wir rieten Herrn Ponti, immer Polizeischutz anzufordern, wenn er spätabends auf dieser Strecke unterwegs sein würde.

Das war der Grund, warum Herr Ponti unter Polizeischutz stand, als der zweite Entführungsversuch unternommen wurde. Als er anrief, wollten wir eben einen Wagen losschicken, um einen Brand und eine Explosion in der Nähe seines Hauses zu untersuchen. Daher ordneten wir an, daß dieser Wagen ihm folgen solle.

Unterwegs fuhr ein Auto knapp an Pontis Wagen heran und versuchte, ihn von der Straße abzudrängen, doch in diesem Augenblick bemerkte der Fahrer den Polizeiwagen, der ihnen folgte, und raste davon. Vor Pontis Haus entdeckte die Polizei einen Lastwagen ohne Nummernschild, der hinter den Büschen knapp neben dem Eingang zur Villa geparkt war. Der Motor lief, und im Wageninneren fand die Polizei Stricke, Klebestreifen, Injektionsnadeln mit Drogen – das ganze Zubehör für eine Entführung. Hätte Carlo Ponti nicht um Polizeischutz angesucht, wäre ihm das Schicksal einer Entführung wahrscheinlich nicht erspart geblieben. Nachher stellten wir fest, daß die Explosion und der Brand in der Nähe der Villa Ponti absichtlich ausgelöst worden waren, um die Polizei von der geplanten Entführung abzulenken.

Eine Freundin von Sophia

Vor zwei Jahren kam Sophia auf einen kurzen Besuch nach Rom, und als sie nach Paris zurückfliegen wollte, begleitete ich sie zum Flughafen.

Sie wollte an diesem Abend mit der Acht-Uhr-Maschine, der letzten nach Paris, Rom verlassen. Wir kamen überpünktlich auf dem Flugplatz an, aber als Sophia bei der Paßkontrolle ihre Papiere vorzeigte, bat man sie, einen Augenblick zu warten. Ich ging mit ihr, als man sie in einen Vernehmungsraum führte. Sie wurde genauestens durchsucht; ihre Handtasche, ihre Geldbörse und ihre Aktentasche wurden von innen nach außen gekehrt; einigen Produktions- und Finanzunterlagen, die sie Carlo mitbringen sollte, wurde besondere Aufmerksamkeit geschenkt. Sophia bat die Beamten, sich zu beeilen, weil sie ihr Flugzeug nicht versäumen wolle, aber die Herren meinten, keine Sorge, es sei genügend Zeit. Später erfuhr ich, daß ihr ganzes Gepäck aus dem Flugzeug geholt und auf das genaueste untersucht worden war.

Als es acht Uhr war, wies Sophia darauf hin, daß ihr

Flugzeug nun abginge, aber sie sagten, es täte ihnen leid, sie müsse auf das Eintreffen eines Beamten aus Rom warten, der sie persönlich vernehmen wolle.
Nach zweistündigem Warten kam der Beamte aus Rom endlich an. Er begann Sophia auszufragen: Was haben Sie heute in Rom gemacht? Sagen Sie mir genau, wo Sie waren, mit wem Sie zusammentrafen, antworten Sie ohne Umschweife. Sophia aber wollte in Abwesenheit ihres Anwalts nun keine Aussagen mehr machen.
Nach einer Weile trafen Sophias Anwälte ein. Sie begannen eine lebhafte Diskussion mit dem Beamten: die technischen und finanziellen Angelegenheiten, die sie besprachen, klangen für mich wie eine Fremdsprache. Wäre auch nur die Spur eines Beweises für eine Gesetzesüberschreitung, auch nur der leiseste Anhaltspunkt dafür vorhanden gewesen, der Beamte hätte sich bestimmt darauf gestürzt. Aber schließlich gab er ihr ihren Paß zurück und machte sich ohne ein Wort der Entschuldigung für die Unannehmlichkeiten, die er ihr bereitet hatte, zurück auf den Weg nach Rom.
Mittlerweile hatte sich die Nachricht verbreitet, daß Sophia in der Patsche säße, und Hunderte Journalisten, Fotografen, Fernsehleute und so weiter drängten sich auf den Gängen vor dem Vernehmungsraum. Sophia blieb nichts anderes übrig, als in dem Zimmer zu bleiben, quasi als Gefangene, bis sie am nächsten Morgen das erste Flugzeug nach Paris nehmen konnte, und zwar den Vier-Uhr-dreißig-Flug der Japan Air Lines.
Es wurde eine lange Nacht. Volle neun Stunden nach dem Beginn der Vernehmung ging der JAL-Flug nach Paris. Draußen vor der Tür wartete die Pressemeute weiter. Anrufe von Zeitungen und Telegramme aus der ganzen Welt kamen herein, mit der Anfrage, was denn eigentlich geschehen sei. Niemand war Sophia auf dem Weg vom Vernehmungsraum zum Flugzeug behilflich.
Ich nahm Sophia fest am Arm, und wir drängten uns, so

gut wir konnten, durch die Menge. Die Presseleute hatten stundenlang gewartet und wollten nun etwas Konkretes erfahren. Sie packten Sophia, hielten ihr Mikrophone vor das Gesicht und versuchten ihr Möglichstes, sie zum Sprechen zu bringen, aber Sophia sah starr vor sich hin, wie in Trance, sagte kein Wort und versuchte vorwärtszukommen, bis wir nach vielem Gestoße und Geschiebe endlich den JAL-Schalter erreichten.
Aber ihr Schweigen hatte ihr nichts genützt. Am nächsten Morgen waren die Zeitungen voll von ihren „beredten" Ausführungen, in denen sie Italien verurteilte, es ein grauenvolles Land nannte, in das sie niemals zurückkehren würde; die Reporter ergötzten ihre Leser mit blumenreichen Schilderungen über die Millionen von Lire, die Sophia illegal mitgeführt habe, und über die Werte, die in ihrem Rocksaum eingenäht gewesen wären. Man mutmaßte bereits über die Dauer der Haft, die sie für ihre Verbrechen werde absitzen müssen. Selbstverständlich waren alle diese Berichte völlig aus der Luft gegriffen.

Carlo Ponti

Ich lebe in der Hoffnung, daß sich die Dinge eines Tages zum Besseren wenden werden und wir alle nach Italien heimkehren können. Vielleicht ist das nur ein kindlicher Traum, aber ich bin von Natur aus ein unheilbarer Träumer und habe im Laufe meines Lebens diese kindlichen Träume liebgewonnen.

21. Kapitel

Ich glaube nicht, daß ich jemals mit höheren Erwartungen an ein Projekt herangegangen bin als an den Film „Der Mann von la Mancha“, mein erstes und einziges Musical. Aber es gab von Anfang an Schwierigkeiten. Da war erstens die Unentschlossenheit des Produzenten bei der Wahl des Regisseurs, und zweitens die Frage, ob der Film in Spanien selbst oder in den Ateliers von Rom gedreht werden solle. Schließlich beschloß man, den ganzen Film in Rom zu drehen, wodurch allerdings das Lokalkolorit, das die prachtvolle spanische Landschaft vermittelt hätte, verlorenging. Es gibt keinen Ersatz für wandernde Wolken und sanfte, bewaldete Hügel, und keiner Windmaschine ist es je gelungen, die leichte Brise zu erzeugen, die über die spanische Ebene weht.

Aber dennoch habe ich dem Film einiges zu verdanken, vor allem die Bekanntschaft mit Peter O'Toole. Fröhlich, witzig, frech, unverschämt, verrückt – aber auf bezaubernde Art verrückt. Obwohl er ganze Nächte durchzechte, kam er immer nüchtern und pünktlich ins Atelier. Wir spielten unablässig Poker, und ich stellte zu meinem Erstaunen fest, daß er noch toller schwindelte als ich. Er ist unheimlich gebildet und belesen und ein angenehmer Gesprächspartner. Wenn ich mit Leuten zusammen bin, speziell mit solchen, die ich nicht gut kenne, bin ich wie ein Lackmuspapier: ich agiere nicht, sondern ich reagiere. Dem Niveau eines anregenden Gesprächs passe ich mich mit Freuden an, und mit Peter zu sprechen, dessen Unterhaltung stets eine Bereicherung war, machte mir großen Spaß. Wir verstanden einander wunderbar, tauschten Gedanken aus, Gefühle, lachten über dumme, weise oder widersinnige Beobachtungen. Anregende Gesprächspartner sind selten, und Peter ist da eine Klasse für sich. In seiner Gesellschaft war ich witziger, als ich von Natur aus bin, er weckte Fähigkeiten in mir, die mich selbst erstaunten, und vor allem brachte er mich mit seinem anspruchsvollen Sinn für Humor dazu, die Dinge in einem anderen Licht zu sehen.

Da weder er noch ich uns bislang durch sängerische Qualitäten hervorgetan hatten, fürchteten wir uns beide halb zu Tode davor, die für uns vorgesehenen Lieder zu singen. Ich hatte zwar einige Male in Filmen gesungen – ein Lied in „Die Frau vom Fluß", ein Lied mit Clark Gable in „Es begann in Neapel", und einmal mit Peter Sellers in „Die Millionärin", aber das waren bloß so hingeträllerte Liedchen gewesen und mit den Songs eines Musicals nicht zu vergleichen, für die obendrein durch die erfolgreiche Broadway-Produktion von vornherein ein hoher Standard gesetzt war. Obwohl die meisten musikalischen Nummern in der intimen Atmosphäre des Studios aufgenommen wurden, mußte ich ein Lied im Atelier singen, weil es mit der Handlung verknüpft war. Ich kam an diesem Morgen ins Atelier, öffnete meinen Mund zum Singen und stellte fest, daß meine Stimme vollkommen weg war. Panik erfaßte mich, aber da nahm mich O'Toole beiseite und versicherte mir, daß ich an „psychologischer Laryngitis" leide. Als mir die Temperatur gemessen wurde, stellte sich heraus, daß ich hohes Fieber hatte. Ich wies Peter darauf hin, daß Fieber gewiß nicht psychologisch bedingt sei. Ich war echt besorgt, aber Peter meinte:

„Das bildest du dir nur alles ein, Sophia. Du hast Fieber bekommen und krächzt herum, weil du dich fürchtest, vor all diesen Leuten zu singen."

Er hatte natürlich völlig recht. Zwei Tage später, in dem kleinen, intimen Aufnahmestudio, ging es meiner Stimme wieder bestens, und ich nahm das Lied auf, bei dem mein Kehlkopf vor den vielen Menschen im Atelier gestreikt hatte.

Peter war, was das Singen betraf, genauso nervös wie ich. Als für ihn der große Augenblick kam, im Aufnahmestudio „The Impossible Dream", das einzige wirklich gute Lied des ganzen Films, hinter sich zu bringen, bat er mich, mitzukommen und seine Hand zu halten. In der Endfassung wurde dann das halbe Lied von Peter, die andere Hälfte von einem Berufssänger gesungen.

Am Ende der Dreharbeiten stellte ich fest, daß ich wieder schwanger war – mein zweiter Sohn Edoardo hatte sich angemeldet –, worauf ich mich sofort in mein Wochen-, bzw. Monatsbett begab. Peter hatte noch einige Szenen zu filmen. Er rief jeden Tag an, und tat es mit jener Wärme und Herzlichkeit, zu der nur ein wahrer Freund fähig ist. Bevor er abreiste, kam er sich verabschieden; als Geschenk brachte er ein riesiges Straußenei mit, auf das er geschrieben hatte: „In großer Liebe, Peter." Ich liebe Peter wirklich von Herzen, und wann immer wir uns sehen, egal wieviel Zeit dazwischen auch verstrichen sein mag, setzen wir unser Gespräch so fort, als hätten wir uns am Vortag zum letzten Mal getroffen. Ich muß gestehen, daß ich von einer Bemerkung entzückt war, die Peter in einem Interview über mich machte: „Je länger ich mit Sophia zusammen war, desto mehr zum Anbeißen fand ich sie."

Ich habe es gern, wenn man mich mit Speisen vergleicht; da spricht vermutlich die Köchin aus mir. Und niemand wird mich wohl jemals auf charmantere Weise auf eine Speisekarte setzen, wie Noël Coward es einmal getan hat. Wir verbrachten einige Abende zusammen, als ich mit Paul Newman den Film „Lady L." in der Schweiz drehte, wo Noël ein Haus besaß. Nie werde ich den ersten Abend dort vergessen, an dem ich mit Peter Ustinov, dem Regisseur des Streifens, zum Essen eingeladen war. Noël wollte unbedingt, daß ich den „Bullshot" kennenlernte, eine faszinierende Mischung aus Bouillon und Wodka, die dann für den Rest des Abends mein Hirn vernebelte. Trotzdem war ich noch imstande, das Ping-Pong an Witzen zwischen den beiden Männern zu genießen. Im

Laufe der Unterhaltung machte Noël die folgende epikureische Bemerkung über mich: „Sophia sollte eigentlich aus Schokoladetrüffeln modelliert werden, damit die Welt sie verschlingen kann.“ Ich fühlte mich natürlich unerhört geschmeichelt.

Lange nach der Fertigstellung von „Der Mann von La Mancha“, als ich in Genf im Bett lag und auf das Debüt von Edoardo wartete, schickte man mir eine Langspielplatte mit der Filmmusik. Den Film selbst hatte ich noch nicht gesehen, aber ich wußte, daß er von der Kritik nicht gut aufgenommen worden war und auch kein Kassenerfolg werden würde. Ich legte die Platte auf – und brach bei den ersten Tönen in Tränen aus. Der Klang unserer Lieder brachte mir die fünf Monate harter Arbeit wieder deutlich vor Augen, die Ängste, die ich ausgestanden hatte, all die Probleme und Hoffnungen und Enttäuschungen. Was ich da hörte, klang so gut, so voll von Leben und Unterhaltung, daß ich bei dem Gedanken weinte, wie wenig die Bemühungen von Peter, Jimmy Coco und mir belohnt worden waren. Die Härte unseres Berufes wurde mir bewußt, der uns so viel abverlangt, so viel von unserem Enthusiasmus und Glauben beansprucht, um uns dann mit einigen abwertenden Worten zu vernichten, deren schmerzlichstes der Ausdruck „abschreiben“ ist. Wie kann man fünf Monate seines Lebens einfach „abschreiben“? Ich weinte also für uns alle; aber die Götter des Mißerfolges sind genauso unbeständig wie die Götter des Erfolges, daher sollte eine professionelle Schauspielerin eigentlich nicht über einen mißglückten Film weinen. Aber wie ich schon einmal erwähnte, ich bin eben kein Profi, sondern ein Amateur, werde es immer bleiben, und wenn mich etwas schmerzt, dann weine ich.

Ich führe mir immer wieder vor Augen, wie schwer es ist, in einem Film gut zu sein, ich zweifle jedesmal an meiner Fähigkeit, alle für eine Szene nötigen Emotionen in mir frei zu machen, ich fühle mich stets in einem Team mit den Talenten all jener, die mir helfen, von den Kulissenschiebern bis zu den Regisseuren. Ich arbeite immer, als ob ich am Verdursten wäre. Ich lerne meinen Text schon Wochen vor Beginn der Dreharbeiten, damit die Dialoge in mich einsikkern und ein Teil meiner selbst werden. Ich könnte nie so arbeiten wie Marcello. Er wirft kein Auge auf seinen Text, bis er am Morgen ins Atelier kommt. Egal wie schwer sein Dialog auch sein mag, er lernt ihn immer erst knapp bevor er dran ist. Anfangs ist er dann auch immer entsetzlich aufgeregt, aber das ist eben seine Art zu arbeiten, und für ihn scheint es die richtige zu sein. Ich könnte eher fliegen lernen, als mir diesen Arbeitsstil zu eigen machen.

Wenn ich einen Film drehe, dann erlebe ich ihn wirklich. Ich spiele nicht in dem Sinn, daß ich etwas vortäusche. Ich identifiziere mich vollständig mit meiner Rolle. Wenn ich mit einem erfahrenen Schauspieler zusammen arbeite, der alle Finessen seines Berufes beherrscht, komme ich mir stets etwas unterlegen vor; aber meiner Ansicht nach kann ich auf diese Weise dem Unerwarteten in einer Szene besser begegnen, und gerade das Unerwartete gibt dem Schauspieler die kreative Note.

Auf der Bühne sind Gesten, Stimmen und Posen wirkungsvoller als im Film. Nichts ist enthüllender als eine Großaufnahme, und wenn der Schauspieler dabei die Emotionen nicht wirklich in sich fühlt, die er darzustellen hat, wenn keine echten Emotionen da sind, sondern nur Technik an ihre Stelle tritt, dann ergibt sich auf der Leinwand nicht die Wirkung, die an die Gefühle des Publikums rühren soll.

Deshalb leide ich immer so, bevor ich eine schwierige Rolle zu spielen habe. Ich bin entsetzlich unsicher, werde von Selbstzweifeln zerfressen. Es fällt mir heute schwerer als vor zehn Jahren, eine anspruchsvolle Rolle zu spielen, weil ich kritischer geworden bin, mehr von mir erwarte und mehr geben will. Wenn man sich zu sehr in eine Szene hineinlebt, läuft man allerdings Gefahr, die Kontrolle über sich selbst zu verlieren. Egal wieviel Gefühl ich in mir mobilisiere – Ärger, Schmerz, Leidenschaft, Hysterie –, egal wie sehr ich mich in diesen Augenblick hineinversetze, stets muß ich mich in der Hand haben, nie darf ich die Gewalt über mich verlieren. Intime körperliche Szenen müssen aus der Einbildung heraus, nicht mit echter sexueller Hingabe gespielt werden, sonst könnte man sich nicht an die technischen Anforderungen des Films halten. Es kommt auch häufig vor, daß ein und dieselbe Szene verschiedene Male, jeweils in einer anderen Einstellung, gefilmt wird, in Nahaufnahme oder in der Halb-Totale, wobei die Darstellung in allen Fassungen identisch sein muß, damit sie einheitlich wirkt. Das ist einer der schwersten Aspekte des Films – Gefühle zu beherrschen, die unbeherrscht aussehen sollen.

In dem Film „Die Gräfin von Hongkong" gab es eine Szene, in der Marlon Brando einen langen Monolog halten mußte, auf den ich zu reagieren hatte. Während seiner ganzen Rede wurde ich in Großaufnahme gebracht; ich mußte eine emotionelle Reaktion zeigen und schließlich in Tränen ausbrechen. Ich wußte, daß mir diese Szene schwerfallen würde und daß ich sie nicht beliebig wiederholen konnte, daher bat ich Charlie Chaplin, sich so neben die Kamera zu stellen, daß ich ihn sehen konnte, und mich wie ein Dirigent zu führen, mir das richtige emotionelle Tempo vorzuschreiben, damit sich meine Gefühle nicht zu früh steigerten, und mich mit seinen Händen zum Höhepunkt hinzuführen, wie ein Dirigent es mit einem Orchester machen würde. Es klappte großartig, und wir schossen die ganze Großaufnahme mit einer einzigen Einstellung.

Es ist oft schwer, echte Tränen zu weinen und die mit ihnen einhergehenden Emotionen in sich wachzurufen, weil die Stimmung im Atelier meist eine ausgelassene ist und außerdem zu viel vor sich geht, das einen ablenkt. Anderseits ist es mir unangenehm, das Filmteam hinauszuschicken oder mit Redeverbot zu belegen. Daher habe ich gelernt, durch Konzentration alles rund um mich zu vergessen und mir innerlich die Einsamkeit zu verschaffen, die ich für meine Tränen brauche. Ich kann sogar vorgeben, meiner Umgebung zuzuhören, während ich mich längst seelisch isoliert habe und innerlich die Tragödie durchlebe, welche mich für die kommende Szene in die geeignete Stimmung bringt.

Komödien gedeihen natürlich prächtig in der ausgelassenen, heiteren Atelieratmosphäre, und in solchen Fällen bin ich dankbar, wenn die allgemeine Heiterkeit zur Darstellung beiträgt – obwohl amerikanische Komödien völlig anders sind als italienische. Bei amerikanischen Komödien baut der Autor schon von sich aus Witze ein; Gags und komische Situationen sollen zum Lachen anregen, während italienische Komödien eigentlich ernst sind und die Komik sich aus tragischen oder dramatischen Augenblicken ergibt, die eine Schwäche der Charaktere, der Situation oder manchmal sogar der Menschheit an sich aufdecken. „Hochzeit auf italienisch" mit Mastroianni ist ein ideales Beispiel für eine dieser ernsthaft-komischen italienischen Komödien.

Marcello und ich sind als Italiener von vornherein gewissermaßen geistesverwandt, aber das allein macht unsere Partnerschaft nicht aus. Wir sind austauschbare Teile ein und desselben Körpers. Wir haben dieselbe Wellenlänge. Wir müssen uns wohl schon in Pompej im Jahre 10 vor Christus kennengelernt haben, als er Wagenlenker war und ich auf der Via Dei kleine Statuetten verkaufte. Wenn wir zusammen spielen, reichen sich unsere Seelen die Hände. Keine Phrase ist zu übertrieben für die Beschreibung unseres Zusammenspiels vor der Kamera. Wenn ich mit Marcello auftrete, bin ich der Vollmond, den er als Hof umgibt.

Wir machen aus unserer Meinung auch keinen Hehl. Kunstvolle Floskeln sind nicht unsere Art, was übrigens immer von Vorteil ist. Vor kurzem flogen wir zum Beispiel in die Vereinigten Staaten, um für den Film „A Special Day" Publicity zu machen. Wir traten zusammen in der Dick-Cavett-Show auf, in deren Verlauf Cavett Marcello fragte, ob die italienischen Männer tatsächlich so tolle Liebhaber seien, wie man von ihnen behaupte. Die Frage war so formuliert, daß sich Marcello selbst als einer dieser tollen Liebhaber angesprochen fühlen mußte. Er antwortete in seiner schrecklich ehrlichen Art in gebrochenem Englisch: „Also ehrlich gesagt, Dick, ich bin kein großer Bumser."

Alle schnappten nach Luft. Ich sagte: „Sie müssen ihn entschuldigen, Dick, er spricht nicht sehr gut Englisch und meint zudem, in Amerika alles sagen zu können. Er wollte offenbar ausdrücken, daß er keine Liebesmaschine ist, sondern seine Schwächen hat wie alle anderen Männer auch."

Marcello sah mich an. „Nein", beharrte er, „ich habe schon gemeint, was ich gesagt habe: Ich bin kein großer Bumser."

Es folgte eine lange Pause. Danach fragte Dick munter und mit einem leicht gequälten Lächeln auf dem Gesicht: „Was sind eigentlich Ihre Hobbys?"

Und damit war das Programm zu Ende.

22. Kapitel

„Wie lang diese Liebe dauern wird? Ich weiß es nicht – drei Wochen, drei Jahre, drei Jahrzehnte. Alle wollen die Ewigkeit verkürzen, indem sie nach Zahlen fragen."

So lautet stets meine Antwort, wenn jemand nach meiner Beziehung zu Carlo fragt. Wir sind zu lange verheiratet. Der Altersunterschied zwischen uns ist zu groß. Wir sehen zu unterschiedlich aus. Wir widersprechen einem System, das in der Ehe „einen gesetzlich anerkannten Akt der Verzweiflung und in jedem Kuß die Überwindung einer Unvereinbarkeit" sieht. Ich bewundere Carlos Intellekt, seine Güte, die Art, in der er sich mit meinen Problemen identifiziert. Er ist vor allem ein Gefährte, nicht nur ein Partner. Lawrence Durrell hat einmal treffend bemerkt: „Ein Gefährte ist wichtiger als ein Liebhaber, und liebevolle Güte ist wichtiger als jede Leidenschaft."

Die Basis, die Carlo und ich uns für unser gemeinsames Leben geschaffen haben, ist solide und hat unser Leben bislang verläßlich getragen. Ich betrachte Carlo nicht als älteren Mann oder als etwas anderes als den Man, den ich in meinem Leben brauche.

Das soll nicht heißen, daß Carlo nicht auch seine Fehler hätte. Er spricht wenig, daher muß ich meistens erraten, was er denkt, was er von mir will oder was ich für ihn tun soll. Man muß ihm die Worte förmlich aus dem Mund ziehen. Außerdem arbeitet er zu viel, was übrigens eine typische Eigenschaft der Norditaliener ist. Wenn sie nicht arbeiten, gehen sie zugrunde, daher habe ich mich mit dieser Tatsache abgefunden.

Und ich habe das Telefon akzeptieren gelernt. Ein Leben ohne Telefon und Drehbücher wäre für Carlo untragbar. Seit ich ihn kenne, arbeitet er im Durchschnitt zwölf bis fünfzehn Stunden am Tag, was mich zu dem Schluß veranlaßt hat, diese abnormale Arbeitsmanie müsse einen Freudschen Ursprung haben. Auch habe ich mich daran gewöhnt, daß Carlo ungesellig ist. Das erfordert keine große Umstellung meinerseits, da auch ich Geselligkeit nicht sonderlich liebe. Aber gewiß lehne ich hauptsächlich auch deshalb Einladungen ab, weil ich weiß, daß Carlo sich langweilen würde. Er mag keine Art von Gesellschaftsleben. Er hat weder für Theater noch für Musik etwas übrig, und wenn es mir einmal gelänge, ihn in ein Konzert oder eine Oper zu schleppen, so schliefe er sicher bereits während der Ouverture ein. Nachtclubs langweilen ihn nicht minder; und überall, wo er sich langweilt, schläft er ein. Wenn wir in die Premiere eines Films gehen und er den Film nicht gut findet, ist er im Nu eingeschlafen. Ich stoße ihn dann meist nervös in die Seite und murmle leise seinen Namen. Ich könnte nicht sagen, daß mich Carlos häufiges Einnicken ärgern würde, denn ich habe mich im Laufe der Jahre so sehr daran gewöhnt, daß es mich eigentlich nur noch amüsiert. Allerdings gibt es mittlerweile fast keine Gelegenheit mehr dazu, weil ich vor langer Zeit beschlossen habe, ihn vor dieser Langeweile einfach dadurch zu bewahren, daß ich gesellschaftliche Zusammenkünfte meide.

Wie schon erwähnt, ist das kein großes Opfer für mich, weil auch ich nicht unbedingt Gesellschaft haben muß. In den sechs Jahren, die wir nun schon in Paris leben, haben wir fast nie an größeren Abendeinladungen teilgenommen. Allenfalls genieße ich noch ein Essen zu viert bei uns zu Hause. Wenn ich allerdings gezwungen bin, einer größeren Einladung zu folgen, unterhalte ich mich trotz meiner Einwände meist prächtig. Aber die Ängste, die ich vorher ausstehe, werden durch das Vergnügen kaum je wettgemacht. Selbst wenn ich einmal in Stimmung bin, abends auszugehen, nimmt mir die gesteigerte Aufmerksamkeit, die ich allerorts errege, meist den Spaß an der Sache, obwohl ich hin und wieder sehr gern in eine gute Diskothek tanzen gehe oder mich einen Abend lang im Maxim amüsiere. Wenn es alle heiligen Zeiten einmal tatsächlich dazu kommt, gehe ich meist mit Freunden aus und lasse Carlo zu Hause. Abgesehen von den ein- bis zweimal im Monat, wo wir bei Freunden zum Abendessen eingeladen sind, geht Carlo fast nur aus, wenn er Geschäftsfreunde einladen muß. Ich komme mit, wenn er es wünscht, mache Konversation und schlafe nicht ein. Ich finde auch in den schwierigsten Situationen interessanten Gesprächsstoff, weil ich mich darum bemühe und weil ich Geduld habe.

Carlo ist anderseits schrecklich ungeduldig, innerlich ein Vulkan, auch wenn er äußerlich ruhig erscheinen mag. Ich merke sofort, wann er sich ärgert oder langweilt, mag sein Gesicht noch so ausdruckslos sein und die anderen keine Ahnung haben, was in ihm vorgeht. Ihm scheint es mir gegenüber genauso zu gehen, denn er kennt mich so gut wie ich ihn, er respektiert meine Stimmungen und reagiert verständnisvoll auf sie. Er ist ein einfühlsamer Mensch und geht geschickt mit mir um. Wenn er zum Beispiel feststellt, daß ich ein wenig deprimiert bin, geht er darüber hinweg, wenn er meint, selbst schuld daran zu sein; ist er jedoch der Ansicht, daß ich aus einem Grunde deprimiert bin, der nichts mit ihm zu tun hat, dann diskutiert er mit mir darüber und versucht, mir aus meiner schlechten Stimmung zu helfen.

Kaum jemals erzähle ich Carlo von meinen Problemen mit den Kindern, mit meiner Familie oder ähnlichem. Ich ziehe es vor, meine Probleme selbst zu lösen, weil er ohnehin den ganzen Tag Probleme lösen muß – darin besteht ja seine berufliche Tätigkeit. Mich konfrontiert er nie mit diesen Problemen. Ich habe keine Ahnung von Geldangelegenheiten, von unseren Investitionen oder von Verträgen und so weiter, nicht weil Carlo mich nicht einweihen will, sondern weil mich derlei Angelegenheiten nicht im geringsten interessieren und ich sie mit Freuden Carlo überlasse. Er ist bemüht, alle schlechten Nachrichten von mir fernzuhalten; er ist mein seelischer Stoßdämpfer.

Carlo Ponti

Die Leute wollen unsere Abneigung gegen das Gesellschaftsleben nicht verstehen. Sie sehen nicht ein, daß wir, gerade weil wir im öffentlichen Leben stehen, unsere Zurückgezogenheit über alles schätzen. Wir gelten als ungesellig. Aber für uns ist es nicht so einfach, einem plötzlichen Entschluß zu folgen und in ein nettes Restaurant essen zu gehen oder sonst etwas zu unternehmen. Kaum setzen wir unseren Fuß aus der Wohnung, werden wir auch schon von Presse und Öffentlichkeit belagert. Es wird ein enormer gesellschaftlicher Druck auf uns ausgeübt. Täglich kommen Dutzende Einladungen aus der ganzen Welt. Wie viele Leute haben heute international bekannte Gesichter. Sophia und ich gehören zu ihnen, und daß wir verheiratet sind, verdoppelt unsere Anziehungskraft. Wenn wir ausgehen, sind wir öffentliche Schauobjekte. Die Presse ist uns ständig auf den Fersen und schreibt entstellende Artikel über uns. Wir scheinen hohe Auflagen zu bringen, und das war der Presse schon immer mehr wert als Ehrlichkeit.

Partys meiden wir schon deshalb, weil wir niemanden vor den Kopf stoßen wollen, indem wir die eine Einladung annehmen und die andere nicht. Manche Leute glauben, daß Sophia ihr Leben nicht genieße, sich nicht genug amüsiere, weil sie fast immer zu Hause ist. Sie haben jedoch keine Ahnung, wie mühsam es für sie ist auszugehen. Die Öffentlichkeit und die Presse lassen sie nicht in Ruhe, sie muß ständig darauf achten, was sie sagt, was sie tut, mit wem sie spricht und wie sie dabei aussieht. Wirklich frei ist sie nur innerhalb ihrer eigenen vier Wände.

Carlo stellt nur selten seine Gefühle zur Schau. Ich habe ihn erst einige Male weinen sehen. Als er vor einigen Jahren auf einer wichtigen Konferenz in Cannes war, rief seine Schwester mich an und überbrachte mir die traurige Nachricht, daß ihre und Carlos Mutter gestorben sei. Ich beschloß, Carlo nicht sofort anzurufen, denn welchen Sinn hätte es gehabt, ihn während der Konferenz zu stören? Also wartete ich drei Stunden lang, obwohl ich dabei ein schlechtes Gewissen hatte. Als ich es ihm schließlich sagte, brach Carlo zusammen und weinte am Telefon.

Ein zweites Mal weinte er, als er in New York vom Tod seines Vaters erfuhr. Er hatte seinen Vater über alles geliebt und verehrt und ließ damals seiner Trauer und seinen Tränen freien Lauf.

Und einmal hat Carlo vor Freude geweint. Nach allem, was wir durchgemacht hatten, nach den Beschuldigungen wegen Bigamie, nach meinen Fehlgeburten, nach den quälenden Jahren, in denen unser Glück durch stets neue Katastrophen getrübt worden war, kam der Augenblick, an dem er in mein Krankenzimmer trat und ich ihm das kleine Bündel in den Arm legte, das seinen Sohn enthielt. Da schossen ihm die Freudentränen in die Augen, er drückte seinen neuen kleinen Sohn an sich und weinte und lachte zugleich. Diese Seite von Carlos Charakter kenne allerdings nur ich. Die meisten Leute, die ihn nicht gut kennen, glauben, daß er ein nüchterner, gerissener Geschäftsmann ist. In Wirklichkeit ist Carlo ein sehr gefühlsbetonter Mensch, gutherzig, großzügig, engagiert und stets darauf bedacht, anderen einen Gefallen zu erweisen. Aber er hängt diese Eigenschaften nicht an die große Glocke. Wie oft schon hat er Freunden aus dem Filmgeschäft aus der Klemme geholfen, ohne ein Wort des Dankes dafür zu erhalten! Einmal überredete er mich, gegen mein besseres Wissen in dem Film eines Freundes mitzumachen (der Freund war ein Produzent, der gerade eine Pechsträhne hatte); mir war bereits nach der Lektüre des Drehbuches klar, daß der Film eine Katastrophe werden mußte, und außerdem mochte ich den Mann nicht, dessen menschliche Qualitäten zu wünschen übrig ließen. Als der Film tatsächlich eine Katastrophe wurde und der Produzent sich undankbar zeigte, reagierte Carlo keineswegs bitter, weil für ihn die eigene Großzügigkeit wichtiger war als die ungehobelte Reaktion dessen, dem er sie erwiesen hatte.

Carlo muß viel reisen und ist öfter von den Kindern und mir getrennt, als mir lieb sein kann, aber das liegt an seinem Beruf und war nie anders, seit wir uns kennen. Anfangs, als ich noch sehr jung war, fehlte er mir schrecklich, aber als ich meine eigene Karriere immer stärker ausbaute, mußte auch ich über längere Zeiträume hinweg an anderen Orten arbeiten, und wir begannen unsere häufigen Trennungen als Teil unseres Lebens und unseres Berufes zu akzeptieren. Und darüber hinaus habe ich die Erfahrung gemacht, wie wichtig es ist, allein zu sein.

Ich habe gerade wieder in meinem Notizbuch geblättert und mit Erstaunen festgestellt, daß sich die meisten Eintragungen um das Alleinsein drehen. „Echtes Glück ist unmöglich ohne Einsamkeit.“ Das ist meine feste Überzeugung. Ich brauche die Einsamkeit, genau wie ich Essen und Trinken und das Lachen kleiner Kinder brauche. Auch wenn es übertrieben klingen mag, muß ich sagen, daß die Einsamkeit der Filter meiner Seele ist. Sie erfrischt und verjüngt mich. Durch das Alleinsein habe ich erfahren, daß ich in der Zwiesprache mit mir selbst Genüge finde. „Wie wehrst du dich gegen die Einsamkeit?“ fragt mein Notizbuch. „Die Einsamkeit bin ich selbst“, lautet die Antwort.

Wenn ich allein bin, lese ich und denke über das Gelesene nach. Wenn ich allein bin, gehe ich mit meinen Gefühlen und mit mir selbst ins Gericht. Ich prüfe neue Ideen. Ich versuche, begangene Fehler wiedergutzumachen. Die Einsamkeit ist für mich ein Haus voll unbestechlicher Spiegel. „Die Ruhe und Zufriedenheit eines Menschen“, habe ich irgendwo gelesen, „kommt nicht von außen, sondern aus ihm selbst.“ Das Alleinsein ist der Hüter meiner Ruhe und Zufriedenheit.

Wenn ich allein bin, fühle ich mich nie verlassen. Ich bin in Gesellschaft meiner Gedanken und meiner Lektüre. Vor kurzem habe ich eine Stelle bei Tschechow gelesen, die mich seither nicht losläßt: „Es scheint von Geburt an mein Schicksal zu sein, nichts zu verstehen. Wenn du etwas verstehst, so gratuliere ich dir. Vor meinen Augen herrscht Dunkelheit. Ich sehe nichts."

Carlo Ponti

Es ist schwierig, Sophia genau zu kennen. Sie ist eine gute Gesprächspartnerin, wenn sie will, aber sie spricht nicht gern über sich selbst. Ihre Gefühle und Gedanken gibt sie nur ungern preis. Sogar ich weiß nur andeutungsweise, was in ihr vorgeht. Sie ist ein vollkommen ehrlicher Mensch und auch mir gegenüber hundertprozentig aufrichtig, aber einen Teil ihrer selbst will sie für sich behalten. Aber so ist sie eben.

Ich weiß, daß sie manchmal wütend ist, habe sie aber noch nie unbeherrscht gesehen. In den vergangenen zwanzig Jahren hat sie sich zwar gelegentlich über mich geärgert, nie hat sie mich aber angeschrien, mir etwas nachgeworfen oder auf andere Weise ihrem Ärger Luft gemacht. Dazu hat sie sich zu sehr in der Hand. Ich habe auch noch nie erlebt, daß sie richtig böse auf die Kinder war. Falls ich an ihrem Ärger schuld war, hat sie ihn für sich behalten. Wenn ihr die Geduld zu reißen drohte, ging sie einfach aus dem Zimmer und sprach nicht mehr mit mir. Da auch ich ein sehr beherrschter Mensch bin, passen wir wunderbar zusammen. Ich lasse mich zwar gelegentlich beruflich, niemals aber privat zu einem lauten Wort hinreißen.

Die Engländer sind das eifersüchtigste Volk der Welt, aber sie zeigen ihre Eifersucht nicht. Sophia ist zwar Neapolitanerin, im Kaschieren ihrer Eifersucht aber ist sie englischer als die Engländer. Mich kann sie jedoch nicht täuschen; ich sehe es ihr sofort an, wenn sich ein Funken Eifersucht in ihr regt. Sie macht mir nie eine Szene oder schreit mich an, aber wenn sie eifersüchtig ist, dann weiß sie, daß ich es weiß, und allein damit ist schon der Zweck erfüllt. Ich selbst bin bar jeder Eifersucht. Das ist ein Gefühl, das ich einfach nicht kenne.

Ein Wichtiges, das Sophia zu unserer Beziehung beiträgt, ist ihre Art, das Leben zu sehen. Ihre Wertskala ist unantastbar, sie hat einen untrüglichen Instinkt für das Echte und das Falsche. Ich verlasse mich auf ihre Menschenkenntnis, die sie meiner Erfahrung nach noch nie getäuscht hat – manchmal zu meinem großen Bedauern, wenn ich nicht auf sie gehört habe. Es hat keinen Sinn, Sophia an der Nase herumführen zu wollen; sie ist noch jedem auf die Schliche gekommen.

Am erstaunlichsten ist ihr feines Gehör, das ihr zu ihrer unglaublichen Ausgewogenheit verhilft; kein Satz entschlüpft ihr, der unangebracht wäre, keine Geste, die übertrieben erschiene. Dank diesem Instinkt sagt sie nie etwas, das sie später zu bereuen hätte oder das nicht zu ihrem Naturell paßt. Sie lernt Fremdsprachen mühelos und hat ein gutes Ohr für den jeweiligen Sprachrhythmus. Das fabelhafte Gefühl für Akustik ist der Schlüssel zu Sophias Wesen. Es hat erheblich dazu beigetragen, daß sie der Star wurde, der sie heute ist.

Zum Beispiel produzierte ich im Jahr 1969 den Film „Sonnenblumen" mit Sophia und Mastroianni in Rußland. Nach zwei Monaten war Sophia die einzige im ganzen Team, die es schaffte, sich auf russisch, eine der schwersten Sprachen der Welt, zu verständigen. Nach Abschluß der Dreharbeiten gaben die Russen ein offizielles Essen für uns. Der höchstrangige russische Funktionär brachte einen Trinkspruch auf unser Wohl, worauf Sophia aufstand, ihr Glas erhob und aus dem Stegreif eine russische Antwort gab, in der sie sich bei unseren russischen Gastgebern und bei den Leuten, die wir kennengelernt hatten, bedankte.

Daß einer Italienerin ihr Land und ihre Kultur wichtig genug war, um ihre Sprache zu erlernen, beeindruckte die Russen sehr. Am Ende ihres Trinkspruches erhoben sich alle und applaudierten; wieder einmal hatte sich Sophia durch ihr akustisches Feingefühl Freunde geschaffen.

Alles, was Sophia tun will, kann sie zur Vollkommenheit bringen.

Wir streiten nicht oft, und wenn, dann auf sehr ruhige Weise. Es handelt sich eigentlich mehr um Meinungsverschiedenheiten als um Streitigkeiten. Wir schreien nicht, wir werfen nicht mit Gegenständen, wir knallen keine Türen zu. Am meisten kann mich erbittern, wenn Carlo nicht auf meine Argumente reagiert. Wenn er beschließt, sich das ganze ruhig anzuhören und nichts dazu zu sagen, werde ich wütend und gehe in mein Zimmer.

Wenn ich derart aus dem Gleichgewicht gebracht bin, lege ich mich ins Bett. Trotz meiner Aufregung kann ich sofort einschlafen, gleich einem Tier oder einem Baby. Seit meiner frühen Kindheit habe ich mich vor Schwierigkeiten in den Schlaf geflüchtet. Unglück und Hunger haben mich nie bis in die Träume verfolgt.

Der Schlaf heilt natürlich nicht meine Leiden, sondern schaltet sie nur vorübergehend aus. Wenn ich leide, verliere ich die Fähigkeit zu denken und kühl zu überlegen, daher bleibe ich stumm, bis meine Leiden abklingen und ich meine Gedanken wieder steuern kann. Das Schweigen zwischen uns wird gebrochen, wenn einer von uns über irgend etwas zu sprechen beginnt, nicht über den Streit selbst, den wir nie mehr diskutieren, sondern über Kinder, Wohnung, Personal, Arbeit – worüber eben Eheleute plaudern. Wenn Carlo den ersten Schritt zur Versöhnung tun will, ruft er mich manchmal von auswärts an. Natürlich weise ich nie ein Ferngespräch zurück; wenn er verreist ist, egal ob wir zerstritten sind oder nicht, habe ich immer Sehnsucht nach ihm.

Ich glaube nicht, daß Sophia die herkömmliche Art der Zerstreuung schätzt. Dazu ist sie zu ernst. Sie genießt es, zu Hause zu sein und sich um die häuslichen Belange zu kümmern. Sie hält ihre Kleider und Schuhe in Ordnung, beantwortet gewissenhaft ihre Post, überprüft Einkaufslisten und Speisepläne, und manchmal kocht sie auch selbst. Sie widmet ihren Kindern viel Zeit, spielt Spiele mit ihnen oder liest ihnen Geschichten vor; sie plaudert mit guten Freunden am Telefon; sie liest, wenn auch nicht so viel wie vor der Geburt ihrer Kinder; sie hilft sogar manchmal beim Aufräumen, besonders in der Küche.

Sie steht immer zeitig auf; wenn sie arbeitet, etwa um fünf Uhr früh. Als sie mit Charlie Chaplin einen Film machte, stand sie immer schon um halb fünf Uhr früh auf, weil es von ihrer Wohnung sehr weit zum Studio war. Solange sie an einem Film arbeitet, geht sie kaum aus. Arbeit ist für Sophia eine Religion. Wenn sie nicht arbeitet, steht sie um sechs oder halb sieben Uhr auf. Zu Mittag ißt sie immer mit den Kindern und mit Carlo Ponti, sofern er nicht verreist ist, und zwar ausschließlich italienische Speisen.

Die Wochenenden werden gemütlich mit den beiden Jungen in der Wohnung verbracht. Die Kinder stürmen oft am Morgen in das elterliche Schlafzimmer und spielen mit Sophia und Ponti im Bett. Es herrscht eine warme, liebevolle, heitere Atmosphäre. Die Presse aber will das nicht wahrhaben. Ich werde beschuldigt, ein falsches Bild zu malen. Das Problem ist, daß die Leute nicht verstehen, was Liebe ist, daß sie Liebe mit Sex verwechseln. Sie verstehen nicht die gegenseitige Abhängigkeit der Pontis voneinander, die Bedeutung, die sie füreinander haben. Wenn Ponti verreist ist, ruft er Sophia drei- bis viermal am Tag an. Sie brauchen einander. Ich kann mir weder Sophia ohne Ponti, noch Ponti ohne Sophia vorstellen. Er braucht ihre Vitalität und ihren wachen Geist, und sie braucht seine

Überlegenheit und seine Vernunft. Sie stammt aus dem Süden, wo man dazu neigt, die Dinge zu übertreiben; er kommt aus dem Norden, wo alles eher unterspielt wird. Auf diese Weise gleichen sie sich prächtig aus.

Der Altersunterschied von zweiundzwanzig Jahren hat nichts zu besagen. Mir fällt er gar nicht auf. Geschäftliche Angelegenheiten, Geldfragen, Transaktionen und so weiter werden prinzipiell nicht zu Hause besprochen. Die Gespräche drehen sich vielmehr um Kinder, Schule, Personal, Reisepläne, eben um die üblichen ehelichen Themen. Ich habe Sophia nur selten verärgert gesehen, und wenn, dann flammt ihr Ärger nur kurz auf und erlischt sofort wieder. Auch das ist typisch neapolitanisch. Ihre Angestellten arbeiten seit vielen Jahren für sie – ich, Ruth Bapst, das Kinderfräulein, Sophias Visagist, das Stubenmädchen, die Haushälterin. Auch Pontis Mitarbeiter sind schon ewig bei ihm. Das allein spricht für die menschlichen Qualitäten der Pontis.

Die einzigen Streitigkeiten, die ich miterlebt habe, fanden im Auto statt. Ponti fährt zu schnell, Sophia beschwert sich darüber, aber er weigert sich, langsamer zu fahren. Er sagt, daß er nicht anders zu fahren verstehe.

Seit ich mich erinnern kann, bringen die verschiedensten Zeitschriften regelmäßig Nachrufe auf unsere Ehe. Ich brauche nur mit einem Freund zum Essen oder in einen Nachtclub zu gehen, wenn Carlo verreist ist, schon betrüge ich ihn. Wenn ich zu Hause bleibe und mich meiner Familie widme, dann kämpfe ich darum, meine angeschlagene Ehe zu retten. Wenn Carlo für einen seiner Filme eine andere Schauspielerin engagiert, weil mir die Rolle nicht zusagt oder ich nicht geeignet bin dafür, so kann ich lesen, daß ich mich täglich in den Schlaf weine, weil mein Mann mit dieser Schauspielerin eine leidenschaftliche Affäre hat.

Das ist es, was mich am meisten an unserer exponierten

Stellung stört. Ich habe kein eigenes Leben mehr. Carlo und ich sind zwar längst gegen derlei Angriffe abgehärtet, aber die gewissenlosen Wichte, die diese Artikel fabrizieren und die Bilder dazu schießen, sind ständig um uns; kein Trick, keine Tarnung ist ihnen zu billig, keine gedruckte Lüge zu schäbig. Die ständige Belästigung durch sie macht uns gelegentlich sehr zu schaffen, wenn wir auch niemals auf ihre Verleumdungen antworten. Der Bestand unserer Ehe ist die beste Entgegnung auf ihre primitiven Histörchen, die jeder Grundlage entbehren.

Carlo Ponti

Der Presse nach zu schließen, habe ich ständig irgendwelche Affären. Ich will nicht sagen, daß ich unschuldig und rein bin wie frisch gefallener Schnee, aber hätte ich wirklich all die Affären, die mir die Zeitungen andichten, so käme ich nicht dazu, auch nur einen einzigen Film zu produzieren. Für die Presse sind natürlich nur schlechte Nachrichten gute Nachrichten, daher wird ständig über unsere Ehe hergezogen. Unsere Namen treiben vermutlich die Auflagen in die Höhe, und für bessere Verkaufsziffern sind diese Typen jederzeit bereit, unsere Ehe und unser Familienleben zu gefährden.
Das ist seit Anfang unserer Beziehung nie anders gewesen. Während der Dreharbeiten für den Film „Der Knabe auf dem Delphin“ im Jahr 1956 erfuhr ich, daß eine italienische Zeitschrift einen großen Skandalartikel über Sophia und mich bringen wollte. Der Herausgeber war ein alter Schulfreund von mir. Ich rief ihn an und sagte ihm, daß ich von dem Artikel wisse, bat ihn aber, ihn nicht zu drucken, weil meine Mutter schwerkrank sei (das stimmte wirklich) und sich sehr aufregen würde. Ich war damals verheiratet, und es war noch nicht bekannt, daß Sophia in mein Leben getreten war. Ich bat meinen Freund, den

Artikel zumindest so lange zu verschieben, bis meine Mutter wieder über dem Berg sei. Er meinte, er werde sehen, was sich machen ließe. In der Woche darauf brachte die Zeitschrift die Story; es war ein vulgärer Bericht über die Beziehung zwischen Sophia und mir. Ich schrieb dem Herausgeber einen ätzenden Brief, den er jedoch weder veröffentlichte noch beantwortete. Als ich ihn einige Zeit später traf, sagte ich ihm meine Meinung, aber er lachte nur und antwortete, daß nicht er, sondern der Redakteur die Schuld daran trüge. Als Sophia und ich heirateten, sandte er uns zu meiner Überraschung ein schwülstiges Telegramm voll guter Wünsche.

Diese frühe Erfahrung hat mich gelehrt, der Presse niemals zu trauen, ihr nicht zu antworten, aber mich auch über böswillige Entstellungen nicht aufzuregen. Daß Sophia und ich mehr als zwanzig Jahre lang ihre Besudelungen überstanden haben, scheint die Journalisten zu immer neuen Höchst- oder vielmehr Tiefstleistungen anzuspornen. In der Welt des Showbusiness, in der Beziehungen wie die Jahreszeiten wechseln, sind wir für sie ein Phänomen, das über ihr Fassungsvermögen geht. Man könnte fast meinen, daß wir der Presse unsympathisch sind.

Ich bin eine freie Frau, eine *befreite* Frau, in dem Sinn, wie ich es verstehe. Ich habe einen unabhängigen Beruf. Ich verdiene mehr als genug Geld, um mich selbst erhalten zu können. Ich könnte zu jedem Zeitpunkt meine Ehe aufgeben, ohne Angst vor dem Alleinsein haben zu müssen. Daraus ergibt sich doch eindeutig, daß ich das Leben, das ich führe, aus freien Stücken so weiterleben will.

Das soll nicht heißen, daß ich deshalb die wichtigsten Anliegen der „Women's Lib"-Bewegung nicht billige. Ich habe mich noch nie einer Frauenbefreiungsbewegung angeschlossen, obwohl ich schon sehr oft dazu aufgefordert wurde, aber ich bin absolut der Ansicht, daß eine Frau dieselbe

Freiheit haben soll, ihr Leben nach eigenem Gutdünken zu gestalten, wie der Mann. Die Tatsache, daß man eine Frau ist, sollte keine Nachteile im Beruf, bei der Entlohnung und bei den Aufstiegschancen mit sich bringen. Jungen Müttern muß die Möglichkeit geboten werden, für ihr späteres Leben vorsorgen zu können. Eine Frau, die mit zwanzig Jahren geheiratet hat, sieht plötzlich ihre Kinder erwachsen werden und aus dem Haus gehen und hat mit vierzig wieder Zeit für ihr eigenes Leben. Was soll sie dann tun? Sicherlich sollte sie für die „Mutterjahre" ihres jungen Lebens entschädigt werden. Ich persönlich bin der Ansicht, daß schon in den Ehevertrag eine Bestimmung oder Bedingung eingebaut werden sollte, wonach die Ehefrau 25 Prozent des jährlichen Nettoeinkommens des Mannes erhält.

Ich billige diese Forderung und auch viele andere, für die die Frauenbewegungen kämpfen, aber leider sind diese Gruppen in jüngster Zeit zu aggressiv geworden, zu unüberlegt und radikal in ihrer Vorgangsweise, und das ist ein arger Fehler. Egal, wie hart sie auch um ihre Rechte kämpfen, die Frauen sollten niemals ihrer fundamentalen weiblichen Fähigkeiten entsagen, weder in ihren Handlungen noch in den Idealen, für die sie kämpfen.

Auch habe ich das Gefühl, daß in letzter Zeit zu viele Frauen in der Bewegung die wirklich wichtigen Ziele aus den Augen verloren haben und sich in bedeutungslosem Geschrei verlieren. Die sogenannten wichtigen Zusammenkünfte und Sitzungen sind oft nicht mehr als „ein wenig Meckern, das als offizielle Zeremonie ausgegeben wird".

Ich stimme nicht mit jenen Frauen überein, die die junge Mutter ganz von ihrem Heim emanzipieren wollen. Ich erkenne sehr wohl an, daß es äußerst schwierig ist, einen Haushalt zu führen, kleine Kinder großzuziehen und sich gleichzeitig eine berufliche Zukunft aufzubauen, aber man darf niemals das fundamentale Bedürfnis eines Kleinkindes nach seiner Mutter außer acht lassen. Auch sollten wir nicht vergessen, daß die Liebe eines kleinen Kindes eine weit wertvollere Belohnung für eine Frau ist, als ihr irgendein Job je geben kann. Es ist schon richtig, daß ich aus der angenehmen Perspektive einer Mutter mit Kleinkindern spreche, die ein sehr privilegiertes Leben führt. Ich übe einen Beruf aus, der meine Zeit nur gelegentlich in Anspruch nimmt und mir genügend Freizeit läßt, mich sehr ausgiebig mit meinen Kindern zu beschäftigen. Und wenn ich arbeite, dann kümmert sich Ruth Bapst, unser junges Schweizer Kinderfräulein, um die Kleinen. Sie ist seit der Geburt von Carlo bei uns. Früher war sie Krankenschwester, heute ist sie geliebtes Mitglied unserer Familie.

Aber selbst Mütter, die kein so angenehmes Leben führen wie ich, könnten sich allmählich auf einen späteren Beruf vorbereiten, wenn sie ein eigenes Einkommen vom Gehalt ihres Mannes hätten. Und das sollte meiner Ansicht nach auch zu den wichtigsten und vordringlichsten Forderungen der „Women's Lib"-Bewegung gehören.

Eine Forderung jedoch, mit der ich gar nicht einverstanden bin, ist die nach freiwilliger Schwangerschaftsunterbrechung. Meine Anstrengungen, Kinder zu bekommen, die seelischen Wunden, die die Fehlgeburten in mir hinterlassen haben, werde ich wohl nicht so schnell überwinden. Immer wieder muß ich daran denken, daß sich solch ein abgetriebener Embryo vielleicht zu einem genauso gescheiten und liebenswerten Kind entwickelt hätte wie der eine oder andere meiner beiden Söhne. Auch ein Embryo erleidet einen Tod, nicht nur ein Kind, das von einem Auto überfahren wird.

Anderseits darf es allerdings nie wieder geschehen, daß die Frauen in die dunklen Zeiten illegaler Abtreibung zurückgestoßen werden, wo ihnen von Kurpfuschern in schmutzigen Hofzimmern die Eingeweide herausgerissen wurden. Selbstverständlich sollte jenen Frauen, die vergewaltigt und dann schwanger wurden, eine Abtreibung gesetzlich und offiziell gestattet werden. Und auch ganz junge, unverheiratete Mädchen, die ihr Baby nicht wirklich wollen und weder finanziell noch emotionell für das Kind sorgen können, sollten das

Recht haben, sich dieses Baby nehmen zu lassen. In diesem Fall spricht allerdings nur die Vernunft aus mir und nicht das Herz, denn rein gefühlsmäßig kann ich den lebenvernichtenden Aspekt einer Abtreibung einfach nicht gutheißen.

Die Antibabypille und alle anderen Kontrazeptiva sind ein wirksames Mittel zur Verhütung ungewollter Babys, und ich bin sehr für alle diese Methoden, aber leider machen viel zu wenige Menschen, wohl aus Unwissenheit oder auch aus religiösen Überlegungen, Gebrauch davon. Sicher würde hier eine Aufklärungskampagne über die Verwendung von Mitteln zur Geburtenkontrolle eine große Hilfe sein, aber ich weiß wirklich nicht, wie man die immer häufiger auftretenden Schwangerschaften bei ganz jungen Mädchen zwischen dreizehn und achtzehn Jahren in den Griff bekommen kann. Selbstverständlich bin ich dagegen, daß schon Dreizehnjährigen Antibabypillen verschrieben werden, obwohl ich mir durchaus bewußt bin, wie schwierig es für die Eltern solcher Mädchen, die wahllos Geschlechtsbeziehungen eingehen, ist, sich zwischen einer Schwangerschaft und einer Schwangerschaftsunterbrechung zu entscheiden. Welche Erfahrungen bleiben denn noch diesen jungen Mädchen, die schon in so frühen Jahren ein aktives Geschlechtsleben führen? Was auch immer für Einwände vorgebracht werden, diese jungen Menschen sind nicht in der Lage, mit ihren Gefühlen fertigzuwerden, und so greifen sie zu Drogen und anderen Exzessen, die heute bei Teenagern so sehr überhand nehmen. Ein Philosoph schrieb einmal: „Heranwachsende müssen durch den Fanatismus der Reinheit gehen.“ Irgendwie müssen die Eltern ihre Kinder auf diesen Fanatismus vorbereiten und ihnen dann hindurchhelfen.

Aber die Familie als eine Einheit, als eine wichtige Lebenskraft verliert für die jungen Menschen immer mehr an Bedeutung. Als ich ein Teenager war, lebten meine Familie und ich als ein geschlossenes Ganzes, und ich wurde Tag für Tag mit ihren Moralbegriffen, ihrer Lebensklugheit und ihrer scharfen Kritik, ihren Billigungen und Ablehnungen konfrontiert. Sie liebten mich, und es wäre undenkbar für mich gewesen, irgend etwas zu tun, das ihnen Schande gebracht und sie unglücklich gemacht hätte. Ich bedaure die jungen Mädchen von heute, denen der positive Halt in der Familie fehlt. Weder Pille noch Abtreibung kann ihnen helfen. Nur ihre Eltern.

Sophias Schwester Maria

Eines Abends saßen Sophia und ich vor dem Fernsehapparat, als eine Coca-Cola-Reklame lief, in der eine Gruppe Teenager in Bluejeans auf Fahrrädern, mit Picknickkörben auf den Lenkstangen, glücklich und lachend zu einer Strandparty radelte.

Sophia wandte sich zu mir, mit einem traurigen, fast neiderfüllten Blick, und meinte: „Das ist etwas, das ich nie erlebt habe."

„Ich auch nicht", entgegnete ich.

Die jungen Leute in diesem Werbespot waren so um die vierzehn oder fünfzehn, also ungefähr in dem Alter, in dem Sophia den Kampf um ihr und unser Leben aufgenommen hatte. Sie war die Ernährerin gewesen, auf ihren Schultern lastete die ganze Verantwortung für unsere Familie und auch die Verpflichtung, nicht zu versagen und in Ungnade nach Pozzuoli heimkehren zu müssen.

Ich frage mich manchmal, ob Sophia überhaupt Spaß an ihrem Leben hat. Wenn Arbeit Spaß ist, dann vielleicht, aber ich glaube nicht, daß sie darüber hinaus sehr viel Spaß hat. Ich bin wirklich der Ansicht, daß die Menschen lernen müssen, Freude an ihrem Leben zu haben. Sophia aber hat ihr Leben immer nur der Arbeit gewidmet, der Arbeit und wieder der Arbeit, und sie hatte einfach keine Zeit, das Leben genießen zu lernen. Ich lebe ein völlig anderes Leben. Schon sehr früh begann ich das Beste aus meinem Leben zu machen, und es ist mir auch gelungen. Ich habe gelernt, dem Leben lächelnd entgegenzutreten, die Dinge so zu nehmen, wie sie sind, und mich nicht zu bemühen, Ereignisse zu beeinflussen. Aber Sophia und ich sind eben mit verschiedenen Fähigkeiten und Neigungen auf die Welt gekommen. Sie wurde als Erwachsene geboren, ich als ewiges Kind; sie hatte nie eine richtige Kindheit, ich bin nie richtig erwachsen geworden.

Sophia ist stets erwachsen und ernst gewesen. Natürlich kann sie heute nicht einfach bei der Tür hinausgehen und sich einen lustigen, sorglosen Tag machen. Sie muß an die Leute denken, die sie belästigen, daran, wen sie treffen wird, wohin sie gehen kann, um alleingelassen zu werden (praktisch nirgendwohin). Sie schenkt nur ganz wenigen Menschen bedingungsloses Vertrauen, weil jeder versucht, sie auf irgendeine Weise auszunützen. Sie ist schüchtern und mißtrauisch, und mißtrauisch und melancholisch zu sein – zwei typisch neapolitanische Wesensmerkmale – hat zwangsläufig zur Folge, daß man nicht sehr glücklich ist. Deshalb auch singen die Neapolitaner so viel – um in eine bessere Stimmung zu kommen.

Was mir Spaß macht, muß nicht unbedingt auch für Sophia lustig sein. Es ist eben so, daß ich ihre Art von Spaß nicht verstehe, aber das soll nicht heißen, daß sie sich auf Kosten anderer amüsiert. Ich glaube, daß sie glücklicher war, als sie in Italien lebte. Damals war sie ein völlig anderer Mensch. Sie lächelte mehr und war viel weniger nervös. Aber obwohl sie Italien sicher sehr vermißt, scheint sie sich in Paris gut eingelebt zu haben und zufrieden zu sein. Wenn sie nicht arbeitet, dann liest sie viel, verbringt sehr viel Zeit mit ihren beiden Jungen, stellt sich selbst in die Küche und kocht, hält ihre Garderobe bestens in Ordnung, sieht sich das Fernsehprogramm an, und nur alle heiligen Zeiten einmal besucht sie an Nachmittagen ein Kino, um bei den neuen Filmen auf dem laufenden zu sein. Ich habe sie nie stricken gesehen oder gar erlebt, daß sie sich mit etwas Nichtigem wie Kreuzworträtsellösen abge-

geben hätte. Aber wenn sie mit Filmleuten Scrabble spielt, schlägt sie alle; zwei so kluge, literarisch gebildete Schauspieler wie Peter O'Toole und Richard Burton hat sie regelmäßig besiegt. Als sie noch in Rom lebte, organisierte sie häufig Pokerabende, die sie sehr genoß; in Paris tut sie das nicht mehr. Hier besucht sie hin und wieder Modeschauen, hauptsächlich weil ihr Beruf es verlangt, immer nach der neuesten Mode gekleidet zu sein.
Ich bin ehrlich überzeugt davon, daß Sophia gerne mehr Vergnügen und Freude in ihrem Leben hätte, aber sie weiß eben nicht, wie sie das anstellen soll. Wie schon gesagt, ist das etwas, das man lernen muß. Sophia hat jedoch soviel Einfühlungsvermögen, daß es ihr sicher eines Tages möglich sein wird, diese noch ungeweckten Seiten ihrer Persönlichkeit zu öffnen. Sie besteht aus unzähligen Schichten fruchtbaren Bodens, und je tiefer man in sie gräbt, desto fruchtbarer wird sie. Ich bin fest davon überzeugt, daß tief in ihrem Innersten Anlagen schlummern, die selbst sie noch nicht an sich entdeckt hat.

Basilio Franchina

Als Sophia noch sehr jung war und am Beginn ihrer Filmkarriere stand, begegnete sie den Menschen um sie herum mit Mißtrauen und Zurückhaltung. Irgendwie fürchtete sie sich vor ihnen. Sie zweifelte die Beweggründe jedes einzelnen an – warum bietet mir dieser Mensch gerade das an, warum handelt jener gerade so und nicht anders – eine sehr defensive Einstellung. Mit achtzehn war sie wie ein junges Tier, ein schillerndes Wesen, das man wegen seiner Sinnlichkeit bewunderte. Aber bei allem, was geschah, egal ob gut oder schlecht, fragte sie nach dem Warum. Warum passiert gerade mir das? Warum bin ich plötzlich begehrt? Warum umschwirren mich plötzlich alle diese Journalisten und Fotografen?

Als sie älter wurde, begann Sophia sich mit ihren Ängsten auseinanderzusetzen. Sie hat einen sehr scharfen Verstand, und allmählich lernt sie sich in der richtigen Perspektive zu sehen und ihren Platz im Dschungel der Filmindustrie zu finden. Seit der Geburt ihrer Kinder ist sie immer toleranter geworden, hat ihr Wissen vergrößert und bringt anderen Menschen mehr und mehr Verständnis entgegen.

Ich zeigte meinem neun Jahre alten Sohn einige Standfotos von meinem letzten Film, und er sagte: „Du siehst so traurig darauf aus, Mama!" Dann blickte er mich sehr intensiv an und fragte: „Bist du glücklich?"

Ich sagte: „Meinst du in diesem Film?"

„Nein", erwiderte er, „Ich möchte nur wissen, ob du glücklich bist."

Er macht sich bereits Gedanken über das Glück anderer. Er ist ein sehr sensibles Kind, und ich weiß heute schon, daß er einmal darunter leiden wird. Ich wünschte, er wäre anders veranlagt. Weniger leicht verletzlich. Aber anderseits ist ein gewisses Maß an Leiden ein wichtiger Bestandteil unserer Kindheit. So eigenartig es auch klingen mag, aber eine unglückliche Kindheit ist in gewissem Sinn ein Schatz, den man das ganze Leben mit sich trägt. Erwachsene, die behütete, privilegierte Kinder waren, können das nicht verstehen. Sie können nicht begreifen, daß meine unglückliche Kindheit mir große Vorteile gebracht hat: Keine meiner Sorgen und Probleme als Erwachsener konnten mich wirklich umwerfen. Ich habe schreckliche Jahre erlebt, die mich meiner Kindheit beraubten, und so konnte mir als Erwachsener nichts geschehen, was ich nicht schon als Kind erlebt und überstanden hatte. Und was meine Schauspielerei betrifft, so haben die Härten meiner Kindheit sicher wesentliche Facetten meines Talents ausgebildet.

Mein Sohn Edoardo ist extrovertiert und nimmt jede Hürde ohne Schwierigkeit, während Carlo, ähnlich wie sein

Vater, sehr verschlossen ist. Nach dem Hotelbrand mußten wir am Dach des Hauses stundenlang in der Kälte ausharren, bis uns schließlich die Feuerwehrleute bargen und in unser Appartement zurückbrachten. Das Feuer in den unteren Stockwerken war gelöscht worden, aber noch immer hingen Rauchschwaden in der Luft. Über den Dächern von Paris dämmerte der neue Tag herauf. Ich wollte die Kinder in ihr Zimmer zurückbringen, aber Carlo bestand darauf, zuerst in die Bibliothek zu gehen, wo das Klavier steht. Mehrere Monate vorher hatte er ohne irgendeine Aufforderung unsererseits gebeten, Klavierspielen lernen zu dürfen. Jetzt setzte er sich in dem raucherfüllten Zimmer an den Flügel und begann zu spielen. Er spielte eine kurze Bachsonate, eines seiner Lieblingsstücke. Er spielte heiter und selbstbewußt, dann schloß er den Deckel und ging schlafen.

23. Kapitel

Carlo Ponti

Ich denke sehr viel über die Zukunft nach. Ich möchte, daß meine kleinen Söhne in einem freien und gerechten Land aufwachsen, und die Lösung dieses Problems liegt mir am meisten am Herzen. Es war schon immer mein Traum, daß es eines Tages die Vereinigten Staaten von Europa geben wird, weil darin die einzige Hoffnung liegt, die immer schlimmer werdende Krise der Humanität zu überwinden. Aber im Augenblick scheint dafür wenig Wahrscheinlichkeit zu bestehen. Friede und Gerechtigkeit sind in Europa mehr denn je in Gefahr. Und deshalb habe ich mich auch dazu entschlossen, teils in Europa und teils in Amerika zu leben. Im Augenblick wimmelt es in der amerikanischen Filmszene von italienischen Namen – Scorsese, Coppola, de Niro, Pacino, Puzo, Travolta, Minelli. Wir sollten uns dort eigentlich richtig zu Hause fühlen.

In diesem Abschnitt meines Lebens ist alles ein Wunder. Das Leben selbst ist ein Wunder. Ist es nicht wunderbar, daß ich in einem Alter, in dem die meisten Menschen sich bereits auf ihren Ruhestand freuen und auf das Ende ihres Lebens warten, das Gefühl habe, mein Leben noch einmal von vorn zu beginnen? Ich fühle mich jung. Ich habe eine junge, schöne Frau und zwei kleine Söhne, und alle meine Gedanken sind ganz auf die Zukunft ausgerichtet. Doch das entspricht meinem Wesen. Ich habe nie in die Vergangenheit zurückgeblickt. Die Filme, die ich gedreht, die Häuser, in denen ich gelebt, das Leben, das ich geführt habe, sind Erinnerungen, die ich mir nicht ins Gedächtnis zurückrufe; es ist das neue Haus, der neue Film, das Leben von morgen, das mich interessiert. Ich stürze mich immer auf neue Möglichkeiten. In meinem Innersten bin ich noch ein junger Mann.

Es kommt ein Zeitpunkt im Leben, wo es scheint, daß man alle gesteckten Ziele erreicht hat; man ist zu Weltruhm gelangt, hat die wichtigsten und wertvollsten Preise eingeheimst, ist glücklich verheiratet, hat zwei Söhne – das Leben scheint keine weiteren Herausforderungen zu bieten. Hat man jetzt überhaupt noch die Motivation weiterzuspielen? Hat der brennende, alles verzehrende Ehrgeiz nicht gewaltig nachgelassen, sind nicht Zufriedenheit und Abgeklärtheit stärker als alles Staunen? Bei mir nicht. Ich bin, was mein Spielen betrifft, noch immer unsicher wie eh und je. Ich habe nicht das Gefühl, daß ich als Schauspielerin alles erreicht habe, was ich erreichen wollte. Und so werde ich noch immer von meiner Unsicherheit in jene Nebel getrieben, die die wahren Fähigkeiten verhüllen. Nach all diesen Jahren durchlebe ich noch immer den Prozeß der Selbsterkennung, bin noch immer einer inneren Kraft unterworfen, die mich noch tiefere Befriedigungen suchen läßt als jene, die ich schon erfahren habe. Der Traum hinter dem Traum.

Das soll jedoch nicht heißen, daß mein Ehrgeiz nicht nachgelassen hat. Als ich für zwei volle Jahre meine Karriere unterbrach, um meine Söhne zur Welt zu bringen, erkannte ich zum ersten Mal im Leben, daß ich auch ohne Arbeit ein glückliches und erfülltes Leben führen könnte. Früher bedeutete mir die Arbeit alles. Heute bin ich zwar noch immer sehr glücklich in meinem Beruf und liebe die Schauspielerei, aber nicht mehr ausschließlich der Arbeit wegen: ein Projekt muß mich wirklich begeistern.

Aber ganz egal, ob mir solche Rollen angeboten werden oder nicht, ich würde nie laut hinausposaunen, daß ich nun in den Ruhestand treten werde. Das fände ich nicht richtig. Wie kann ein Schauspieler je in Pension gehen? Weiß er denn überhaupt, ob ihm nicht vielleicht noch die größte Rolle seines Lebens angeboten wird? Wie oft hat Frank Sinatra nun schon wissen lassen, daß er in den Ruhestand tritt? Nach einem Jahr Nichtstun in Palm Springs überfällt ihn dann erneut der unwiderstehliche Drang, vor die Öffentlichkeit zu treten, und dann beginnt er wieder zu singen und zu spielen. Ein Schauspieler, den sein Beruf nicht mehr „fesselt", sollte zu spielen aufhören. Sollte ich je dieses Gefühl in mir spüren, werde ich das sicher tun. Es betrübt mich, zu lesen, daß die über siebzigjährige Greta Garbo kürzlich sagte, daß sie es heute bedauere, ihre Karriere schon so früh aufgegeben zu haben. Ihr Bedauern kommt leider zu spät.

Ich persönlich empfinde nur selten Bedauern. Vor die Wahl gestellt, würde ich die letzten achtundzwanzig Jahre meines Lebens genauso wiederleben. Das soll natürlich nicht heißen, daß ich keine Fehler gemacht habe, aber ich bin sogar froh darüber, weil ich auf diese Weise viel über die Menschen und das Leben selbst gelernt habe und mich bemühte, die Fehler nicht zu wiederholen. Ich glaube nicht, daß es wirklich schwerwiegende Fehler waren, meist handelte es sich um Verhaltensfehler, die falsche Beurteilung von Menschen oder um mein bereits erwähntes Unvermögen, nein zu sagen. Letzteres hat mir mein Leben oft erschwert. Menschen, von denen man sich ausnützen läßt, schätzen einen meist nicht sehr, weil sie genau wissen, daß sie selbst in der gleichen Situation nein sagen und es auch einhalten würden. Und so bin ich von der Hartnäckigkeit egoistischer Menschen verdorben worden, und das ist wohl der größte Fehler, den ich im Leben begangen habe.

Und noch etwas erfüllt mich mit Bedauern. Da gab es zwei Filmrollen, die ich für mein Leben gern gespielt hätte, aber nicht bekam: die Rolle der Gattin in „Wer hat Angst vor

Virginia Woolf?" und den Titelpart in „Anna Karenina". „Virginia Woolf" sah ich zum ersten Mal auf der Bühne mit einer deutschen Schauspielerin und war so gefesselt von der großartigen Rolle, daß ich Carlo, noch bevor der Vorhang gefallen war, drängte, die Filmrechte zu erwerben. Leider waren sie schon verkauft, und Elizabeth Taylor war dann wirklich hervorragend in dieser Rolle; doch daß ich die Rolle nicht spielen konnte, tut mir noch heute von Herzen leid.

Die „Anna Karenina" war mit Greta Garbo natürlich hervorragend besetzt, aber trotzdem wollte ich diesen Part unbedingt auch einmal spielen. Irgendwie identifizierte ich mich mit der Figur der Anna, und ich bin sicher, daß meine persönliche Interpretation dieser Rolle eine besondere Note verliehen hätte. Carlo jedoch ist der Ansicht, daß romantische Filme im Augenblick nicht sehr gefragt sind, vor allem wäre die Inszenierung auch zu kostspielig, und bedauerlicherweise muß ich ihm zustimmen.

Aber es gibt andere Projekte, die in der Ferne strahlen. So bin ich zum Beispiel gegenwärtig ganz begeistert von den darstellerischen Möglichkeiten, die der Roman über eine italienische Immigrantin, die nach New York kommt und eine große Familie aufzieht, in sich zu bergen scheint. Und wenn ich so weitertue, werde ich möglicherweise noch mit achtzig vor der Kamera stehen. In „Lady L." spielte ich eine achtzigjährige Frau – heiter, lustig, schon etwas gebrechlich zwar, aber voll guter Laune und herrlichen Erinnerungen, umgeben von all ihren Kindern und Enkeln.

Ich hoffe, daß ich mit achtzig tatsächlich so sein werde (allerdings brauche ich dann nicht vier Stunden zum Schminken, um die Lady L. zu werden). Ich sehe mich schon im Kreise meiner beiden Söhne, meiner Schwiegertöchter und meiner Enkelkinder, meiner Schwester, deren Mann und Kindern, und, am schönsten von allem, von meinem Mann, der mir die Show stiehlt, weil er vor wenigen Monaten hundert Jahre alt geworden ist.

24. Kapitel

Sophias Schwester Maria

Als mein Vater im Sterben lag, ergriff er meine Hand, führte sie an die Lippen und küßte sie. Dann sagte er: „Ich liebe dich." Das war das einzige Mal, daß er etwas Liebevolles zu mir gesagt hat. „*Amore*" – als er im Sterben lag.

Sophias Mutter

Ich bin keine Heuchlerin. Ich haßte ihn, solange er am Leben war, weil er sich gemein benommen hatte. Ändert sich das durch sein Sterben? Löscht es irgend etwas aus? Ändert der Tod den Menschen? Nein. Ich haßte den Lebenden, und ich wünschte, ich könnte die Erinnerung an ihn genauso hassen. Aber ich bin ein ehrlicher Mensch und bin wütend auf mich selbst, daß mich sein Tod in einen inneren Konflikt gestoßen hat. Wut über das, was er getan hat, aber auch ein Gefühl des Bedauerns und sogar der Liebe für diese wunderbaren, unvergeßlichen Augenblicke, die unsere illegitime Beziehung gekennzeichnet haben.

Ich befand mich in einem Studio in Rom, wo wir den Streifen „A Special Day" drehten, als ganz unerwartet meine Schwester auftauchte, um mir mitzuteilen, daß unser Vater schwerkrank ins Krankenhaus eingeliefert worden sei. Ich machte mich sofort mit ihr auf den Weg. Mein Vater lag mit drei anderen Patienten in einem Zimmer. Er sah sehr verfallen und verbraucht aus, und ich glaubte schon, zu spät gekommen zu sein.

„Wir sind da, Papa", sagte Maria, „Sophia und ich."

Als er unsere Stimmen erkannte, öffnete er die Augen und brachte sogar ein kleines Lächeln zustande. *„Sono felice"*, sagte er – ich bin glücklich. Dann schloß er die Augen wieder. Man hatte ihm starke schmerzstillende Mittel gegeben, und nach kurzer Zeit verließ ich ihn wieder. Ich wäre gerne länger geblieben, aber die anderen Patienten im Zimmer hatten Besucher, die mich erkannten, und ich fühlte mich unbehaglich. Wie gerne wäre ich eine gewöhnliche Frau gewesen, die ihren kranken Vater besuchte, und nicht ein Filmstar, der von allen angestarrt wurde, von den Patienten, den Besuchern, aber auch von den Schwestern und Ärzten. Hier war sicherlich nicht der richtige Platz und die richtige Zeit dafür. Aber bevor ich das Krankenhaus verließ, sprach ich noch kurz mit der Frau, mit der mein Vater die letzten zehn Jahre zusammen gelebt hatte, einer sehr sympathischen Deutschen, Carol, die die ganze Zeit über ruhig in einer Ecke des Zimmers saß. Sie litt sehr unter dem hoffnungslosen Zustand meines Vaters, war ihm treu ergeben und lebte nur für ihn.

An jenem Abend kreisten meine Gedanken unaufhörlich um meinen Vater. So eigenartig es auch klingen mag, aber irgendwie war er immer der wichtigste Mann in meinem Leben. Ich hatte stets nach einem Ersatz für ihn gesucht – in Carlo, dem Gatten, der mich wie ein Vater behütet, in de Sica, der mich als Regisseur väterlich führte, und so fort. Und trotz der vielen großartigen Geschenke, die ich in meinem Leben schon erhalten habe, wird jenes kleine blaue Spielzeugauto, das er mir einmal schenkte, immer einen ganz besonderen Platz in meiner Erinnerung einnehmen.

Meine Schwester, die eine sehr viel versöhnlichere Natur ist als ich, hatte ihn oft gesehen, und sie war es auch, die mir von seiner Erkrankung berichtete und wie er, sooft er sich besser fühlte und das Haus verlassen konnte, ins Kino ging, wenn meine Filme gespielt wurden, dort stundenlang saß und mich ansah. Ich fragte mich damals, was in seinem Kopf vorging, wenn er allein im Dunkeln saß und mich auf der Leinwand beobachtete. Ob er an die Zeit dachte, als er nichts von uns wissen wollte? Daran, daß er in jenem Gerichtssaal in Pozzuoli sich geweigert hatte, Maria seinen Namen zu geben; daß er mich zwang, meine ersten selbstverdienten zwei Millionen Lire schließlich als Gegenleistung dafür zu zahlen; und dann ein Jahr später die Vereinbarung rückgängig zu machen versuchte – wahrscheinlich, um eine größere Summe aus mir herauszupressen. Daß er es mir sogar erschwerte, die dreitausend Lire zu kassieren, die er für meine Unterstützung zu zahlen verpflichtet war und die ich ohnedies nur einige Monate hindurch erhielt. Erinnerte er sich daran, daß er uns bei der Polizei anzeigte, um uns aus Rom zurück nach Pozzuoli zu jagen? Hatte er irgendeine Erinnerung – oder vielleicht sogar Schuldgefühle – an die häufigen Bitten meiner Mutter, uns zu helfen, als wir Hunger litten?

Ich nahm gar nicht an, daß er Verständnis aufbringen konnte für den Schmerz eines jungen Mädchens, das als unehelich gebrandmarkt war, oder für die Kränkung angesichts der Geschmacklosigkeit seiner Frau, die mir vor all den Filmleuten ins Gesicht schrie: „Sie sind keine Scicolone! Ich schon! Ich bin die einzige Scicolone hier!“ Ganz sicher aber mußte er sich mit Zerknirschung an die Verleumdungsklage erinnern, Schuldgefühle haben, weil er seine eigene Tochter wegen Rufschädigung strafrechtlich verfolgte, wo er doch selbst ihren Ruf mit dem Stigma der Unehelichkeit gezeichnet hatte. Der Prozeß hatte mich damals wirklich in Wut versetzt, und eine Zeitlang haßte ich meinen Vater für das, was er getan hatte. Aber als ich älter wurde und mehr Menschenkenntnis erwarb, begann ich allmählich zu begreifen, daß Haß einen Menschen zerstören kann – nicht die gehaßte Person, sondern den, der haßt.

Allmählich begann ich auch das Wesen meines Vaters besser zu verstehen; er war eben so und nicht anders, und es war zwecklos, sich von seinen Anschuldigungen quälen zu lassen. Und so, wie sich meine Einstellung zu ihm änderte, veränderten sich auch meine Gefühle für ihn. Auf einmal empfand ich keinen Haß mehr – nur noch Mitleid. Ich war traurig, weil er ein lohnendes und erfülltes Leben hätte haben können, aber statt dessen es ruinierte und die Menschen, die ihn liebten, vor den Kopf stieß. Er schien stets gegen sein eigenes Leben anzukämpfen. Ein Defätist seiner selbst, selbstzerstörerisch, dadurch völlig unnötigerweise Probleme schaffend, die seine Bitterkeit und Feindseligkeit nährten. Ich danke Gott, daß ich diese Eigenschaften nicht von ihm geerbt habe. Ich möchte mich nicht selbst zerstören, und auch keinen anderen Menschen. Es entspricht meinem Wesen viel mehr, zu geben und engagiert zu sein, ohne je einen Gedanken daran zu verschwenden, ob ich vielleicht dafür belohnt würde. Diese Freude am Geben trägt wahrscheinlich sehr viel zu meinem Spiel bei, denn was anders ist echte Darstellungskunst als die Fähigkeit, seine Gefühle und Emotionen dem Publikum zu vermitteln?

Und aus diesem Grund bedauerte ich meinen Vater, der seinen Frauen und den Kindern, die er in die Welt gesetzt hatte, keine Liebe zu schenken vermochte. Gegen Ende seines Lebens war vielleicht ein Schimmer davon in ihm. Kurz bevor er ins Krankenhaus eingeliefert wurde, äußerte er meiner Schwester gegenüber den Wunsch, ich solle ihn in seiner Wohnung in Rom besuchen. Ich hatte ihn seit vielen Jahren nicht mehr gesehen und ihn noch nie dort aufgesucht. Er wirkte viel älter, als er tatsächlich war. Ich glaube, er hatte Krebs. Er freute sich sehr, mich zu sehen, führte mich in der ganzen Wohnung herum und zeigte mir alles, was ihm lieb und wert war.

Wir hatten nicht sehr viel Gesprächsstoff, aber ihm bedeutete es wohl einiges, daß er mir sein Heim zeigen konnte. Als ich aufbrach und bei der Wohnungstür von ihm

Abschied nahm, ergriff er meine Hand und sagte: „Lella, ich bin sehr stolz auf dich." Das war das einzige wirklich herzliche Wort, das er mir je gesagt hat.

Kurze Zeit nach meinem ersten Besuch im Krankenhaus holte mich Maria wieder ab. „Du mußt schnell kommen", sagte sie, „Papa liegt im Sterben. Schnell!"

Mein Vater war inzwischen in ein Einzelzimmer verlegt worden. Mehrere Angehörige standen in einer Ecke des Zimmers beisammen. Und zu meiner größten Verwunderung war auch meine Mutter anwesend. Sie hat schreckliche Angst vor dem Tod und geht nie Krankenbesuche machen oder zu Begräbnissen. Sie hatte meinen Vater schon seit Jahren nicht mehr gesehen, aber die unwahrscheinliche Ausstrahlung, die er auf sie hatte, war selbst noch in seiner Todesstunde spürbar. Sie hatte ihm zwei Töchter geboren, dem einzigen Mann, mit dem sie je zusammen gelebt hatte. Wie sehr sie ihn auch verdammen mochte, er war doch die einzige große Liebe ihres Lebens. Und nun hatte sie sogar ihre quälende Angst vor dem Tod bezwungen, um in seiner letzten Stunde bei ihm zu sein.

Auch seine deutsche Ehefrau Carol war da. Nur die erste Frau meines Vaters, Nella Rivolta, die Mutter seiner beiden Söhne, war nicht gekommen. Und sie kam auch nicht zu seinem Begräbnis.

Mein Vater hatte eine Sauerstoffmaske vor dem Gesicht, und ein Pfleger stand neben dem Bett und überwachte das Atemgerät. An der einen Seite des Bettes saß ein gutaussehender junger Mann, ungefähr dreißig, und hielt eine Hand meines Vaters in der seinen. Der junge Mann kam mir vertraut vor, wie jemand, den ich vor langer Zeit einmal gut gekannt hatte. Carol führte mich zum Bett und stellte mir den Mann vor. Er hieß Guiseppe und war der jüngere Sohn meines Vaters. Schüchtern reichte er mir die Hand. Es war schon ein seltsames Gefühl, als ich meinem Bruder am Totenbett meines Vaters zum ersten Mal gegenüberstand.

Ich nahm an der anderen Seite des Bettes Platz und griff nach Vaters Hand. Dann blickte ich zu Guiseppe hinüber, mit dem ich durch Vaters Hände verbunden war. Er hatte ein ebenmäßiges, gutgeschnittenes Gesicht. Plötzlich hatte ich das Gefühl, daß wir alte Freunde waren. Die Scheu, die aus seinem Gesicht zu lesen war, ähnelte meiner.

Dann richtete ich den Blick wieder auf meinen Vater, der schwer nach Atem rang. Guiseppe hatte sich umgedreht, um einen Blick auf das Atemgerät neben dem Bett zu werfen. Es ging unregelmäßig. Die Hand meines Vaters fühlte sich kalt und leblos in meiner an. Allmählich verlöschte sein Leben.

Meine Mutter hatte die ganze Zeit ihre Augen nicht von Vaters Gesicht gelöst. Carol saß in einer Ecke und verbarg ihr Gesicht in den Händen. Meine Schwester stand neben meiner Mutter und blickte gespannt auf das Atemgerät.

Und dann schließlich drehte der Pfleger die Sauerstoffzufuhr ab. Mein Vater war tot. Ich hatte noch nie jemand sterben gesehen. Der Pfleger nahm die Maske von Vaters Gesicht, und seine beiden Hände fest auf Vaters Brustkorb drückend, preßte er den letzten Rest Sauerstoff aus Vaters Körper.

Carol begann zu weinen. Guiseppe ließ Vaters Hand los und ging zum Fenster hinüber. Ich blickte auf Vaters Gesicht, das nun nicht mehr von der Sauerstoffmaske verdeckt war, und es drängte mich, seine Wange mit den Fingerspitzen zu berühren.

„Ciao, Papa", sagte ich.

Meine Mutter hatte zu schluchzen begonnen, ohne ihr Gesicht zu bedecken, und ließ den Tränen freien Lauf. Auch meine Schwester war tränenüberströmt, sie hatte den Rücken dem Bett zugedreht und weinte gegen die Mauer.

Ich ging zum Fenster hinüber, wo Giuseppe stand und zum Himmel blickte. Er bemühte sich sehr, die Tränen zurückzuhalten. Ebenso wie ich. Im Gegensatz zu mir hatte Guiseppe als Kind mit meinem Vater gelebt, also wird sein Schmerz wohl heftiger gewesen sein. Er drehte sich um und sah mich an; ein Blick voll Verzweiflung und Not traf mich. Ich streckte ihm die Arme entgegen, und er fiel mir gegen die Brust und begann zu weinen. Nun ließ auch ich meine Tränen fließen. Ich schloß ihn in die Arme, tröstete ihn und fühlte mich ganz schwesterlich.

Vereint in unserem Schmerz, hielten wir uns fest umschlungen und trauerten gemeinsam um unseren Vater; und plötzlich fühlte ich eine Welle der Liebe für diesen neuen Bruder, der in meinen Armen weinte, in mir aufsteigen. Welche Ironie, daß mein Vater, der mir so wenig Liebe im Leben gegeben hatte, in seiner Todesstunde mir ein unschätzbares Erbe hinterließ – einen Bruder. Ich fühlte einen Jubel in mir, als ob dieser junge Mann aus dem toten Körper meines Vaters aufgestiegen wäre, sein Fleisch und Blut, um mir jene Art von Blutsverwandtschaft zu bringen, die mich niemals mit meinem Vater verbunden hatte.

Und so trauerte ich in diesem Sterbezimmer zwar über den Hingang meines Vaters, spürte jedoch gleichzeitig die Erregung, neuem Leben zu begegnen. Es war ein Augenblick größter Bedeutung für mich, den ich für den Rest meines Lebens bewahren werde.

Filmographie

Von QUO VADIS bis ZORRO DER HELD heißt Sophia Loren Sofia Scicolone. Von È ARRIVATO L'ACCORDATORE *(Der Pianist ist eingetroffen)* bis LA FAVORITA *(Die Favoritin)* heißt sie Sofia Lazzaro.

Jahr	Filmtitel	Produzent	Regisseur	Mit
1950	Quo vadis	Sam Zimbalist	Mervin Le Roy	Robert Taylor, Deborah Kerr (Sophia als Statistin)
1950	Cuori sul mare *(Herzen auf See)*	Cine-Albatros	Giorgio Bianchi	Doris Dowling (Sophia als Statistin)
1950	Il voto *(Die Wahl)*	A. R. A.	Mario Bonnard	Giorgio de Lullo (Sophia in einer Nebenrolle)
1950	Le sei moglie di barbablu *(Die sechs Frauen des Blaubart)*	Golden Prod.	Carlo Ludovico	Toto (Sophia in einer Nebenrolle)
1950	Io sono il capataz *(Ich bin Capataz)*	Jolly Film	Giorgio Simonelli	Silvana Pampanini (Sophia in einer Nebenrolle)
1951	Milano Milliardaria *(Die Milliardärin von Mailand)*	Mambretti	Vittorio Metz	Toni Scotti
1951	Anna	Ponti – de Laurentiis	Alberto Lattuada	Silvana Mangano (Sophia in einer Nebenrolle)
1951	Mago per forza *(Zauberer wider Willen)*	Amati-Mambretti	Vittorio Metz	Toni Scotti

Jahr	Filmtitel	Produzent	Regisseur	Mit
1951	Zorro der Held	Niccolo Theodoli	Mario Soldati	Vittorio Gassman
1951	È arrivato l'accordatore *(Der Pianist ist eingetroffen)*	Itala/Titanus	Duilio Coletti	Alberto Sordi
1951	Era lui, era lui, si si *(Er war's, er war's! Ja, ja!)*	Amati/Sabatello	Vittorio Metz	Walter Chiari
1952	La favorita *(Die Favoritin)*	M.A.S. Prod.	Cesare Barlacchi	Gino Sinimberghi
1952	Weiße Frau in Afrika	Titanus-Phoenix	Giovanni Roccardi	Steve Barclay
1952	Mädchenhandel	Ponti-de Laurentiis	Luigi Comencini	Vittorio Gassman, Silvana Pampanini
1953	Aida	Oscar-Film	Clemente Fracassi	Die Stimmen von Renata Tebaldi und Giulio Neri
1953	La domenica della buone gente *(Der Sonntag der braven Leute)*	Giovanni Adessi	Anton Majano	Maria Fiore, Carlo Romano
1953	Il paese dei campanelli *(Das Land der Glocken)*	de Laurentiis	Jean Boyer	Carlo Dapporto, Alda Mangini
1953	Drei Sünderinnen	Ponti-de Laurentiis	Steno	Silvana Pampanini, Alberto Sordi, Walter Chiari
1953	Pellegrini d'amore *(Die Pilger der Liebe)*	Tullio Alleardi	Andrea Forzano	Alda Mangini, Charles Rutherford
1953	Karussell Neapel	Lux	Ettore Giannini	Vera Nandi, Leonide Massine
1953	Ci troviamo in galleria *(Treffpunkt Galerie)*	Athene-Enic	Mauro Bolognini	Alberto Sordi
1953	Tempi nostri *(Unsere Zeiten)*	Lux	Alessandro Blasetti	Vittorio de Sica, Marcello Mastroianni
1953	Zwei Nächte mit Cleopatra	Excelsa-Rosa	Mario Mattoli	Alberto Sordi
1953	Attila, die Geisel Gottes	Ponti-de Laurentiis	Pietro Francisci	Anthony Quinn
1954	Das Gold von Neapel	Ponti-de Laurentiis	Vittorio de Sica	Giacomo Furia

Jahr	Filmtitel	Produzent	Regisseur	Mit
1954	Die Frau vom Fluß	Basilio Franchina	Mario Soldati	Rik Battaglia
1954	Miseria e nobilità *(Arm und reich)*	Excelsa	Alessandro Blasetti	Vittorio de Sica, Marcello Mastroianni
1954	Wie schade, daß sie eine Kanaille ist	Documento	Alessandro Blasetti	Vittorio de Sica, Marcello Mastroianni
1955	Im Zeichen der Venus	Titanus	Dino Risi	Vittorio de Sica, Alberto Sordi
1955	Eine Frau für schwache Stunden	Ponti-de Laurentiis	Mario Camerini	Vittorio de Sica, Marcello Mastroianni
1955	Liebe, Brot und 1000 Küsse	Titanus	Dino Risi	Vittorio de Sica
1955	Wie herrlich eine Frau zu sein	Documento	Alessandro Blasetti	Charles Boyer, Marcello Mastroianni
1957	Stolz und Leidenschaft	Stanley Kramer	Stanley Kramer	Cary Grant, Frank Sinatra
1957	Der Knabe auf dem Delphin	Samuel G. Engel	Jean Negulesco	Alan Ladd, Clifton Webb
1957	Die Stadt der Verlorenen	Henry Hathaway	Henry Hathaway	John Wayne, Rossano Brazzi
1958	Begierde unter Ulmen	Don Hartman	Delbert Mann	Anthony Perkins, Burl Ives
1958	Hausboot	Jack Rose	Melville Shavelson	Cary Grant, Martha Hyer
1958	Der Schlüssel	Carl Foreman	Carol Reed	William Holden, Trevor Howard
1959	Die schwarze Orchidee	Carlo Ponti	Martin Ritt	Anthony Quinn
1959	So etwas von Frau	Carlo Ponti	Sidney Lumet	Tab Hunter, George Sanders
1960	Der Killer und die Dame	Ponti-Girosi	George Cukor	Anthony Quinn, Steve Forrest
1960	Es begann in Neapel	Jack Rose	Melville Shavelson	Clark Gable, Vittorio de Sica

Jahr	Filmtitel	Produzent	Regisseur	Mit
1960	Prinzessin Olympia	Ponti-Girosi-Paramount	Michael Curtiz	John Gavin, Maurice Chevalier
1960	Die Millionärin	Pierre Rouve	Anthony Asquith	Peter Sellers, Alastair Sim, Vittorio de Sica
1961	Und dennoch leben sie	Carlo Ponti	Vittorio de Sica	Raf Vallone, Jean-Paul Belmondo
1961	El Cid	Samuel Bronston	Anthony Mann	Charlton Heston
1961	Boccaccio '70	Cervu-Ponti	Vittorio de Sica	Luigi Giuliani
1961	Madame Sans-Gêne	Maleno Malenotti	Christian-Jacque	Robert Hossein
1962	Die dritte Dimension	Anatole Litvak	Anatole Litvak	Jean-Pierre Aumont, Anthony Perkins
1962	Die Eingeschlossenen	Carlo Ponti	Vittorio de Sica	Frederic March, Maximilian Schell, Robert Wagner
1963	Gestern, heute, morgen	Carlo Ponti	Vittorio de Sica	Marcello Mastroianni
1964	Der Untergang des Römischen Reiches	Samuel Bronston	Anthony Mann	Alec Guinness, James Mason, Omar Sharif
1964	Hochzeit auf Italienisch	Carlo Ponti	Vittorio de Sica	Marcello Mastroianni
1965	Judith	Kurt Unger	Daniel Mann	Peter Finch
1965	Geheimaktion Crossbow	Carlo Ponti	Michael Anderson	Trevor Howard, George Peppard, Lilli Palmer
1965	Lady L.	Carlo Ponti	Peter Ustinov	Paul Newman, David Niven und die Stimme von Peter Ustinov
1966	Arabeske	Stanley Donen	Stanley Donen	Gregory Peck
1966	Die Gräfin von Hongkong	Jerome Epstein	Charles Chaplin	Marlon Brando
1967	Schöne Isabella	Carlo Ponti	Francesco Rosi	Omar Sharif

Jahr	Filmtitel	Produzent	Regisseur	Mit
1967	Die Übersinnliche	Carlo Ponti	Renato Castellani	Vittorio Gassman
1969	Sonnenblumen	Carlo Ponti	Vittorio de Sica	Marcello Mastroianni
1970	Die Frau des Priesters	Carlo Ponti	Dino Risi	Marcello Mastroianni
1971	Mortadella	Carlo Ponti	Mario Monicelli	William Devane
1971	Die Sünde	Carlo Ponti	Alberto Lattuada	Adriano Celentano, Fernando Rey
1972	Der Mann von La Mancha	Alberto Grimaldi	Arthur Hiller	Peter O'Toole, James Coco
1973	Die Reise nach Palermo	Carlo Ponti	Vittorio de Sica	Richard Burton
1974	Das Urteil	Carlo Ponti	André Cayatte	Jean Gabin
1974	Brief encounter *(Kurze Begegnung)*	Carlo Ponti-Sir Lew Grade	Alan Bridges	Richard Burton
1974	Die Puppe des Gangsters	Carlo Ponti	Giorgio Capitani	Marcello Mastroianni
1975	A Special Day *(Ein besonderer Tag)*	Carlo Ponti	Ettore Scola	Marcello Mastroianni
1976	Cassandra Crossing	Carlo Ponti	George Pan Cosmatos	Richard Harris, Ava Gardner, Burt Lancaster
1976	Angela	Zev Braun-Benjamin	Boris Sagal	John Vernon, John Huston, Steve Railsback
1978	Brass Target *(Das Mordkomplott)*	Arthur Lewis	John Hough	John Cassavetes, George Kennedy, Robert Vaughn, Max von Sydow
1979	Fire Power	Michael Winner	Michael Winner	James Coburn, O. J. Simpson
1979	A Blood Feud *(Blutfehde)*		Lina Wertmuller	Marcello Mastroianni, Giancarlo Giannini

Anhang

KLEIDUNG, MAKE-UP, KÖRPERPFLEGE, HAAR, GYMNASTIK UND KOCHKUNST

Der Schauspieler und der Musiker haben vieles miteinander gemeinsam. Der Musiker verfeinert seinen Vortrag, indem er ein hochwertiges Instrument benutzt. Aber selbst das beste Instrument kann sein Talent nicht vergrößern. Das Instrument des Schauspielers ist dieser selbst – seine Stimme, sein Körper, sein Aussehen, sein Gesichtsschnitt. Ohne Talent aber ist auch dieses Instrument wertlos. Sonst wären ja die schönsten Frauen, die am besten aussehenden Männer zugleich auch die besten Schauspieler. Aber selbstverständlich kann der talentierte Schauspieler seine Wirkung noch dadurch steigern, daß er seine körperlichen Vorzüge hervorstreicht.

Seit Beginn meiner Karriere habe ich ein angeborenes Gefühl dafür, was am vorteilhaftesten für mich ist, sei es nun das Make-up, die Frisur, die Kleidung betreffend – kurz, meine ganze Erscheinung. Ich habe nie jemanden nachgeahmt. Ich habe mich auch nie sklavisch dem Modediktat unterworfen. Ich wollte immer nur ich selbst sein, ausschließlich ich selbst, und ich wußte, daß ich das nicht durch ein Zerrbild erreichen konnte, sondern nur durch geschickte Betonung dessen, was mir die Natur mitgegeben hat – nämlich eine Aneinanderreihung von Unregelmäßigkeiten: eine ausgeprägte Nase, einen großen Mund, ein fliehendes Kinn und hohe Backenknochen. Zuerst versuchte ich das alles mit einer dicken Schicht von Make-up zuzudecken. Ich änderte die Linie meiner Augenbrauen und färbte mir das Haar jede Woche in einem anderen Ton, von Blond über

Knallrot bis Rabenschwarz. Das zeigte deutlich, daß ich meiner selbst nicht sicher war, daß ich nicht wirklich wußte, wie ich aussehen wollte und wie ich tatsächlich aussah. Viele Frauen benutzen Make-up, um sich dahinter zu verstecken. Ich habe begriffen, daß zuviel Make-up Frauen sogar älter erscheinen läßt und dem Gesicht alle Ausdruckskraft nimmt.

Nachdem ich mein Gesicht auf der Leinwand und auf Standfotos genau studiert hatte, stellte ich fest, daß ich irgendwie unecht aussah und daß es besser für mich und meine Schauspielerei wäre, wenn ich mein Gesicht so natürlich wie möglich beließe. Also hörte ich mit dem Herumexperimentieren mit Haarfarben auf und verwendete nur noch ganz wenig Make-up. Vor der Kamera benütze ich sogar noch weniger Schminke als im täglichen Leben, weil ich desto besser beim Publikum ankomme, je natürlicher ich wirke. Aber auch mein normales Make-up beschränke ich auf ein Minimum. Ich betone meine Augen, die ich für mein größtes Kapital halte, indem ich das obere Lid nachzeichne und diesen Strich dann mit einer haarfeinen Linie entlang des unteren Lides verbinde. Ich wünschte, ich müßte keinen Lippenstift benützen, aber das muß sein, weil meine Lippen so dunkel sind, daß sie ohne Lippenstift auf Fotografien fast schwarz wirken. Außerdem habe ich gelernt, den Lippenstift so einzusetzen, daß die Größe meines Mundes ein wenig verringert wird. Die einzige Creme, die ich benutze, ist Babyöl – sonst nichts.

Ich bin davon überzeugt, daß äußerliche Schönheit direkt mit innerer Schönheit zusammenhängt. Augen sind nicht nur deshalb schön, weil sie groß sind und weit auseinanderstehen, sondern weil sie die inneren Empfindungen ausstrahlen. Die Augen sind der Spiegel der Seele. Wer mich gut kennt, kann aus meinen Augen ablesen, ob ich glücklich bin oder unglücklich, besorgt oder ruhig, gelangweilt oder interessiert. Carlo kann in meinen Augen lesen wie in einem offenen Buch. Er muß mich fast nie fragen, wie es mir geht oder wie ich mich fühle – er sieht es einfach.

Ich glaube ganz bestimmt, daß alles, was einer Frau helfen kann, das Problem des Alterns zu überwinden, einen Versuch wert ist. Selbstverständlich hat das wirkliche Alter sehr wenig damit zu tun, wie alt man seelisch, körperlich und geistig ist. Man ist so alt, wie man sich fühlt. Ich liebe den Ausspruch, den ein Franzose einmal mir gegenüber zu diesem Thema getan hat: „Zwischen fünfunddreißig und fünfundvierzig sind die Frauen alt. Dann nimmt sich der Teufel persönlich mancher Frauen von fünfundvierzig an, und sie werden schön, reif, warmherzig – mit einem Wort: wunderbar. Die Unausgeglichenheiten sind verschwunden, und an ihre Stelle tritt Gelassenheit. Es lohnt sich, auszuziehen, um solche Frauen zu suchen, weil der Mann, der sie findet, nie altern wird."

Wenn ich sage, Frauen sollten natürlich bleiben, meine ich damit nicht, daß sie kein Make-up benützen oder sonst etwas tun sollen, um sich in ein möglichst gutes Licht zu setzen. Aber Make-up und all die anderen Schönheitsmittel sollten nie gegen die natürliche Beschaffenheit des Wesens und Aussehens einer Frau eingesetzt werden, sondern ausschließlich zu ihrer Unterstützung. Zum Beispiel sollte man versuchen, einen kleinen Mund hübsch wirken zu lassen, aber ihn nie nur deshalb mit Lippenstift bemalen, damit er größer aussieht. Ein kleiner Mund kann sehr schön sein. Auch sollte ein heller, zarter Teint nicht durch Braun- oder Rottöne gestört werden. Übertriebenes Make-up ist nie anziehend. Ich würde sogar so weit gehen, zu sagen: Frauen sollten ihre körperlichen Unzulänglichkeiten *lieben* und nicht versuchen, sie zu vertuschen. Sie sollten sie lieber zu ihrer ganz persönlichen Note machen.

Ich gehe nie in Schönheitssalons. Ich hasse die schwatzhafte Atmosphäre und die Zeitverschwendung. Was immer man dort auch kann – ich kann es besser. Natürlich sind manche Frauen zu bequem, und viele haben auch überflüssige Zeit, die sie totschlagen müssen. Aber die meisten Friseure und Kosmetiker machen einen so zurecht, wie sie es eben gewöhnt sind, und nicht wie es dem jeweiligen Typ der Frau entspricht.

Ich gebe zu, daß ich als Schauspielerin natürlich die Möglichkeit hatte, Dinge über Schönheitspflege zu lernen, die einer Durchschnittsfrau nicht zugänglich sind. Aber wenn eine Frau wirklich etwas für sich tun will und ihre Möglichkeiten genau prüft, so wie ich es getan habe, so wird sie viel größere Erfolge erzielen als der beste Schönheitssalon. Wenn man jemals einem Make-up-Artisten in der Kosmetikabteilung eines Warenhauses zugesehen hat, wie er seine Kunst an den Gesichtern von Kundinnen demonstriert, muß einem aufgefallen sein, daß er jedes Gesicht ganz gleich behandelte. Er möchte einen vielleicht glauben machen, daß das der letzte Schrei sei. Aber der Stil muß der Frau angepaßt werden, und nicht umgekehrt.

Das gleiche kann man von Kleidern sagen. Ich glaube nicht, daß man eine Mode mitmachen sollte, nur weil Yves Saint-Laurent oder Dior sie diktieren. Ausgenommen, sie steht einem wirklich. Aber bewahren Sie sich Ihr kritisches Auge, und lehnen Sie ein Design ab, wenn Sie irgendwelche Zweifel haben. Natürlich soll man sich nach der neuesten Mode kleiden, nicht aber um jeden Preis. Oft kann man einen Modetrend so variieren, daß er zum eigenen Typ paßt; das wichtigste ist, daß man sich mit dem, was man anhat, wohl fühlt und gut aussieht. Wenn ich mich in dem Kleid, das ich trage, nicht wohl fühle, ist mir der ganze Abend verdorben. Wenn Sie also einmal Ihren eigenen Stil gefunden haben, machen Sie ihn zur Grundlage Ihrer gesamten Garderobe! Tragen Sie Ihre Kleider für sich selbst.

Und noch eine Warnung: Laufen Sie nicht gleich los, um ein Kleid zu kaufen, nur weil es in einem Modejournal umwerfend aussieht. Das Mannequin, das dieses Kleid trägt, ist einen Meter sechsundneunzig groß, hat keinen Busen und seit Monaten nur Weißkäse und Sojabohnen gegessen.

Ihre Kleider zeugen von Ihrer Persönlichkeit. Jeder, der Sie trifft, bildet sich, bewußt oder unbewußt, eine Meinung von Ihnen, die davon ausgeht, was Sie anhaben. Es kommt nicht darauf an, ob Ihre Kleider teuer sind. Muster, Farbe und die

Art, wie sie getragen werden – das allein zählt. Manchmal kann ein bescheidenes Baumwollkleid schicker aussehen als das Modell eines berühmten Couturiers. Natürlich hat man eine größere Auswahl an Modellen und Materialien, wenn Geld keine Rolle spielt. Aber jede Frau kann findig sein, wenn es um ihre eigenen Bedürfnisse geht. Es ist nur eine Frage des Geschmacks, der ebenso erlernbar ist wie eine Fremdsprache. Voraussetzung für guten Geschmack in Kleiderfragen ist, daß man sich selbst kennt und die Fähigkeit besitzt, sich von der Mode nur das herauszupicken, was einem am besten steht. Die Mode ändert sich andauernd, Modetorheiten kommen und gehen, Kleider werden kurz, dann wieder lang und wieder kurz. Es gibt einfach nichts, worauf man sich verlassen könnte. Das einzig wirklich Konkrete, worauf man sich verlassen kann, wenngleich es auch abstrakt erscheinen mag, ist die eigene Einstellung zur Umgebung, die eigene Selbsteinschätzung und das Gefühl, welche Art Mensch man eigentlich sein will.

Wenn die neuen Modelle hereinkommen, kaufe ich nur sehr vorsichtig ein. Natürlich möchte ich gern nach der neuesten Mode gekleidet sein – ich würde sicher nicht in einem braven, schlichten Schulmädchenkleid auf die Straße gehen, wenn gerade farbenfreudige, faltenreiche Kleider in Mode sind – aber der Grundbestand meiner Kleidung hat sich in all den Jahren nur minimal verändert. Ich bin meinen Kleidern genauso treu wie mir selbst.

Natürlich hat die Form des Körpers sehr viel mit der Form der Kleider zu tun. Ich betreibe jedoch keine genau festgelegte Gymnastik. Die einzige Sportart, die ich wirklich genieße, ist Schwimmen. Und ich mache gerne lange Spaziergänge. Aber Gymnastik und dergleichen langweilen mich, wenn ich auch manchmal Zeiten habe, wo ich mich dazu zwinge, am Morgen ein paar Übungen zu machen. Aber ich bin körperlich aktiv, und ich kontrolliere, wieviel ich esse. Das ist, glaube ich, ebenso gut für die Pflege und Instandhaltung eines Körpers wie jede andere Methode.

In jenem Frühjahr, Sommer und Herbst 1968, als ich in Genua schwanger war und freiwillige Gefangene in einem Appartement im 18. Stock des Hotels Intercontinental, hatte einmal undurchdringlicher Bodennebel die Stadt unter mir ausgelöscht, es war, als schwebte ich am Himmel, in einem Universum, in dem es außer mir niemanden gab – ich war allein mit meiner großen Hoffnung, die mir über die Öde meiner Abgeschiedenheit hinweghalf. Die Ärzte hatten mir Aufregungen jeder Art verboten, also stellte ich mein ganzes Leben auf die einzige Sache ein, an der mir wirklich etwas lag: mein Baby zu bekommen.

Womit sollte ich die langen Monate verbringen? Wie konnte ich die endlosen Stunden füllen, wie meine schreckliche Unruhe vertreiben? Mit Hilfe meiner treuen Sekretärin begann ich, in der Küche herumzuwirtschaften und Mahlzeiten zuzubereiten. Zuerst tat ich es nur spaßhalber, bald aber wurde es zur täglichen Gewohnheit. Und dann begann eine Zeit phantastischer gastronomischer Experimente. Ich grub meine ganzen Kindheitserinnerungen aus, die Erinnerungen an Gerichte, die ich auf Reisen gegessen, die Tips, die ich von Köchen auf der ganzen Welt erhalten hatte, und nach und nach begannen die Aufzeichnungen mein Notizbuch zu füllen, das immer neben meinem Bett lag.

Ich stimme völlig mit jenen Leuten überein, die Kochen als eine Kunst betrachten; ich gehe sogar so weit, zu sagen, es ist eine hohe Kunst. Was ist Kochen wirklich? Gute Zutaten zusammenzustellen, die verschiedenen Fleischarten, Gemüse, Kräuter, Fette, Gewürze, Butter, Rahm und so weiter, aus ihnen eine exquisite Sauce zu komponieren, eine Zusammensetzung von Geschmacksnuancen, ein kleines Wunder – nicht unähnlich den einzelnen Elementen des Lebens, die in der Malerei oder in einer Symphonie in Erscheinung treten. Natürlich übertreibe ich ein wenig, indem ich die schöpferische Seite des Kochens so betone, weil für mich persönlich Kochen die anregendste, gleichzeitig aber auch die entspannenste Beschäftigung ist. Das trifft ja übrigens auf alle Dinge zu, die man gerne tut. Durch die Armut meiner Kindheit lernte ich schon früh zu improvisieren und neue Wege zu finden, um dem immer gleichen, billigen, monotonen Essen verschiedene Geschmacksnuancen zu geben. In dieser Beziehung hat mir meine Großmutter ein kostbares Erbe hinterlassen. Dank ihr kenne ich mindestens ein Dutzend Arten, Melanzani zuzubereiten, eines der billigsten und im Überfluß vorhandenen Nahrungsmittel Italiens, und ich kann wahre Wunder mit einem knochigen, drittklassigen, zähen Stück Fleisch vollbringen.

Ich glaube nicht, daß ein gutes Rezept allein schon ein gutes Gericht macht, wenn der Koch nicht genau die Eigenschaft jeder Zutat kennt, die Intensität oder Schärfe der Gewürze und zudem viele, viele andere Erfahrungen hat, die nur durch jahrelange Praxis erworben werden können.

Sogar ein bißchen Psychologie lasse ich bei der Zubereitung von Speisen für meine Gäste walten. Bevor ich ein Menü zusammenstelle, denke ich über die Gewohnheiten, den Geschmack und auch über die Eigenheiten meiner Gäste nach. Bis vor kurzer Zeit galt ein Diner als Gelegenheit, die Gäste mit ausgefallenen Tischdekorationen und einer Überzahl von Gängen zu verblüffen, die dann ganz à la mode serviert wurden. Ich habe über solche sagenhaften Diners gelesen, wo man in endloser Reihenfolge kunstvoll zubereitete Gänge auftrug – wahrscheinlich bis zur restlosen Betäubung der Gäste.

So wird bei mir kein Diner vorbereitet. Ich versuche zuerst einmal herauszufinden, was meine Gäste essen dürfen und was nicht, was sie mögen und was nicht. Wenn ich entdecke, daß sie einfache, unkomplizierte Mahlzeiten schätzen, werde ich ihnen kein formelles, ausgefallenes Menü servieren. Ich versuche immer, meine Gäste mit meinen Speisen zu erfreuen, damit sie sich an meinem Tisch wohl fühlen. Auch trachte ich, eine meiner Spezialitäten in die Speisenfolge einzubauen, was für viele sicher eine nette Überraschung ist. Da wird es vielleicht irgend etwas geben, was in dieser Jahreszeit selten ist, oder ein exotisches Gericht, oder Hausmannskost, die sie noch nicht kennen. Wenn ich zum Beispiel in Rom Gäste hätte, würde ich ihnen vielleicht *penne all'arrabbiata* servieren, das sind schräggeschnittene Makkaroni in einer scharfen Chili-Tomatensauce, eine berühmte römische Spezialität, oder vielleicht auch *carciofi alla giudea,* kleine Artischocken, knusprig gebraten wie pommes frites, oder einen gutgewürzten *ricotta.* Als Carlo und ich öfter in einem Landhaus in der Nähe des Po wohnten, pflegte ich das Wild der Saison in einer Weise zuzubereiten, die meine Gäste überraschte. Oder ich servierte ihnen frischen Aal direkt aus dem Fluß. Aal war früher etwas, das ich nicht mochte. Als ich aber den Film „Die Frau vom Fluß" machte, der am Po gedreht wurde, gab der Regierungspräsident des Verwaltungsbezirkes ein Essen für die Mitwirkenden in einem abgelegenen Restaurant. Als er verlauten ließ, daß sämtliche Gänge aus Aal bestehen würden, sank mir der Mut, denn ich hatte Aal immer für eine widerwärtige, ölige Seeschlange gehalten. An jenem Abend bekamen wir sieben verschiedene Aalgerichte vorgesetzt, und eines war köstlicher als das andere. Und wenn ich es nicht gewußt hätte, hätte ich niemals erraten, daß das Aal war, was ich da aß. Diese Erfahrung lehrte mich etwas: Nie ein Gericht nach dem, woraus es hergestellt ist, beurteilen, sondern danach, was der Künstler in der Küche daraus zaubert.

Noch etwas, was ich immer zu tun versuche, wenn ich ein Essen vorbereite, ist, etwas von meinen eigenen Erfindungen in das Menü einzubauen, weil ich mir schmeichle, eine gute Köchin zu sein. Ich habe wiederholt alle Rezepte ausprobiert, die wir in unserer Küche verwenden, und ich habe entdeckt, wie man sie ein wenig variieren kann, indem ich Zutaten hinzufüge oder andere weglasse, je nach meinem persönlichen Geschmack. Damit gebe ich den Speisen meine eigene Note. Ich habe einen Koch, der normalerweise nach diesen Rezepten für uns kocht. Will ich für meine Gäste jedoch etwas Besonderes tun, bereite ich zumindest ein Gericht selbst zu. Wenn ich dann zu den Eingeladenen sagen kann: „Dieses Gericht habe ich nur für Euch gemacht", schaffe ich damit eine wunderbare Stimmung bei Tisch.

Eines meiner nettesten Kocherlebnisse war, als ich Präsident Tito zeigte, wie man verschiedene Saucen für Spaghetti macht. Er hatte uns auf seine Insel Brioni eingeladen, wo er in einem Bungalow direkt am Meer lebt. (Ein roter Teppich läuft von der Eingangstür durch den Sand bis ins Wasser.) Eines Tages übernahmen er und ich den Küchendienst, und ich kochte eine ganze Reihe von Saucen, überbackene Melanzani und andere italienische Köstlichkeiten. Tito band sich eine Schürze um und machte mit. Gemeinsam kochen bereitet weit mehr Spaß. Wir hatten dann viel Vergnügen damit, all das zu essen, was wir selbst zubereitet hatten, und dazu einen herrlichen Weißwein zu trinken. Auf meine Frage, wo der Wein herstamme, deutete Tito voll Stolz auf einen kleinen Weingarten, den wir vom Eßzimmerfenster aus sehen konnten. Er erzählte mir, daß er jedes Jahr persönlich die Weinlese organisiere. Im Spätsommer lädt er einige seiner Minister und mehrere Freunde ein und schickt sie zur Arbeit in den Weingarten. Er meinte, es sei eine fröhliche und ergötzliche Lese, und dann werde dieser köstliche Wein daraus, den wir eben tranken.

Tito ist einer der außergewöhnlichsten Männer, die ich je getroffen habe. Ich wollte sein Alter einfach nicht glauben, denn seine Lebensfreude, seine Geisteskraft und seine Willensstärke entsprachen einem Mann, halb so alt wie er.

„Die schwierigste Aufgabe im Leben", sagte er eines Abends, als wir auf seiner Jacht nach Belgrad zum Filmfestival unterwegs waren, „ist, daß es einem gelingt, jemanden zu finden, dem man absolut vertrauen kann."

Damit stimme ich unbedingt überein. Wie oft bin ich enttäuscht worden. Und doch – welchen anderen Weg gibt es, herauszufinden, ob jemand vertrauenswürdig ist, als ihm zu vertrauen?

Am Ende der neun Monate war mein kleines persönliches Rezeptbuch voll. Als Basilio mich besuchen kam, sah er sich das Notizbüchlein an und drängte mich, es als Kochbuch herauszugeben – was ich schließlich auch mit seiner Hilfe und mit Hilfe seines Freundes Vincenzo Buonassisi tat. „Komm, iß mit mir" ist eine Art gastronomischer Autobiographie, und für mich bleibt es eine wunderschöne Erinnerung an mein Wochenbett im Hotel Intercontinental.